# 倫理の起源

小浜逸郎
Kohama Itsuo



ポット出版
プラス

# 本書を手にとられた皆さんへ

長年かかって書き継いできた論考を、いま世に送ります。ただご覧のように、この本は少し分厚すぎるかもしれません。それに中身もそうわかりやすいものとは言えません。

特に第二部の「西洋倫理学批判」の部分は、全体の45%を占めています。ここで扱われている思想家は、プラトン、カント、ニーチェ、J・S・ミルのたった四人です。

著者がこの四人にこだわったのには、それなりに理由があります。それは、この四人が西洋という文化風土の中で、倫理や道徳の問題について彼らなりに考えつくしており、しかもこの四人の説くところにある連続性が認められるからです。

とはいえ、とりわけプラトンに対する著者の批判的な執着は、自分で言うのもなんですが、異常といってもいいかもしれません。彼についての言及は全体の五分の一近くに及んでいます。そして彼の思想の核心に関する批判の部分は、繰り返しも多くなっています。

しかし二千年以上も前にこの思想家が残した足跡は巨大という他はなく、「西洋の全哲学史はプラトンの注釈に過ぎない」という言葉もあるくらいですから、それは許していただくことにしましょう。

ただ、読者の皆さんからすれば、うんざりして途中で投げ出したくなってしまうのではないかということを著者は恐れます。それで、西洋倫理学に格別の関心を持たない人は、プラトンの部分あるいは第二部全体を飛ばしていただいてもけっこうです。

しかし、第三部では、和辻哲郎の『倫理学』を批判的に継承しながら、著者なりの倫理思想を展開していますので、ここはぜひ読んでください。ここを読んでいただくと、著者がなぜ西洋の倫理思想、とりわけプラトンのそれに執着したのかが、逆に照らし出される仕組みになっています。

それを読んでいただいた上で、第二部に取りかかっていただくのもいいかもしれません。

この面倒な論考を本にすることを承諾して下さったポット出版社長の沢辺均さん、ややこしい論述の編集に携わってくださった松村小悠夏さんに心から感謝いたします。

倫理の起源◉目次

## 第六章 ニーチェの道徳批判……218

# 倫理の起源

# 序

本書の目的は、「道徳」と私たちが呼んでいるものが、どんな人間存在の原理によって根拠づけられるのかを探り当てるところにある。

私たちは、ふつう、「道徳」あるいは「善」という理念のようなものがどこかに存在して、それに依拠してみずから生活の秩序を組み立てていると考え、また日々そのように振る舞っている。しかし、では、その「道徳」あるいは「善」とは、どんな姿をとっており、それがいかなる理由によって根拠づけられるのかと問うてみると、たちまち当惑してしまう。なぜある意志や行動が道徳的な意味での「善」に叶っていると普遍的に言えるのか、またそれらが個別の経験的な感得を超えたところで、どのような原理にもとづいているために「道徳」的であると決定づけられるのか――これに答えることは容易ではない。

というのも、私たちの大多数は、日々の経験では、たしかに、道徳的な意味で「よかれ」と思って人とあい接し、またあることをするのに、それが道徳的に「よい」ことかどうかと問いかけながら行動しているのだが、さてそれがなぜ「よい」ことなのかと自問してみると、その理由がよくわからなくなってくるからである。

たとえばこのわからなさは、自分では「絶対よいことだ」と納得しながら行為したのに、その行為の目標である相手からは、そう受け取られなかったというような経験に出会うときにやってくる。自分の「内なる道徳法則」が相対化されてしまうのだ。

よく問題にされ、また日常生活でも頻繁に出合う例に、電車やバスで、老人その他に席を譲るべきかどうかというのがある。もちろん、譲るべきだという原則に異論をさしはさむ余地はないが、どこからが「老人」であるかの判断に迷うときがある。大平健の『やさしさの精神病理』(岩波新書)という本に、最近の老人は元気な人が多いので、譲ったらかえって相手のプライドを傷つけるのではないかと考えて、譲らないほうを選んでしまう若者の例が出てくる。彼らにしてみれば、そのほうがかえって相手を思いやっているのだから、「やさしい」心のあらわれだということになるのである。大した問題ではないかのように見えるが、若者にはその時々でけっこうな心理的プレッシャーを与えているようである。

またたとえば、最近では国際交流が飛躍的に進みつつあるため、だれもが他国の生活慣習にじかに触れることが可能となっている。そして、自国では当たり前とおもえた道徳規範が、他国ではそのままでは通用しないこと、逆に、自国ではなんでもないこととして許されていることが、他国では厳しい禁止事項になっているといった経験に出会うことも多い。

もっとも現在では、少なくとも近代先進国家どうしでは、自由と平等という基本的な理念を共有することが当たり前となっているので、その理念の枠組みの内部で行動する限り、かつてのようにカルチャーショックを経験することはむしろ少なくなっているともいえる。だが依然として、世界はいくつかの非常に異なる文化圏に分かたれているため、その境界を不用意に越境してしまったときには、思わぬ宗教的・道徳的な文化の壁にぶつかるという事態もまま見られる。

よく知られている例では、自殺に対する考え方が、キリスト教文化圏と日本ではかなり違うという例が挙げられる。キリスト教文化圏では、自殺は、「神が与えたもうたこの命を自ら決すること」として、神に対するかなり重い罪とみなされる。だが日本ではむしろ、自ら命を絶つほどに悩み苦しんでいた証拠として、痛ましいという感情を呼び起こしこそすれ、「罪」と感じられることはまずありえない。

さらに、私たちは、特定の儀礼行為というものの絶対的な正しさ（権威）から解放された社会に生きているので、ある人からの厚意を受けた場合などに、どのように、どれくらいのお返しをしたら「よい」か迷うといったことをしばしば経験する。

このたぐいのことにまつわる一種の心労は、金銭、品物の贈答から年賀状のやりとり、その場の言葉遣いにいたるまで、じつに繊細多岐にわたっていて、しかもだれも信念をもって「こういう場合にはこうするのが正しい」と答えられない。そこでとりあえず、「まあ、こんなところが世間常識ではないか」という経験則に従って行為に踏み切るわけであるが、それでも、不安が完全に払拭されるということはあり得ない。

この、儀礼行為にかかわる不安の存在は、「礼」とか「徳」とか呼ばれるものが、もともと自然法則のように必然的に与えられたものではないことを暗示している。

いま私は、自分たちの住んでいる社会（近代市民社会）のあり方を引き合いに出したが、じつは慣習やしきたりの絶対的な権威が生きていたように見える伝統的な社会でも、この不安がなかったわけではないように思われる。身分の低い者が高い者に接するときには、常に失礼に当たらないかどうかに大きな気配りをしなければならなかった。命がかかわっていたからである。

そもそもどの伝統社会でも、人びとが、「礼」や「徳」の適切なあり方について、微に入り細をうがった関心を払ってきたという事実が、逆説的に、これにかかわる不安がいかに大きかったかを物語っているといえよう。つまり、どんな社会でも、何が「よい」ことであるかという絶対的な通則があったわけではなく、「道徳的であること」は相対的性格を免れなかった。

「徳」という言葉に関しては、私たちは、それに属するさまざまな項目を挙げることができる。たとえば、親切、正直、誠実、やさしさ、友好的、平和的、あるいは、勇敢、剛胆、勤勉、熱心、意欲的、建設的、ときには戦闘的、あるいはまた、寛容、謙抑、慎重、慎ましさ、思慮深さ、欲深くない態度……。

しかし、まず一見して明らかなように、これらは言葉としてだけ見れば、互いに矛盾している面をもっている。また、ではどういう具体的な行為や表現が、それぞれの徳目に叶うものなのか、たとえば、何をもって私たちは親切な行為と呼んでいるのか、という点について考えてみると、それは状況次第で変化するもので、確たる尺度をもっていないように見える。

ある人が、金に困っている友人を見たとき、心の底からその友人のためを思って、当座の金を貸すことを申し出たとする。これはふつう親切な行為と呼ばれるが、その行為は相手の誇りを傷つけるかもしれない。その行為を見た別の友人が、「君、ああいうときには黙って見ているのが親切ってもんだよ」と言うかもしれない。

それにもかかわらず、私たちは、日々の生活の場面で、この場合にはこうする（あるいはしない）のが「よい」と判断しながら行為している。はたしてその判断がすぐに出てくるかどうか、また、その判断が正しいかまちがっているかは別にして、少なくとも、私たちは、ある特定の行為が「よさ」に叶うものかどうかについて、いつも配慮しながら生きているといっていい。そういう配慮のない人は、世間知らずとか、自己中心的とか、非常識とか、バカとか、悪いやつだとかいうように、軽蔑されたり非難されたりするのである。

徳にかかわるこういう軽蔑や非難がまがりなりにも可能であり、それが大方の支持を得ることができるということは、それぞれの具体的な局面で、私たちが、何かしら「よい」についての直観的な尺度をもっていることを意味する。

プラトンは、この「私たちが、何かしら『よい』についての直観的な尺度をもっている」という経験的な感知をよりどころにして、「善のイデア」という概念を立てた。彼は、この言語化作用によって、いわば経験的な感知をひとまとめに総合して、「イデア」としてとらえるという抽象化を行ったわけである。

プラトンの「イデア」思想がどういう危険をはらんでいたかについては、のちに詳しく論じる。ここでは、とりあえず、人間というものは物事を（言語を使って）考えるときには必ずそうした抽象化を行うものだという意味で、彼の採った方法は、少なくとも言語的思考の法則にはよく適合したものだったとだけ言っておきたい。

いずれにしても、私たちは、「善」とは何か、「よい」とはどんな意味で、まただれにとって「よい」のか、さしあたり明確な答を持っていないまま、それを日々実行しているのである。本書では、この「倫理問題」の拠ってきたるところと、それが含む厄介さについて、徹底的に明らかにしていきたい。

第I部

# 道徳はどのように立ち上がるか

第一章

# 良心の発生

## 1. 良心の疚《やま》しさとは何か

### ◉個体発生過程における良心の疚しさ

さて【序】では、道徳的に「よい」こととは何であるのか、しかもなぜそれが「よい」とされるのかについて、人びとはある直観を抱いているにもかかわらず、それをそれとしてなかなか明確に示すことができない事情について語った。ものごとは、しばしば、それとは反対の現象に着目することによって、その輪郭を浮き彫りにする。そこでしばらく、道徳的に「悪い」とされることに対して、なぜそれらが「悪い」と感じられるのか、その共通了解の心理的な構造について論じてみよう。

私たちは、個体としての発達途上で、個々の行為に即して、養育者から、何度も何度も「それをやってはいけません」といわれて育ってきた。この反復の過程によって、社会規範が内在化され、「やってよいこと」と「悪いこと」との分別がつくようになる。

この過程において、禁止を宣告するほう〔養育者〕は、一般に、自分が生きている社会でこれまで「悪い」とされてきたことを、社会人としての直観にもとづいて半ば無自覚にそのまま伝えているにすぎない。

では、禁止を宣告される主体〔幼児〕の側には、何が起こっているだろうか。

重要なことは、彼は、それが「悪い」ことであるという何らかの合理的な「理解」にもとづいて、禁止を受け入れているのではないということだ。

たとえば、遊びに来た隣の子の振る舞いが、自分にとっておもしろくないということで、いきなりぽかぽか殴りつけたとする。これを止めない親はまずあり得ない。

では、親の禁止や制止は、幼児にとってどう受けとめられるか。彼は、親の禁止の言葉や腕力による介入と制裁に服従するとき、合理的な納得によってそうするのではない。

「よく言って聞かせる」ことで「言うことを聞くようになった」ような場合でも、彼が親の言葉を理路として十全に理解した上で従うようになるとは思えない。おそらく、彼の前に繰り広げられる言語は、聞き慣れない語彙や言い回しであふれているにちがいない。年齢や賢さの程度によっては、ほとんど何もわからない場合も多いだろう。

むしろ彼は、親の決然たる態度や険しい表情、言葉の調子などにただならぬものを見て、自分の生存を脅かされる危機感を抱くのである。言い換えると、彼は親の態度や表情や口調がもつ彼にとっての「意味」を情緒的・本能的に悟って、仕方なく服従するのである。

ところでその「意味の悟り」とは、いまだ「道徳」に対する理解ではなくして、**「愛の喪失」に対する直感的な危機意識**である。自分にとってなくてはならぬ存在としての養育者が、なぜかはわからないが、あのように怒って自分を制止しようとする。これはともかく従わなくてはまずい、という感覚が彼を支配するのである。

こういう体験は、人間の内面形成にとって、非常に重要な意味をもっている。彼は、それまで自分の欲求を満たすために、また不快から身を避けるために、ただ泣いたりだだをこねたりしていればよかった。それは彼自身の欲求の表出が、そのままで養育者に受け入れられたからである。養育者の無償の愛の感情が、彼にそれを許していたのである。

そういう環境におかれた彼にとって、彼をどこまでも愛してくれるはずの存在が、ときには、自分を否定するほどの情緒的な圧力をかけてくることがある。これは彼にしてみればまさに青天の霹靂にちがいない。しかし、ともかく従わないわけにはいかない。おもちゃも大好きなプリンも取り上げられてしまうのだから。

個人としての人間のなかに、良心や道徳心が根づくいちばんはじめの契機は、このような、理屈抜きの、有無をいわせぬ、「愛の喪失」の危機感によってである。つまり、私が言いたいのは、人間の道徳心というものは、自分が「よい」ことをしたと周りからほめられるような契機によってよりもずっと早く、またはるかに頻繁に、むしろ**自分の生存の危機を脅かされるような、ネガティヴな心理的契機によって深く根づく**ということだ。

自分の生存の鍵を握る圧倒的な存在である養育者の、具体的な禁止や制裁によって、その情緒的な異変の姿を通して、子どもは、この世には「許されないことがある」という事実を不本意ながら受け入れていくのである。その動機は、この養育者の禁止から逸脱することへの生存上の不安であり恐怖である。

少し長じて、小学生か中学生になると、彼にはもうかなりの程度社会性が備わっている。社会性が備わっているということは、彼の自我のうちに、自我の統一にとって不可欠の構造的要因として、他者のまなざしが住み込んでいることと同じである。フロイトがこの「他者のまなざし」に「超自我」という名前を与えたように、それは彼の行為を一々監視し、彼自身の反省的な意識において、「それはまかりならぬ」という宣告を与える権威的な力として作用する。

この権威的な力の作用は、もともとは、具体的な養育者からの愛を失わないための代償として彼が引き受けたものだ。しかし、他者との関係を内在化したところに成り立つ自我の構造が確立したこの時点においては、それは、他者一般、世間一般のまなざしとしてすでに観念化されている。

誰しも、小学生から中学生くらいにかけて、大人が「悪い」としていることをそれと知りながら、やってしまった経験が大なり小なりあるだろう。たとえば、友だちを傷つけたこと、いじめに加担したこと、嘘をついたこと、約束を破ったこと、大人の言いつけを守らなかったこと、万引きをしたこと、など。

これらの行為においては、ふつう良心の呵責がともなう。どんな極悪人でも、完全な心神喪失に陥ってでもいないかぎり、彼はその行為が、世間では許されないこととされているのを知っていて、あえて確信犯的にそれをなすのである。彼にはすでに「超自我」という理性の持ち合わせがあるが、その理性の声を無視して、ある行為の実行に踏み出すのである。

やや長じてからのこの、「だれかに対して悪いことをしてしまった」という後ろめたさの感覚には、もはや具体的な養育者個人に対する愛の喪失感が直接的に感知されるということはない。つまり、ここでは、具体的な養育者からの離反にともなう恐れや不安とは違って、より一般化された「世間」とか「社会」とか「共同世界」といった〈観念〉に対する孤立感が支配的となる。

この良心の呵責は、彼自身の心の構造が、養育者との愛の絆にまったく依存している状態から離脱して、より一般的な「他者」との関係として成立している事情にそのまま対応している。この段階では、「何かしら悪いことをした」という意識は、エロス的関係の喪失の危機として経験されるよりも、自分が「社会存在一般」として承認されることからの脱落感として経験されている。つまり、はじめは具体的なエロス的関係からの脱落の危機であったものが、社会的存在一般としての自我の危機に転化あるいは昇華しているのである。そこでは、道徳への馴致《じゅんち》は、直接的な愛の喪失の危機を動機とするよりも、社会的共同性一般からの孤立の危機を動機としている。

このように、悪いことをしてしまったという「罪」の意識、すなわち道徳意識は、当人がどれだけ一般的な社会存在としての自分を自己了解しているかというその程度に比例している。同じことを逆に言えば、道徳意識が普遍的に成り立つのは、各人が「他者」という概念を、あれこれの具体的なエロス的存在との関係においてとらえるのではなく、それをまさしく「他者性」として、ある一般的な水準にまで内在化しているという前提によってのみ可能なことである。

いいかえると、彼が何かをしようとするのをみずから抑制するのは、「お母さんが怒るから」なのではなく、世間あるいは社会一般がそれを許さないからという観念的な納得のもとにそうするのである。この納得の論理が彼の内部で成り立つかぎり、彼の自我は、エロス的な自我から社会的な自我へと転化あるいは昇華しているのである。

しかし、そうはいっても、この転化あるいは昇華は、はじめの「愛の喪失」にかかわる危機感情とまったく縁を絶ってしまったのではない。疚《やま》しさの向けられる対象が、養育者などの個別具体的な存在から、他者一般、社会的共同性一般に移行しているにしても、その疚しいという感情そのものの根底にあるのは、やはり、もはやだれにも愛されなくなるかもしれないという、不安と恐れである。

たとえば、罪を自白しようとしない容疑者を陥落させるために、母親に会わせたりその悲しんでいる声を聞かせるというのは、昔からよくある泣き落とし戦術である。また少女売春をしている女子中高生が、親にだけは知られたくないと考えるのも、彼女たちが、自分の抱える疚しさのよってきたる根源がどこにあるかをうすうす知っている証拠である。

### ◉人類史における良心の疚しさ

今度は視点を人類史というスケールにまで拡大してみよう。

なお以下の記述では、「共同性」と「共同体」、時には「共同態」という用語がたびたび出てくるが、これらは意識的に使い分けられたものである。それぞれの用語がどのような概念を持っているかについては、後述する（第二章冒頭）。

はじめにあったものは、**共同体の権威と、それに逆らうことから生じる離反の恐怖**であった。この権威は、時代をさかのぼるほど、宗教的な聖性と絶対性を帯びていた。共同体の集合的な意識と、これに属する個人の意識とは、現在の私たちに比べれば、はるかにその隔たりが少なく、両者はレヴィ・ブリュルが『未開社会の思惟』（岩波文庫）で言うような「融即」の原理にもとづいていた。

また自分たちと自然との関係も、現在の私たちが認めているような主体と客体的対象との関係ではなく、主客未分離の一体的な関係としてとらえられていた。おそらく共同体は、この自他、主客未分離の「融即」的なあり方を基盤としながら、そのような関係全体の秩序の源泉として、「聖なる権威」を表象していたと考えられる。

だから共同体の精神的な支柱である聖なる観念（神やトーテム）を、何らかのかたちで汚す行為や出来事は、それだけで大きな罪に値した。この場合、「罪」と呼ばれる観念は、共同体にとっての神聖なるものが汚されることと同義であり、したがってあるタブーを個人が破った場合、ただ単にその行為の主体である個人だけが罰を加えられれば済むのではなかった。共同体がいただく聖性が回復されるために、言い換えると、共同体のどの個別メンバーにとっても「汚れ」と感じられる状態を取り除くために、祓い清めや禊ぎが行われなくてはならなかった。

そもそも「罪」という観念自体が、個人がタブーを犯すという意味と、自然の災厄などが共同体の秩序を壊乱するという意味との両義性をはらんでいた。わが国の『祝詞』に記された「罪」概念はそのことをよくあらわしている。たとえば同じ「罪」でも、畔放《あなは》ち、溝埋《みぞう》み、屎戸《くそへ》などは、実質的には暴風の災害を意味していたらしく、頻蒔《しきま》き、串刺し、逆剥《さかは》ぎなどは人の犯す過ちを意味していたらしい。

こうした世界像のなかでは、個人がタブーを破ったために感じられる「良心の疚しさ」つまり道徳心と、自然災害などによって共同体全体が抱く「神から見放された感じ」とは、集合心理として未分化であるほかはなかった。

ということは何をあらわしているか。自分たちと自然との融即の関係として成立している共同体が、自然自身の手によるにせよ、人の手によるにせよ、何らかのまがまがしい状態に陥った場合、それは、神やトーテムからの「愛の喪失」を意味するということである。

おそらく古代人にとっては、この「愛の喪失」状態をどう雪《すす》ぐかということのほうが、その状態をもたらしたものが自然なのか人為なのか、過失なのか故意なのかということよりも重要な問題だった。それは彼らが、個人に対して寛大であったという意味ではない。むしろ原因が個人であることがはっきりしていれば、災厄が大きかろうが小さかろうが、簡単に当人を犠牲に供することで禊ぎの一端は果たされたということでもある。

こうした感受の仕方は、幼児のそれと似ている。

私の幼いころ、仲間同士で「えんがちょ」という、遊びとも儀式ともつかないやりとりが流行った。犬のフンなどの汚いものに触れた子どもがいると、周りから「えんがちょ、えんがちょ」とはやし立てられた。「えんがちょ」にされた子どもの体に触れると自分も「えんがちょ」になってしまうので、私たちはその子に近寄らないようにしながら、両手の親指と人差し指を組み合わせて鎖を作る。

しかしいつまでもそうしているわけにはいかないので、鎖を作っている仲間同士で、「てーんのかみさま、ゆびきった」と唱えながら、お互いの鎖を切り合う。そうすると、自分たちの身は浄化されて、「えんがちょ」の子どもとは無縁の存在となれるのである。しかし「えんがちょ」の子どもはいつまでも屈辱感に見舞われて、いわれなき「良心の疚しさ」を抱き続けなくてはならない。

このやりとりには、未開の共同体の住民が、自分たちの神やトーテムを汚されたと感じたときに陥る原始的な心性がよく保存されている。

未開社会の場合にも、自分たちの共同性を作っている秩序感覚と安寧とが、何らかの「まがまがしきわざ」によって脅かされたと感じたときに、その恐怖と不安をこれ以上感じないで済むような何らかの儀式を行って、共同性の呪力を回復しようとする。たまたまか、あるいは理由があってその呪力の敵対的な標的とされた者は、共同性から追放されるほかない。

この原始的な心性の遺制をよく示すものに、被差別感情がある。被差別者は、同じ共同社会の住人であるという素朴な了解の下に人とかかわるが、あるとき差別的な言動に出会うと、自己意識の範囲内には、心当たりが見当たらないにもかかわらず、その言動を、何かしら自分の存在自体が「悪いもの」「恥ずべきもの」であると指摘されたように受け取ってしまう。彼は多かれ少なかれ、いわれなき「良心の呵責」に悩むはずである。

たとえば島崎藤村の『破戒』では、被差別部落出身者・瀬川丑松が、最後にみんなの前でカミングアウトして、出自を隠していたことを土下座して謝る有名なシーンが出てくる。丑松の謝罪の心情は、直接には隠していたことに対する「疚しさ」であるが、その背後には明らかに、被差別部落の出身であることそのものに対する「疚しさ」が重くのしかかっている。

こうして、人類社会全体においても、個体の発達過程にみられるのと同様に、「良心の疚しさ」すなわち道徳心は、合理的な納得によって個人のなかに根づいたのではない。はじめにあったものは、共同体からの追放の恐怖と不安であり、いいかえれば共同体の神の愛を喪失するかもしれないという危機意識なのである。

### ◉宗教から法と道徳への分化

自然宗教社会から法社会に移ってくるにしたがい、この危機意識は、ちょうど個人がその発達過程において、一般的他者を自我のうちに内在化しつつ「やってよいことと悪いこと」との分別を身につけていくように、しだいに「正義と悪」との区別の問題に移される。

そもそも自然宗教に代わって、法的な感覚や道徳的な感覚が社会を秩序づける権威としての場所を獲得するということは、何を意味しているだろうか。

それは、ひとことで言えば、自然と人為との、また偶然性と故意との、明瞭な分節の意識の確立過程をあらわしている。いいかえるとそれは、この社会は、単に神によって与えられたものなのではなく、人間自身の意志や行為の複合によって作られたものなのだという自覚が深まったことを示している。あるものは自然の「せい」であるが、別のものは現に生の営みを行っている個人や特定の人間集団の意志や行為の「せい」であるという、選り分けの意識の発達である。

この過程を通じて、人間は、自分たちの意志や行為をそれとして切り取り、その交錯が生み出すトラブルを、文字として書き記された「法」のかたちで自己制御するようになる。そのとき、法というものがまさにだれにとっても自分たちの外側に書き記されておかれているという事情からして、必然的に次のようなことが起きる。

外側に書き記されたものとしての法は、個々の生活者にとって、「他者一般」の関係に立つ。それはちょうど個体発達において、養育者からの愛の喪失に対する危機意識として不合理なかたちで「良心の疚しさ」が芽生え、やがてその危機意識が「他者一般」「共同性一般」に対する「疚しさ」へと発展することで道徳意識にまで高まっていったのと同じである。

法の存在は、あらゆる個人の外側に書き記されたものとして超越的な権威をあらわすから、各個人のうちのだれがそれを犯し、だれはきちんと守ったかの区別の観念を発達させるであろう。そしてこのような区別の観念の発達は、同時に、各人の意識を、自分の意志や行為が自分の外側にある法に照らしてまちがったものであるかどうかという関心にいつも駆り立てるであろう。この関心は、各人のうちに内面的なものとしての道徳心、つまり「良心の疚しさ」をいっそう育てることに貢献する。道徳的なものがまさに道徳的なものとして自立しはじめる。

道徳的なものが自立するということは、法からという意味と共同体のもつ宗教的なものからという二重の意味を帯びている。

共同体の宗教は、法的なものと道徳的なものとの両方を未分化なままに包摂しており、各メンバーの帰依の感情にその根拠をもっている。これに対して、禁止項目を外側に書き記した法は、帰依の感情という内面的なものとは別の位相からその存在の権威を示すので、そこに共同性への即自的な愛の感情を託すことは出来ない。私たちは、あくまでも法に対して、客観的対象として「向き合い」つつ、それとの外的な関係によって自分の意志や行為の妥当性を推し量るほかはない。

ところが一方、人間の生活上に起きるもめごとや摩擦や秩序の攪乱の実相は、言語という抽象作用によって書き記された法のもつ有限性をいつもはるかに超えている。そこで私たちは、ある個別の状況のなかで生じた意志や行為が、書き記された法を犯していないかどうかとは別の場所、別の尺度で、絶えずその妥当性を自他に向かって問うていなくてはならない。その吟味の尺度となるものが道徳である。

**法が、ある限定された意志や行為の妥当性の外的な尺度**となるのに対して、**道徳は、あらゆる意志や行為の妥当性の内的な尺度**となる。ゆえに道徳は、理性的であると同時に、感情的でもある。それは、書き記された外的なものとしての法が担いきれない内面感情の領域で、その大きな力を振るうのである。

このように、法と道徳とは、共同体の宗教として渾然一体となっていた規範が、社会の複雑化と個人意識の発達にともなって二つに枝分かれしたところに生じた、いわば車の両輪である。両者は、外面と内面というそれぞれに固有の領域で、社会秩序を守るために分業するのである。

といっても、両者はまったく相互に関連のない役割を担うというわけではない。法が作られるとき、その内的な根拠をなすものは道徳である。法が特定の事案に運用されるとき、具体的にどのように運用されるべきかを決済する力は、原則として道徳にゆだねられている（ここで「原則として」とことわったのは、個別の判決や裁定は、実際上、裁判官の人格の偏りや、世論の動きなどに左右されることが大きいからである）。また逆に法の存在は、各個人に対して、守られるべき道徳の一定のモデルを指し示していることも疑いようがない。

近代社会は、その建前上、宗教によって治められるのではないから、この社会の住人は、誰しも法と道徳との分裂を身をもって味わっている。しかしこのことによって、私たちは、自分の生が共同性によって支えられていることを忘れたわけではない。法の侵犯が発覚すれば、私たちの生はただちに危機に追いやられるし、生活上で非道徳的な振る舞い（たとえば友人を裏切ることや、家族の扶養を放棄すること）を重ねれば、周囲の者からの愛を失うことを知っている。

こうして、悪をなすことから私たちを遠ざけているものは、それをあえてなしてしまうことによって招来する共同性からの孤立であり、共同性からの追放の予感である。共同性が現実化したものとしての「社会」は、ある個人がその社会の秩序を乱すことが、いかにその当人を、共同性の剥奪された裸の個人に追いやるか、そしてそれがその当人にとっていかに恐ろしいことであるかをよくわきまえているのだ。

## 2. 悪とは何か

### ◉悪の定義

このように考えると、とりあえず「悪」を次のように定義できる。

すなわち**「悪」とは、人が自分の存在の根拠としている共同性に反する意志や行為を示すことである**（この意志や行為には、むろん「過誤」や「不作為」としての悪も含まれる）。言い換えれば、ある共同社会にとって、個々の成員の生を保つのに必要な規範や秩序を無に帰するような個別的な意志や行為のことを「悪」と呼ぶ。

逆に言うなら、良心とは、自分の意志や行為がおのれの属している共同性からの孤立を招くことがないという確信のことである。私たちは、「良心」という言葉に、これ以上の積極的な意義や価値を背負わせるべきではない。良心は、常に心の中にあって作用しているのではなく、自分の意志や行為が自分の依拠する共同性からの離反を招く可能性があるとき、初めてそれ自身の「疚しさ」としてあらわれるのである。

なお、和辻哲郎は大著『倫理学』のなかで、「悪」について卓抜な定義をしている。それによれば、全体性の否定契機としての「個」それ自体が「悪」なのではなく、否定の否定という次の運動を生まないような個への「停滞」が「悪」であるというのである。私のここでの定義とは一見ずれるようだが、これは思考のはいり口が異なるためで、最終的には同じところに帰着すると私は考えている。和辻は彼一流の人間哲学にもとづいてこのような定義をしているので、それについては、後に詳しく論じたいと思う。

ところで、ここでの「悪」の定義についてありうべき誤解をまず解いておきたい。

自分の存在の根拠としての**共同性**に反する意志や行為を示すことを「悪」と呼ぶからといって、このことは、自分の属する特定の**共同体**に対して反抗する意志や行為をただちに「悪」とみなすことを意味しない。「共同性」と「共同体」とは概念が異なる。

後にもう一度触れるが、共同性とは、個人が一個の人格の持ち主（「私」という人間）として生きるためになくてはならない本質的条件のことであり、共同体とは、特定の個人群が集まって作る具体的な社会秩序のシステムのことである。

したがって、ある個人が自分の属する特定の共同体に対して、「個人の自由」を訴えたとしても、それは必ずしも「共同性」一般に背反したことにはならず、むしろ「個人の自由」がより多く認められるような「共同性」のあり方を求めただけという場合もあり得る。

もちろん彼がどういう意志や行為において個人の自由を主張したかによって、それが「悪」となることもあり得る。たとえば、平和な秩序が保たれている共同体の内部において、「人を殺すのは個人の自由だ」と主張すれば、それは、その共同体の一員である自分が殺されることも認めたことを意味するから、その場合には、共同性そのものに反する言明を行ったことになり、先の「悪」の定義に当てはまることになる。

## ◉反論1

ところで「悪」をこのように定義づけると、いくつかの反論が予想される。

まず、第一に、個体における良心の疚しさの感情がどこから生まれるかを個体の発達心理から語ることによって「悪」を定義づけることができたとしても、それは、ある特定の意志や行為に踏み込むにあたって、私たちが主観的にどういう心理状態におかれるかを語ったにすぎず、その特定の意志や行為がなぜ客観的に「悪」と見なされるのかを語ったことにならないという反論である。

この反論に対しては次のように答えられる。

なるほど言われていることは一見正論に思える。しかし仮に特定の意志や行為（たとえば殺人）を客観的に「悪」と見なせるような基準を私たち人類が普遍的に手にしているとすると、ちょうどそれと逆に、「善」についての客観的な基準ももっているはずである。というのも、もし私たちが、何が「善」であるかについて普遍的な了解をもっていれば、同時に、その特定の意志や行為が「善」に叶うかどうかについての客観的な尺度も手にしていることになるからである。そしてそれに対していかなる懐疑や不安や疑問も抱かないだけの自信を持っていれば、その「善」と照らし合わせることによって、「悪」についての客観的な基準をもたちどころに指し示せることになる。

　しかしじっさいの意志や行為にあたっての私たちの判断は、**そういうものではない**。私たちは、まだなされていない自分一個の意志に関しても、それが「悪」にあたらないかどうかを慎重に吟味するのがふつうであるし、またなされてしまった他者の行為に関しても、複雑細密に仕上げられた法のどれかを選択して運用し、なされた行為の「悪」の質や程度がいかなる制裁や報いに値するか（罪名や量刑）について長々と詮議するのを常とする。

　このことは、「善」という観念が、漠然と私たちの心の中に場所を占めているにもかかわらず、それが確乎たる輪郭をもった原器のようなものではないことを示している。**善の原器が定まっていない**以上、ある特定の意志や行為を、客観的に「悪」と見なせる保証を私たちは得ていないわけである。

　この事情をいいかえれば次のようになる。

すなわち私たちはたしかに、共同的な心性のうちに、何らかの「善」の観念を共有しているのであるが、この観念は、日常生活においては、それ自体として積極的・具体的にその様相をさらすことがなく、何かそれに悖《もと》るかもしれないと感じられる意志や行為に接触するかぎりで、初めてその姿をあらわすのである。哲学風に言えば、それは「否定態」としてしか現前しない。

　もちろん、たとえば「他人のためになることをせよ」というのは、道徳教育が説いてやまない「奉仕」の精神である。車内で老人に座席を譲ったり、命の危険に出会っている人を救い出したりすることは、積極的な「善行」としてにぎやかに称揚され、推奨されはする。救出活動で本人が命を落としたりすれば、たちまちにして美談が作り上げられる。

しかし、こういうことをしなかったからといって、その人は格別非難されるわけではないし（非難する道徳主義者も時にはいるが）、「善人」としての資格が剥奪されるわけでもない。消防士が火事場に駆けつけながらその職務を果たさずに拱手傍観していれば、職務怠慢として非難されるだろうが、たまたま近くに住んでいた住民が、火事場で野次馬を決め込んでいたからといって、大多数の人びとが同じことをしているのであれば、彼のことを卑劣漢と呼ぶ人はだれもいまい。彼は「善人」としての人格要素を動揺させられないで済むはずである。

いわゆる「善行」や「奉仕」が人びとの称賛を浴びるのは、それらが多少とも周囲からは突出した行為だからであり、突出した行為にそういう称賛や推奨を絶えずしていないと、共同性の精神が枯れてしまうかもしれないと、人びとが危惧しているからである。しかし称賛や推奨がなされるにしても、「だれもがそうしなくてはならない」という強制がなされるわけではないし、またなされるべきでもない。

共同性の精神が枯れるとは、まさに「悪」がはびこることであって、人びとはそれを過剰に恐れるゆえに、突出した「善行」をことさら誉め讃えようとする。だが突出した「善行」がたとえ行われなくても、自分の依拠する共同性からの背反、すなわち「悪」が頻繁に行われないならば、ただそのことによって、「善」は保たれるのである。

「善」なる観念は、ふつう生活意識の深層にあって、私たち自身の安定したさまざまな生活実践そのもののなかに身を隠している。むしろそれは特定の「観念」ではなく、私たち自身に生活の安寧をもたらしているところの、実践的な関係行為の連鎖それ自体である。それは、災厄や犯罪のように何かこの関係行為の連鎖の秩序をかき乱すようなことが起きると、そのかぎりで呼び出されて、それらとの関係において「観念」としての露頭をあらわすのである。

では、なぜある意志や行為が「善」に悖るかもしれないという感覚を私たちは抱くのだろうか。しかもそれはどうして「かもしれない」というあいまいなかたちをとってあらわれざるを得ないのだろうか。

この、「かもしれない」というあいまいさの存在は、じつは、私たち一人ひとりが属している共同社会そのものが単純ではなく、多様性をそなえたまま互いに絡まり合っている事情と対応しているのである。私たちがかたちづくっている共同社会は、家族にせよ、村落にせよ、経済的な組織にせよ、宗教結社にせよ、国家にせよ、それらをそれぞれに形成している中心的な「精神」をもってはいるものの、時間的にも空間的にも、互いに画然とした輪郭をそなえて住み分けているわけではない。

ある人が共同存在であるというとき、彼は原理の異なる複数の共同性を背負っている。彼はだれかの息子であり、だれかの夫であり、だれかの父であり、だれかの友人であり、ある地域の住民であり、特定の経済組織のメンバーであり、市場に参加する一市民でもあり、一国の国民でもあり、人類の一員でもある。こうした複数の重畳《ちょうじょう》した帰属関係を背負う個人にあっては、その内部でさまざまな価値観が混在・並立しうるから、ある意志や行為が「善」に悖るかどうかは、どうしてもあいまいにならざるを得ない。なぜなら、それらが「善」に悖るかどうかを照らし合わせるべき尺度は、どの共同性が提供するものであるかによって、それぞれ異なってくるからである。

たとえば他との交通関係がなく、閉鎖的で小人数な村落共同体とか、きわめて戒律の厳しい宗教結社などをひとつの理念型として想定してみよう。

そこでは結束がすなわち善であるから、「悪」イコール共同体からの追放なのである。そこではあいまいなものはそれだけ少なく、異端か正統かをめぐる議論の余地はないし、個人の情状が詳しく酌量されるということもない。

いいかえれば、個と共同性とが単純な関係におかれているこのような状況下では、悪をなすとは、共同体がいただく「神」の愛を喪失することとほぼ同じである。ある村落共同体にとっては、「失火」はそれだけで村八分の対象とされたし、ある戦闘集団にとっては、生命を賭す心がけのない「臆病」は、最も排斥されるべき悪であった。主君に対して謀反の念を抱くことは、それだけで最大の罪に値した。

これに対して近代社会では、個人の帰属先が多様で複雑にわたっているため、その個人がどの共同態に、より強くみずからのアイデンティティを託しているかによって、ある意志や行為が悪と感じられる度合いや質も異なってくる。それぞれの集団はそれぞれその結束の原理を異にしており、しかも一個人のうちにおいて互いに絡み合っている。

したがってあるひとつの共同性における「善」を満たそうとすれば、他の共同性における「善」と抵触せざるを得ない。たとえば国に命を捧げることは、子どもの養育という親の義務を放棄することになりうるし、会社への忠誠は、しばしばその組織よりも広い公共的市民道徳の非難の的になる。ある正しさの信念（たとえば「嘘をついてはならない」）を貫くことが、「友情」という徳に悖ることになるかもしれない。

このように、個人の帰属先が多様にわたっているということは、個人の内面において、その帰属先である特定の共同性の輪郭があいまいなものとして看取されていることと同じである。ちなみに、後に詳しく批判するが、カントの倫理学は、こうした共同性そのものの複雑な事情、またその結果としての個人のアイデンティティの多重性を顧慮しない「お坊ちゃん倫理学」である。

いずれにせよ、個人の属する共同性が、多元的であるかぎりで、一つ一つの共同性の輪郭は彼のなかであいまいなものとなり、彼の意志や行為がどれほど「悪」であるかもまた、その多元性やあいまい性との相対的関係のもとに規定されてくるのである。

さて、反論者のいうように、「悪」を客観的にとらえないから、「悪」が主観心理的なものとしてしか浮かび上がらないのではない。ある意志や行為に当人が良心の疚しさを抱くその質や程度は、平均化してみれば、彼の属する共同性のエートスの複雑さを裏側から照らし出すのである。この実態からして、これこれの意思や行為（たとえば殺人）が客観的に「悪」であると規定することは、原理的に不可能なのである。だから私たちは、初めに定義した「悪」の定義――**「『悪』とは、人が自分の存**

**在の根拠としている共同性に反する意志や行為を示すことである」**——に踏みとどまるほかはなく、その内的な表徴として何かを探し求めようとすれば、「個人が心の中で良心の疚しさを抱く」という主観的なあり方を確認する以外に方法を持たないのである。

**◉ある意志や行為はそれだけでは悪ではない**

すでに述べたように、もともと良心は、ある特定の意志や行為が良心自身に悖るものでないかどうかという疑いや不安のかたちでしか個人の心理のなかに姿をあらわさない。「何か相手に悪いことをしている（した）のではないか」「自分の胸によく聞いてみよ」「自分のあの振る舞いはよい行いだったか」というのが、良心がおのれの姿をあらわす一般の形式である。主体が何か特定の意志や行為をはたらかせる以前から私たちの積極的な人格の一要素として「良心」というものがあらかじめ存在しているわけではないのである。

どうしてなのだろうか。

それは、良心というものが、世代から世代へと受け継がれてきた世間知や生活慣習を体得することによって後天的に培われた「理性」にほかならないからである。道徳的理性（良心）は、自分の機能を発揮するために、おのれに先行する判断材料を必要とする。道徳的理性は、私たちの欲望や衝動や生の必要が意志のかたちをとったとき、それと世間知や生活慣習とをつきあわせて、その意志が妥当なものであるかどうかを勘案する。理性は、いつも欲望や衝動のあとからやってきてそれらを監視する見張り役にすぎない。

良心は、何かその人の善意志の如何が問われる局面で、「逃げるな」とか「思いとどまれ」とささやきはするが、フロイトの「超自我」がそうでないのと同じように、欲望や衝動のないところでみずから「ああしろ」「こうすべし」という積極的な行為を指示しようとはしない。また人が何かの信念にもとづいて、いわゆる積極的な「善行」に踏み出すとき、良心の関所は、それをただ黙って通過させる。

そういうことになるのは、私たちが、通常、**人と相交わりながら滞りなくやり取りしているかぎりで、すでに「善」のシステムに支えられ、かつそれを支えているから**であり、この日常的なやりとりの基盤としての共同性に軋みが入らないかぎり、「悪」は出現しないからである。「悪」の可能性が出現しないかぎり、「良心」もまた心理の内に登場しない。

その「善」のシステムがいかなる原理のもとに根拠づけられるのかということを自覚的に取り出すのが、本書を貫く最大のテーマであるが、いまこの段階では、以下のことを確認しておくにとどめよう。すなわち、ある習俗のもとにおさまっている共同性の観念は、それが一定の安定性を確保していさえすれば、「善」を「かくかくのもの」として自覚的に打ち出すことをしないのが常であり、したがって、それは、ある特定の意志や行動が、共同性自身の精神に背反し、逸脱していると感知される場合にのみ、そのことを「悪」として個別的に摘出するのである。

このように言ったからといって、誤解しないでほしいのだが、私は、ある特定の共同体に遵奉《じゅんぽう》することがそのままで「善」であると言っているのではない。私がここで論じているのは、道徳的な「悪」と呼ばれている物事が、いついかなるときにおいてもどのようなかたちでその姿をあらわすかという、いわば**形式的な本質論**であって、それは特定の具体的な意志や行為（たとえば殺人）を直接指し示しているわけではない。だから当然、それらは、特定の共同体がいただく道徳律に背くものという規定を、それがかくかくの意志や行為であるから（たとえば殺人であるから）という理由だけによってはじめから帯びているわけではない。

殺人も推奨されることがあり得るし、許容されることもあり得る。さしあたり押さえておくべきなのは、いかなる意志や行為であれ、「悪」という現象は、それらの意志や行為に関して、必ず自分の属する共同性からの追放を予感させるような心理現象として私たちの内面にあらわれるという事実である。

かくかくの行為（たとえば殺人）がそれ自体として問題なのではない。「悪」が必ず、それを意志したり行為した本人の良心の不安・動揺・疚しさといった心理的な現象をともなうか、そうでなければ、同じ共同体に属する他者のとがめをともなってあらわれるという事実こそが、「悪」とは何かを考えるにあたって重要なのである。

良心の疚しさや他者のとがめがつきまとうということは、「悪」と呼ばれるものが、いつも共同性からの背反という本質をもっていることをあらわしている。というのも、良心の疚しさとは、共同性の精神が自我に送り込んだ見張り役が力を発揮した事態であり、他者のとがめとは、まさしく当人に対する共同体の愛想づかしだからである。

こうして「悪」とは、共同存在としての人間的条件を剥奪される可能性を秘めた自己個別化の振る舞いなのであり、結局は、共同性からの愛を喪失して孤立することなのである。「悪」をなすから共同体から追放されるのではない。逆である。ある意志や行為が一定の社会条件下では、共同存在としての人間の本分を失うことに結びつくから、それらの意志や行為が「悪」と呼ばれるのである。

このことは、殺人のような特異例ではなく、むしろ「会っても挨拶もせず横柄な態度をとる」とか、「約束を守らないことが多い」とか、「金遣いが荒い」とか、「人の話を聞いていない」とか、「意地悪なことをする」とか、「やたらでしゃばる」といった、法的にはとがめを受けることのない、日常のちょっとした「悪」を念頭に置いて考えると、もっとわかりやすくなるだろう。これらが繰り返されると、その人は共同性からの愛を差し向けられなくなるのである。

こう考えてくれば、道徳的な「悪」とは、人が自分の存在の根拠としている共同性に反する意志や行為を示すことであるという定義で十分であることが察せられよう。

繰り返しになるが、私は、ここでは、特定の共同体のあり方が絶対善であると主張しているのではなく、むしろ反対に、「悪」という概念の中身（どんな具体的な意志や行為が「悪」に値するか）は、特定の共同体のあり方との相対的な関係によって決まると言っているのである。これはさしあたり、道徳に対する相対主義的な立場である。しかし、相対主義に徹するかぎり、道徳を人間存在の普遍的なあり方から根拠づけるという本書の目論見は果たせないであろう。だがこれについては、もっと後で展開する。

### ◉反論2

しかし、と別の反論者は言うかもしれない、「悪」とは、それを実現すれば共同性から孤立する危険のある意志や行為である、と定義づけただけでは不十分である。たとえば殺人や強盗や暴行のように、もっと法や道徳が禁じている具体的な内容を含んだものとしてとらえられるべきもののはずではないか。

この反論に関しては次のように答えよう。

それは残念ながらできない相談なのである。というのも、いま試みているのは、「悪」という概念の一般的な定義づけである。一般的な定義づけにおいては、その概念が包むすべての外延が、本質規定のうちに包摂されていなくてはならない。もし殺人という行為が行為それ自体として「悪」であるなら、すべての戦闘行為は禁止されなくてはならなくなるし、また合法化されている殺人、正当防衛や緊急避難、医師の手術による違法性阻却、死刑などは、みな「悪」だということになる。

そもそもこうした反論が出て来やすいのには、それなりに理由がある。一般の殺人や強盗や暴行は、凶悪犯罪事件として日々私たちの耳目を刺激しているので、「悪」のイメージとの間に親近性があるからである。しかし、先ほど例に挙げたように（50ページ）、「悪」と呼ばれるにふさわしいものには、法に引っかからないものも無数にある。それらもまた「悪」と呼ばれるにふさわしいのであってみれば、それらをすべて含んで、なぜそれらが「悪」と呼ばれるための条件を備えているのかが一般的に解き明かされるのでなくてはならない。

そこで、法よりも懐の深い「道徳」という概念の範疇で「悪」とは何かを考えるなら、方法は二つしかない。

ひとつは、私たちの社会で「悪いこと」と思える意志や行為を個別的に片端から数え上げて、だれもが異論を差し挟めないようなかたちで網羅的な体系を示すことである。しかし、そんなことは不可能である。何しろ、殺人でさえ必ずしも「悪」とは呼べない場合があるのだし、また共同体の歴史的社会的な条件しだいで、かつて「悪」であった意志や行為が、かえって「善」であると見なされることもあり、その逆もまたあるのだから（たとえば、身分制の社会では、武士階級の他階級に対する「切り捨てご免」は「悪」ではなかったが、平等で平穏な民主主義社会では、一方的な人命の殺傷は許されないことである）。

そこでもう一つの方法に頼るしかない。それはこれまで試みてきたように、どんな小悪も大悪も、歴史的社会的条件の差異を超えてもれなく「悪」の枠組みにおさまってしまうような、そうした一般的抽象的な「悪」の概念とは何か、それらが「悪」と呼ばれるための基礎的な条件とは何かを、本質的に言い当てることである。

そして、そのつどその時々の共同性からの排除や孤立化を招くような、個別的な意志や行為こそがまさにそれにあたるのである。なぜなら、こうした個別的な意志や行為に踏み込もうとしたり、踏み込んでしまったときにのみ人は多かれ少なかれ「良心の疚しさ」を覚えるからであって、「良心」とはもともと自分が生きてきた共同社会によって個人の内面に培われるものだからである。

「こんなことをしたらあの人に悪いのではないか」と感じるとき、その相手がたとえひとりであっても、私たちは、その相手の向こうに「世間」や「社会」といった共同性全体の影を見ている。その相手になされるべきでない「こんなこと」は、その相手にのみかかわることであっても、常に同時に「人間」一般に向かってなされるべきでないことという意味を帯びている。

たとえば借りた金を期日を過ぎても返さないという場合、相手との関係が親密であればあるほど、うっかりしていて返すのを忘れていたというようなことはままあるが、その場合でも、そのことに気づいたときには、良心の声は、容赦なく迫ってくる。それは、相手との関係の特殊性にかかわらず、「良心」というものが、ある関係行為の参加メンバー双方にとって、「彼らの属する共同性」一般としてお互いを見なしあうことを共通の了解としたところに成り立つからである。

## ◉反論3

しかし、と第三の反論者は言うであろう。自分が依拠している共同体が、たとえば盗賊団や、過酷な独裁国家のように、それ自体として「悪」である可能性も排除できないのだから、共同体に対して孤立を招くような意志や行動は、逆に「善」でもありうることになるのではないか。

これについては、次のように答えよう。

もちろん、ある共同体が全体として「悪」である可能性はある。しかし、そう判断するのは、その共同体の外部にいて別の共同体に依拠している個人群であるか、または当の共同体に属しながら、内的な理念のかたちで「よりよい」共同性を思い描きつつ、そのことに依拠して自分の属する共同体に批判的である個人群のどちらかである。

前者の場合、共同性から孤立しているのではなく、かえってより強力に共同性に依拠しているのである。

というのも、たとえば「盗賊団」と外部から名指しされる共同性は、より大きな共同性によって、全体として「悪」と決めつけられているのであり、もしその内部のメンバーが、自分の属する共同性は「盗賊団」であるという自覚を得た場合には、すでに彼はより大きな外部の共同性のほうに半身を置いていることになるからである。

また後者の場合、そういうことが可能なのは、既存の共同体がすでにうまく統一的に運営されずに、反対派の存在や分裂・内乱の危機などをあらわにしている場合である。ところで、それこそはその共同体の「善」の精神が解体しつつある状態を示している。しかもこの場合、当の共同体に属しながらそれに対して批判的な個人群は、そのことによって「悪」とされるのではなく、批判的であることを通して、思い描かれた「よりよい共同性」に属していることをあらわしている。

この状況では、当の共同体の内部で善悪の価値観が多様に相対化され混乱しているのであるから、その共同体はすでに単純な共同体としての生命を失いかけているのであり、そこから背反しようとしている個人は、もはや「悪」のうちにあるのでもなければ、すでに「善」のうちにあるのでもない。彼は、古い共同体からは排除されて「悪」とされるかもしれないが、理念として思い描かれている新しい共同性の設計図の上では、「善」とされる可能性ももっている。彼は、共同性から孤立しているのではなく、反対に、個と共同性との関係を新しく結びつけ編み直す運動の渦中にあるのである。

したがって、たとえある人がいまよりも「よりよい」共同社会の構想を根底から立てることで当該の共同社会から一時的に孤立させられるとしても、そのことは、彼が「悪」の道にはまっていることにはならないし、共同性一般からの背反を「悪」とする定義を変更する理由とはならない。彼はすでに、彼の思い描く「よりよい」共同社会の一員のうちに自己のアイデンティティを認めているからである。

◉反論4

ところでまた、次のような反論があり得るかもしれない。

人間が作り上げる共同態的な関係のありようやその時々の状況によって、何が「善」であり、何が「悪」であるかは変わるのであるから、ある特定の意志や行為自体をそのものとして取り出して、これは「悪」であると決めつけられないというのはひとまずそのとおりであろう。しかし、古来、キリスト教におけるモーゼの十誡《じっかい》や、仏教における五戒に代表されるように、殺人、盗み、邪淫、虚言などは、おおむねどの伝統的共同体でも「悪」としてきたという共通性が認められる。このことに依拠するなら、「悪」を、同じ共同体に属する他のメンバーの、生命、財産、人格、自由その他、当人が大切にしている価値を理由もなく剥奪しないこと、というように、具体的かつ普遍的に規定できるのではないか。

この反論は強力に思える。

なるほどたしかに、十誡や五戒に列挙された「悪」の項目のそれぞれを、私たちは自然に悪いこと、非難されるべきこと、良心のとがめを受けるべきことと感じる。そのかぎりで、これらは人類が共通に抱いてきた、「しないほうがよいこと」の範例を指し示しているといってよいだろう。また、こうした具体的な「悪」の規定は、近代法で「罪」と規定されている行為にもほぼそのまま重なり合っている。

しかし、十誡や五戒に定められた「悪」の項目は、特にしてはならないこととして、目立つものから順にいわば帰納的に列挙したにすぎないもので、これらをひとつもしなかったからといって、その人が完全に「道徳的な人」になるわけではない。

たとえば、怯懦《きょうだ》、卑屈、冷淡、憎悪、虚勢、暴言、吝嗇《りんしょく》、浪費、失礼、侮蔑、裏切り、欺瞞、強引、無責任、陰湿な意地悪、感情に走った激高、などはこの中に含まれていないが、これらもまた、私たちの道徳生活のなかでは、「悪」として位置づけられる。道徳的な感受性は、行為としてははっきりと他者への侵害におよぶものではないような、ちょっとした心情のあり方に対しても敏感に目を光らせているのである。

十誡や五戒にあらわされた「悪」は、宗教的な戒め（ヤハウェやアッラー以外の神を信じること、仏法を侮辱することなど）から離れて近代社会の文脈に置き直すなら、法的な犯罪に匹敵するもの、またはそれを喚起するものに限られている。だが、道徳的に「悪」とされるものは、先にも述べたように、法的なそれよりもはるかに広い。つまり、具体的な行為として目立つものから帰納的に「悪」の範囲を限定しようという試みは、いったんそれをはじめるとその外延にかぎりがないことがわかる。また状況や関係しだいでは、ある感情や意志や行為が「悪」と見なされないことも起こりうるので、「悪」の本質に到達することは不可能なのである。

加えて、具体的に「悪」と思える感情や意志や行為を帰納的に枚挙していくというこの方法では、それらがなぜ「悪」と呼ばれるのか、その原理がはっきりしない。

もし私が先に形式的に定義づけたように、「悪とは、自分の依拠する共同性に背反する個別的な意志や行為のことである」としておけば、この定義からは、（悪意ある）殺人からたばこのポイ捨てのようなちょっとした行為までが、良心の疚しさを呼び起こすに足る「悪」として輪郭づけられることが容易に理解できよう。

第二章

# 善とは何か

## 1．共同性と善

### ◉共同性は「私」の中に住み込んでいる

ここで、「共同性」という言葉に注釈を付け加えておこう。

これまで、「共同性」という言葉と同時に、「共同体」あるいは「共同態」という言葉を用いてきた。三者は意識的に使い分けられたものである。

「共同体」という場合、複数の人間が作る具体的なまとまりのある制度的な社会集団をイメージしている。家族、村落、経済的組織、文化的共同体、国家などがこれに当たる。それらは、人間が織りなす関係の様態のなかで、最も実在的、固定的なイメージの強いものである。

これに対して、「共同態」と表記するときには、もう少し固定的・制度的ではなく、個人と個人とが何らかの原理にもとづいて、そのつど共同関係を作っている、その様態そのものを指している。たとえば恋人同士がつきあっていたり商取引で売り手と買い手がある程度持続する関係を結んでいれば、それだけで共同態的と言えるが、まだ共同体とは呼べない。

さらに「**共同性**」というときには、前二者よりも抽象度が高く、人間を構成する根源的な条件をあらわしている。

さて、すでによく言われてきたことだが、人間は、どんなときにも、ただ孤立した個人ではない。和辻哲郎が強調するように（『倫理学』）、人間は本質的に「間柄《あいだがら》的存在」であって、個人性と社会性の二重の相のもとに生きている。このことは、人間が互いに他者と実践的に交流しあう存在であるという意味にとどまらない。

人間はそれぞれ個的な人格であることにおいて、固有の意識の持続性を確保している。この意識の持続性は「自我」と呼ばれている。「自我」は通常、たったひとりでいるときにも、少なくとも形式上は、ある自立性と恒常性を保っている。しかし「自我」の自立性と恒常性は、何によってその内実を保証されているだろうか。

「自我」の内実をそのつど占めているものは、知覚表象であったり、特定の感情や気分であったり、記憶であったり、予期であったり、想像的なイメージであったりする。しかしとりわけて重要な事実は、これらの表象や観念の多様を、時間を貫いてひとりの「私」にとってのものとしてまとめ上げているのが、**反省的な言語作用**だということである。

意識は時間に沿って絶えず流れるが、そのつど必要に応じて諸表象や諸観念にとらわれる。だが、それらの多様のなかにただ身を任せていたのでは、「私」という自己同一性はあらわれない。「さっき部屋の中にいた私」と「いま外を歩いている私」とを、まさしく同一の「私」にまつわる一定の文脈として把握させているのは、反省的な言語作用である。「私」は、反省的な言語意識によって、「さっき部屋の中にいた」と「いま外を歩いている」とを、状況の異なる「私」として区別し、同時に両者を同一の「私」として統合する。反省的な言語意識は、「私」を絶えず超越しながら、「私」に帰る。

ところで、この、「私」の自己同一性を成り立たせている反省的な言語意識は、どのような条件によって作られたのだろうか。そもそもたったひとりであるはずのこの「私」が言語意識を手にしているという事実は何を示しているだろうか。

言語というものは、発話者と聞き手とのやりとりにその本来の実現の場所をもっている。したがって、言語は、人間の共同性によって支えられ、また共同性を支える。

私たちは、一定の共同社会のただなかに生まれ、そこで流通している言語を習得することで、その共同社会のメンバーの資格を獲得する。この言語の習得の達成は、当然、当該社会のなかで自分が一人格として認められたことを意味するから、「私」がある言語の使用能力をもっているということは、「私」という一個の自我の統一体のなかに、その統一の必要条件として、当の社会の共同性を抱え込んでいることと同じである。

「私」は、他人と関わっていないときにも、多くの場合、その意識を言語的なざわめきで満たしており、時には独り言を表出したりする。このようなとき、「私」は、いわば観念化された共同性を生きているのであり、共同社会の一員としての振る舞いをしているのである。だから、「私」の自己同一性が反省的な言語意識の保持によってこそ可能であるということは、「私」が「私」であるだけで、共同性の実現を果たしていることを意味する。

以上のように見るかぎり、共同性とは、個人の外側にあって個人と対立するような、何か実体的なものではなく、個人のなかに、個人が個人としての輪郭と面目を示すための本質的な条件あるいは場面として、あらかじめ深く埋め込まれた特性であると考えられる。

### ◉極悪人も共同性の声を聞く

さてそうだとすると、何らかの「悪」をなす個人は、先の「悪」の定義により、みずからの内なる共同性との間の分裂を生きていることになる。この分裂は、どんな極悪人をも不安に陥れる。シェイクスピアの『マクベス』において、マクベスもマクベス夫人も不安の増大に絶えきれずに身を滅ぼすが、それは、外側からやってくる敵に対する不安によるのではなく、すでに自分のなかに深く埋め込まれた共同性の声を聞いてしまうからである。

十九歳で四人を射殺し何度も公判を繰り返した後、最終的に死刑に処せられた永山則夫は、獄中で厖大な手記を残し、自分の所業は無知と貧困によるものだとした。さらに彼は長い獄中生活による拘禁反応と、メディアで有名人扱いされたことが重なったせいか、一種の誇大妄想癖に陥り、自分の所業が何か社会的に特別有意義な性格をもつものと勘違いしたようでもあった。

この事例の場合、通常私たちが考える「良心の疚しさ」が深く彼の実存を規定するという成り行きにはならなかったように見える。しかし、永山は犯行を行い逮捕された後に、ほどなくして自分の行為を言語によって対象化しようとする強い衝動に見舞われている。ほとんど盲目的な行為のあと、その行為を彼なりのやり方で社会的な視野から位置づけ直そうとしたのだ。その位置づけ方がどんなに詭弁に満ちた歪んだものであったとしても、この営みもまた、みずからの内なる共同性の声を聞く聞き方のひとつであったことは否定できない。自分が社会的に大きな意味のある存在だという誇大妄想に陥ったのも、自分の過去の行為を、あくまで共同性の言語によって縁取ろうとする心理のひとつの行く末である。

また、八人のいたいけな小学生を次々に斬り殺して死刑に処せられた宅間守は、「早く死刑にしてほしい」として、控訴を拒否した。それればかりか、彼はいかなる謝罪もせず、改悛の情もまったく示さなかった。彼の自我の内部には、一見、共同性の声としての「良心の疚しさ」が宿る場所はどこにもなかったように思われる。犯行の直後から法や習俗への服属を完全に拒絶していると見なせるからだ。

しかし宅間は、この犯行以前に、すでに精神病の詐病による嫌疑逃れや度重なる結婚生活の破綻など、数々の共同性の敗れ、自己破産を経験してきている。その息せき切った反抗的な「生き急ぎ」ぶりには、舌を巻くほどである。つまり彼は、自分の幼年期の無惨な生活史と特異な資質とを早い時期から自覚していたのであり、それらが法と習俗の支配するこの世の平均的な生活リズムにとうてい適応できないことをよく知っていたのだった。

　この「自分はこの世では平穏に生きられない」という自己認識は、やはり共同性の声のなさしめるところであり、それが、最後の残忍な所業のあとで、自分を早く死ぬにふさわしい存在として規定する意志に結びついているのである。

　控訴もせず弁解も謝罪もせず改悛の情も示さずに法の裁きをそのまま受けるということは、妥協抜きに自分を「極悪人」と認めている証拠であり、救済への退路をはじめから完全に断ちきっている証拠である。このように、彼は、何が許されるべきことで何が許されるべきことでないかをしたたかにわきまえた、確信犯中の確信犯である。「良心」の持ち合わせはなくとも、自分には「良心」などないということを知っているという点において、彼は共同性の声をじゅうぶんに聞いているのである。死刑判決と共に、内なる共同性との分裂状態は終わりを告げ、彼は不安から解放されたのだ。

「悪」をなそうと思っている人や、すでに「悪」をなしてしまった人は、自分の依拠する共同性からの離反を企てるのであるから、独特の孤独と不安のなかにみずからを追い込むことになる。「悪」をなすことは、それがよほど習慣的で無自覚なものでないかぎり、当人にそれ相応の勇気を強いてくる。

　思春期や青年期の若者が、「悪」を進んでなす仲間をヒーロー視し、自分もそのようなことをやってみたいというあこがれを抱きがちなのは、彼らが、家族や法社会などの制度的に根づいたものとしての共同性から距離を置いており、自分が独立した個であることを積極的に示したがるからである。独立した個であることを示す最も早い道は、「悪」をなすことである。「悪」をなすことはそれゆえ、彼らにとって勇気を要する「カッコイイ」ことなのである。

彼らにとって、自分が生まれ育ってきた家族の共同性は、もはや自分を全面的に帰属させるには足りないものとなっており、また一方、一般社会が敷いている法を軸とした共同性にはいまだなじめないでいる。両者の端境期にある彼らは、多くの場合友人同士の共同性を作るが、それはだいたいにおいて、制度的な共同性からは自由な、独立した個でありたいとする欲望の算術的な集合にすぎない。彼らの集団としての特性は、「悪」をなす事にアイデンティティを見いだすような者のそれにいちばん近いのである。このことをとてもうまく表現した文学作品に、三島由紀夫の『午後の曳航』がある。ティーンエイジャーたちを管理統制しなくてはならない学校教育は、彼らの勉学意欲だけをよりどころに統制をはかることの無理を無意識的によく知っているので、放置しておけば「悪」に走りがちな彼らのエネルギーを束ねて、部活動、学校行事などの装置を置いて集団形成を促そうとする。

部活動は、「戦闘的に相手を倒す」種類のものが多い。それは、うまくはたらけば、彼らの「悪」に走りがちな攻撃的エネルギーを、ルールと集団的規制によって成り立つ虚構された枠組みのなかに囲い込むことが出来る。

また体育祭や文化祭などの学校行事は、生徒たちがばらばらな個にとどまることを許さずに、文字通り彼らを祝祭的な共同性のほうへ誘い込む絶好の教育的効果を持っている。

宗教性を色濃く帯びた教育機関が、服装や生活規律などの形で、この時期の若者にことさら禁欲的気風を吹き込もうとするのも、同じ危機意識に発している。

## 2. ハイデガーの唱える「良心の呼び声」

### ◉ハイデガーと和辻

ところで、ハイデガーは、『存在と時間』のなかで、「良心の声」が聞こえてくるメカニズムを次のように論説した。

すなわち、人はだれでも、日常生活の時間と空間において、よもやま話と野次馬根性と不決断の支配する「頽落《たいらく》」の状況に身を置いている。しかしこれは、死すべき存在としての自分を自覚的に見つめない非本来的なあり方である。頽落した「世人」の立場から身を離し、本来的な自己自身に立ち帰ると、みずからの死に対する前もっての覚悟がおとずれてくる。死とは、彼によれば、「最も個人的で他者とかかわらない、やってくることが確実でありながらいつと規定できない不確実性をもった、追い越し得ない可能性」である。この「追い越し得ない可能性」に対して前もっての覚悟を持つとき、つまり、ひとりになって、自分ひとりの死という可能性をあらかじめ手元にたぐり寄せるとき、そこからおのずと「良心の声」が聞こえてくる、というのである。

このハイデガーの論説は、道徳の根拠を死の自覚においている。この死の自覚は、「世人」の「頽落」から脱却し、他者とかかわる可能性を断った者のみがつかむことの出来る境地において訪れてくる。しかし、彼は、なにゆえ他から切り離された個人の有限性（死）という存在論的あり方から、道徳の根拠が導き出されると考えたのだろうか。ここには、理解しがたい飛躍がある。

先に私は、良心の疚しさが現れ出るのは、人が自分の依拠する共同性に背反する態度をとりつつ「悪」への意志や行為に踏み込むときであると述べた。人がふつうに他人と交渉してスムーズに社会的行動をとっているとき、「良心」は心理として現れ出ない。良心はそれ自身の「疚しさ」、すなわち自身の否定態としてのみ心理的に自覚される。また一方私は、「悪」はその定義からの必然として、当人を孤立に追いやるとも述べた。なるほど共同性からの孤立は、人をして死により近づけさせるから、ハイデガーの説くところと私の説くところとは、表面上は似て見える。

しかし私は同時に次のことも指摘しておいた。すなわち、個人が「悪」に踏み込むときに良心の疚しさを覚えるのは、彼のなかに言語意識その他の形ですでに深く共同性（規範意識）が織り込まれているからであり、良心の声とは、この織り込まれた共同性の声にほかならない、と。

他方、ハイデガーは、「悪」に踏み込むときというような特殊な孤立を、良心の声を聞く契機としたのではなく、「頽落」している日常ふつうの「世人」の立場から身を引いて本来的自己に帰るときに、必然的に死の自覚がやってきて、そこから良心の声を聞くとしている。彼の言う本来的自己とは、ただ他人との日常的関係から離れて内省的にひとりになること一般を指している。

ひとりになること一般においても人間は常に共同性を実現してしまう存在であることは前に述べたとおりである。しかるにハイデガーの規定では「最も自己的で、他者とかかわらない」自分だけの死に対する自覚を通して良心の声が初めて聞こえてくるのだから、ここで言われている「良心の声」には、共同性の契機がまったく関与していないとみなすことができる。つまり、共同的な声としての良心の声が考えられているのではなく、もっぱら共同性を捨て去った境位（そんなものはないのだが）において、他者とかかわらない孤立した自己にとっての死への自覚を通してのみ良心の声が聞こえてくるとされているのである。

ここには事実の完全な転倒がある。人間がそれぞれ固有の死を死ぬほかないという自覚一般だけからは、けっして良心あるいは道徳の根拠は基礎づけられない。ハイデガーは、良心の声がどこから聞こえてくるかという存在論的な場所を確定するために、人間の様態のうち、非本来性としての「頽落」の状態を徹底的に殺ぎ落とさなくてはならなかった。これは、個人を他者と完全に隔絶した場所に立たせた上で、彼にとって固有の可能性である「死」を媒介させたときに初めて「神」と向かい合うことができると言っているのと同じである。

そしてこのことが人間存在にとって本来的なあり方である以上、良心の声は、人間が「世人」であることを止めさえすれば、「善」をなそうが「悪」をなそうが、だれにとっても聞こえてくる普遍的な声であることになる。それはつまり、個体としての死の自覚、有限性の自覚が、人間存在一般の「原罪性」をあらわにするために必要十分な条件であると指摘しているに等しい。「神」や「原罪」というキリスト教臭のある言葉をハイデガーは一度も使っていないが、個としての死の自覚を深めることによって、「負い目ある存在」（良心の声の聞き手）としての人間自身の姿が照らし出されるという論理の運びが、そのことを暗に示している。

和辻哲郎は、ハイデガーのこの論説に対して、次のように反論している。

《個人存在はその限定のゆえに、すなわち本来性の否定による自他対立のゆえに、すでに他人に対して果たすべきものを背負い込んでいるのである。すなわちその本来性の否定をさらに否定して本来の無限性に還らなくてはなくてはならぬのである。しかしかく見れば負い目は根源的に人間存在の規定であって、個人存在のみの規定であることはできない。「果たすべきもの」は自他不二的に実現せらるべき人間の全体性であって、単に個人の死ではない。しかるにハイデッガーは、「果たすべきもの」が単に個人の死にすぎず、良心の声によって負い目の可能性に呼び覚まされることが単に死の覚悟にすぎないことを主張しつつ、しかもそれらが道徳性の存在論的制約をなすと説くのである。これは神と人との関係から道徳性を説いた中世的な立場からただ神だけを抜き去って説こうとする抽象的な考えであって、道徳性の真相に触れるところがない。個人存在があらゆる空しさの根底であることを覚るのみでは、個人に超個人的意志への合致を命令する道徳法は可能とはならない。むしろ逆に、個人存在の根底が空であることを覚ることによって、個人存在は自他不二的充実（すなわち全体性実現）の根底となり、したがって道徳性も可能となるのである。かく見れば良心の声は（引用者注──ハイデガーの説くところとはまったく逆に）「自」への堕在（引用者注──共同性に背反した「個」への停滞）から自を超えた本来性へ呼び戻し、個人存在の根底が空であることを覚らせるところの呼び声にほかならぬのである。》（『倫理学』上巻）

和辻にとって「本来性」とは、人間存在の全体性を意味しており、個人と個人とが対立的に向き合うこと、あるいは個人が他と関係しあわずに孤立自存することは、その欠如態として、むしろ非本来的なのである。その意味で、ハイデガーの説く本来性・非本来性とは、概念がほぼ逆になっている。

和辻的な枠組みからすれば、道徳性は、個人存在の有限性そのものからはけっして導かれず、むしろ個人と個人が互いを限定しあいながらかかわるまさにその場所から人間の全体性への運動が生じ、そこで初めて道徳性が可能となる。したがって、「個人の死」という他と没交渉な現象に良心の起源を見たハイデガーとは、その力点が正反対ということになる。

さて、全体性、無限性、空、否定の否定などの形而上学的臭いをとりあえず脱臭して考え直せば、和辻のとらえ方のほうが的確であることは論をまたない。そもそも道徳は、社会存在としての人間が実生活においてあいかかわるなかから立ち上がることは自明であって、「良心の声」が生産される現場も、共同性のただなかにおいてでしかあり得ない。「悪」もまた、必ず他者への関係行為としてなされるのであるから、そのとき良心の疚しさという心理現象に「私」がとらえられるのも、現実的な他者との関係をあらかじめ「私」あるいは「自我」の存立条件として繰り入れているときにのみ可能なことである。

### ◉日常性における死の自覚

ハイデガーのこの面における失敗の原因はどこにあったか。

それは、彼がその出発点において、「世人」というあり方に格別の性格付与を施し、しかも、そのあり方以外には、人間の平均的日常性を特色づける点を見いださなかったところに求められる。

たしかに人は、特に日常的に群れてあるとき、よもやま話や野次馬根性や話題への態度保留を存分に発揮して、死の自覚から逃避した「頽落」の状態にあることが多い。だがこれはそういうときに人が陥る一種の表層心理を形容したもので、人間の平均的日常性が死の自覚と連関する「構造」を根底からとらえたものとはとうてい言いがたい。

人間の平均的日常性が死の自覚と連関する「構造」を根底からとらえるには、人びとがそこに生の意味と価値を見いだしつつ絶えず真剣に取り組んでいるような日常的な営みにまず着目する必要がある。そのうえで、人間の生を規定づけているそれらの営みが、死の自覚とどのような関連をもっているのかを解き明かすのでなくてはならない。

そうした営みとは、たとえば「**労働**」であり、また「**エロス的なかかわり**」であり、そして「**言語使用**」であり、さらに「**家族生活**」である。私は、これらのそれぞれを成り立たせる根本的な契機に着眼することで、これらの営みが死の自覚との間に深い関連をもつ事情があきらかとなる所以を、『人はなぜ死ななければならないのか』(洋泉社)という著作で示しておいた。ちなみにそれぞれの根本契機は、「労働」においては**企画と約束**であり、「エロス的なかかわり」においては**情緒的交流**であり、「言語使用」においては**相互の距離の自覚とそれを克服する意志**であり、「家族生活」においては**運命の共同**である。

これらの根本契機は、みな、死の自覚を前提とした上で、人間が日常的に真剣な態度をもってその自覚に向き合うあり方を証し立てている(詳しくは前掲書参照)。平均的な日常性において人は、ただ

「頽落」や「死からの逃避」の状態にあるのではなく、互いの身体の絶対的な不連続性（個としてあること）を踏まえつつ、これらの根本契機を絶えず発動する。そしてそのことによって、その不連続性そのものに対処するために共同性の網を張りめぐらせている。この共同性の網の張りめぐらしは、すべて、**互いの身体の不連続性に対する、自覚されざる克服の意思**である。そしてこの克服の共同意思の達成のためにこそ、道徳の原理が引き寄せられるのである。

言い換えると、私たちは誰もがみな、いつかは別離する存在であることをどこかで深く自得しつつ、それにもかかわらず、あるいはだからこそ、常に互いにかかわり合おうとするのである。私たちにとって死とは、単に生理的個体の解体を意味するのではなく、**人間存在の本質としての共同性の解体や変容**を意味している。それがまったき解体に終わるとすれば、それこそは「悪」の極限の支配である。なぜならば、そうなれば「個」への完全な解体、共同性の全運動の停止が実現するからである。私たちはそれを避けるためにこそ、死者を弔うことによって彼を共同性の一員として復元させようとするのだし（ヘーゲル『精神現象学』参照）、壊れかけた共同性（個体を超えた連続性）を修復しようとするのである。

ハイデガーは、死との間にあるこうした日常的な生の構造的な連関を見ずに、「世人」の「頽落」した集団心理的あり方のみをもって人間の平均的日常性を覆い尽くすものとした。そのため、現世の平均人のあるがままの生き方は、彼にとって無限に軽視すべきものと見え、そこを立ち去らなければ人間（現存在）の本来性に到達することはできないと考えたのである。ここでは本来性とは、共同性から切り離された完全な個としての自立自存を意味するにすぎない。そして繰り返すが、そんな境位はありえない。和辻が、これに対して「神と人との関係から道徳性を説いた中世的な立場からただ神だけを抜き去って説こうとする抽象的な考え」という的確な批評をなし得た所以である。

### ◉神が死んでも「良心の声」は聞こえる

ところで、「神と人との関係から道徳性を説いた中世的な立場」のほうが、ハイデガーの「ただ神だけを抜き去って」道徳性を説こうとする立場よりは、まだましである。

というのは、およそ「神」と名づけられる表象あるいは観念が、その神をいただく共同体の成員にとって生き生きと実感できる状態においては、「神」という名前は、共同体を束ねてその現実的秩序を踏み固めるための、強力な象徴的意義をもつからである。それは、じっさいに「神」が、道徳性を実現させる可能性の根拠となっている事態を意味している。そこでは、歴史的・風土的に「神」という表象あるいは観念が生活意識に深く浸透しているため、日常性において道徳や良心の根拠を「神」に求めることが、ごく自然なわざとなっている。

わが国では、よくキリスト教圏に住む人々のメンタリティや倫理的支柱の特色を「神に個人として向き合う」態度と理解して、その点に自国民との相違を認めようとする。しかし、この「神と個人との向き合い」というメンタリティそのものが、じつは、共同体の精神を象徴する存在としての「神」という伝統的な観念を基盤にしているのであって、このことは、キリスト教が古代ユダヤ教の地域性を克服して世界宗教となった後でも変わりがない。彼らキリスト教文化圏の住民にとっては、「神」という表象それ自体が、生々しい生活上の習俗や民族的エートスと切り離すことができない存在感をもっている（いた）のである。

つまり彼らにとって、「神」とは、ことさらに超越的な観念ではなく、実生活から地続きの共同体の精神そのものにほかならない。だから、「神に個人として向き合う」と言っても、それはだいたいにおいて日常道徳的なものと「私」との関係を語っているにすぎない。超越的な神と孤立した個人との絶対的な対峙というような悲壮めいたものではあり得ないのだ。

彼らは、共同体の伝統的な習俗のただなかで「神と向き合っている」のであって、別に孤立した個人として神に対峙しているわけではない。だから、道徳性は、現実には伝統的な習俗を通しておのずから一人ひとりの心中に顕現するので、その点では、私たちの文化圏と共通していると言ってよい。

ところで、ニーチェの言うように、もしほんとうにヨーロッパにおいて近代と共に「神が死んだ」のだとすれば、それは同時に、いままで述べてきたことから明らかなごとく、キリスト教文化圏の人びとにとって、ごくふつうの生活レベルで道徳性の究極根拠が失われたことをも意味するはずである。

とはいえこの事態が、はたして一般の西欧人にとってそれほど深刻な事態であったのかは疑わしい。ニーチェの言い方もキャッチーであっただけに、多分に大げさである。しかし少なくともキリスト教という強固な宗教性を精神的支柱として思索を深めてきたヨーロッパの一部知的階層にとっては、その宗教性の衰弱や喪失が大きな危機を意味したことは疑いない。彼らのその空白の場所にこそ、ハイデガーのような「個人の死の自覚＝良心の呼び声の発するところ」という形而上学的な道徳思想が忍び込んでゆく余地があったと言えよう。

なぜなら、「神と個人との向き合い」という観念を、習俗としての生命力とは別個に、（知識人がよくそうするように）図式的な型としてだけ受けとるなら、論理的に言って「神の死」と共にもはや良心の声を神から聞くことが不可能となるので、声の発する場所を、「個人」としての自己の内面に求めざるを得ないからである。そしてその「個人」は、世人の頽落状況にけっして惑わされることなく「最も自己的で、他者とかかわらない可能性＝死」とひとり向き合う現存在の「本来性」に立ち帰った個人でなくてはならない！

言い換えると、ハイデガーの言う「良心の呼び声」とは、まさしくキリスト教的信仰の希薄化した近代における、「神」の補完物なのである。

だがハイデガーの見込み違いは、この点にこそあった。

神といい、仏といい、およそ宗教的な超越存在は、その淵源《えんげん》をたどってみれば、まとまりのある共同体の統一を象徴する「観念」にほかならない。だからその草創期においては、どの成員にとっても等しく妥当する道徳性の根拠を僭称《せんしょう》することができる。だが複数の共同体の交雑や、一方の他方に対する圧服、一共同体の膨張と分裂などがひとたび起きて、この観念が純粋素朴な姿を維持できなくなるやいなや、ある特定の神仏の観念は、単純に道徳性の根拠とは言えなくなる。

しかしだからといって、道徳性の根拠や必要が消失してしまうわけではない。なぜなら、たとえ観念としての神や仏が死んでも、現実の人間は生きており、彼らは互いに交渉しあい、紛争しあい、問題の解決を求めあうことを止めないからである。道徳は、この人間たちの実践的な交渉のうちから必然的に立ち上がるのであり、この実践的な交渉に先立って道徳の絶対的な観念があるわけではない。

だから「良心の声」は、ハイデガーが考えたように、「神」を見失って孤独のなかに屈折し、おのれの死を「追い越し得ない可能性」として凝視せざるを得なくなった個人の「内面」から聞こえてくるのではない。それは、人間の本質としての共同存在性からおのずと生成するのである。言い換えると、**多様な欲望を交錯させながら互いの共存を求めあう人間存在の「関係」への執着、別離をそのままでは認めようとせずそれを克服しようとする「共同意志」のうちに、その発生の必然性をもつ**のである。

## 3. 善の正体

### ◉善は普通の生活の中に

私たちは、道徳の根拠を求めるに当たって、善の対立概念としての「悪」がいかに規定されるか、「良心の疚しさ」という心理的概念がどのようなときに意識を占領するかという問いから出発した。その結果、「悪」とは、かくかくしかじかの具体的な意志や行為によって輪郭づけられるのではなく、主体が自分の存在の根拠としている共同性に反する意志や行為一般を指す概念であることがあきらかとなった。これは、ひとりの人間個体の心の発達過程をたどるところからも確認されるし、また人類史の過程で共同体の成員がどのようにある意志や行為を「悪」であると感じ取ってきたかをたどるところからも推定される。

また、「良心」とは、個人がいつもそれに自覚的に従って行為しているような積極的な規範観念ではなく、他者との間で関係行為におよぶとき、「これは許される行為か」という疑念として意識上に兆す「心理」である事実を見た。ある意志や行為が「善」に悖るのではないか、それをなせば自分は良心の疚しさにとらえられるのではないか、という不安に満ちた問いが発せられるときにのみ、「良心」はおのれの顔をあらわにする。

そして、その疑念や不安が配慮の対象として選ぶのは、たとえそれらがただおのれひとりの内面にとどまっている場合でも、共同存在としての人間世界以外ではあり得ないこともたしかめられた。

以上のことでひとまず何を言いたかったのか。

まず第一に、確立された道徳においては、そのほとんどの内容を形成しているのが、悪しきことを「してはならない」という禁止や制止の体系であって、よきことを「せよ」という勧告や命令の体系ではないということである。たとえば、「友だちとは仲良くせよ」とか「人には親切にせよ」といった、一見積極的な勧告や命令に見える道徳命題も、むしろ「友を裏切ってはならない」とか「他人に冷酷であってはならない」という戒めにこそその真義が宿っている。

そして第二に、その「してはならない」の声は、共同存在としての私たちが互いに他者とかかわりつつある実践の現場に発生の根源的な場所をもっているということである。

さらに考えを進める。

これらの指摘が正しいとすれば、道徳的な「善」という言葉で私たちが何を表現しようとしているかが、おぼろげながら見えてくるであろう。それはひとことで言うなら、「人間関係が互いに平和裡に運ぶような生活上の現実を作り出すこと、またそれが維持されている状態」の謂《い》いである。**「善」とは、このように、本来は、共同性が乱されない事態、あるいはそれが乱されないようなシステムが整っている現実的な状態**のことであって、何かそれを実行すれば特段の栄誉を勝ち取れるような行為とか、崇高な理念とか、至高存在の意に叶うような精神のあり方といったものではない。

哲学者たちは、この点について思い誤ってきたのである。彼らにとって「善」とは、たとえばいま挙げたような積極的な行為や精神でその実質が満たされているようなものでなくてはならなかった。この思い誤りの主たる理由は、次のところに求められる。

すなわち彼らは、「善」と名づけられているものが何かある以上、それは勇気、誠実などのもろもろの徳目を根拠づける一定の超越的な「観念」であって、その観念の本質は何かしら美しい内容で占められているはずだという錯覚を抱き続けたのである。

だが「善」とは、そもそも共同存在としての人間の生活を離れたところに自立的に成り立つような「観念」ではない。それは人間生活がうまく回っていることやうまく回そうと努力していることを示す「現実」の表現である。哲学者たちは、「善」を何か特別の「観念」であると思い違えたために、これに対して、「善のイデア」とか「最高善」といった形而上学的な屋上屋を重ね、もともと見えにくいものをいっそう見えにくくしてしまったのである。

もちろん、とりわけて崇高な行為とか、気高い精神のあり方といった概念は成り立つし、これらの概念を、「善」の範疇に収めることにまったく異論はない。しかしこれらの行為や精神が選ばれた人びとによって発揮されるのは、だいたいにおいて、本来的な「善」が欠如しているような特殊な状況下においてである。飢えた子どもたちでいっぱいの難民キャンプでの必死の救援活動、あわや危難に遭いそうになった人たちを命を張って助けようとする人、限界状況のなかで、冷静沈着に、命の優先順位を他人に譲る人、莫大な財産のすべてを福祉組織に寄付する人、中国の儒教のように、世があまりに乱れたためにそこから必然的に立ち上がる人倫思想、等々。

これらの例外的な事態においては、もともと現実自体が「善」の欠如態としてあらわれているので、選ばれた個人の善行や言葉がひときわ目立つのである。

しかしたとえば、わが国の伝承において、仁徳天皇が山の上から民の暮らしぶりを視察し、竈から煙が上っていないことを貧しさの証拠と見て仁政を行った後、再びの視察であちこちから昇る煙を見て満足したという逸話などは、仁徳天皇の功として語り伝えられているが、仁政を仁政として理解し、天皇の御意を素直に受けとって生活向上の努力を払ったのは、一般の民である。天皇に「善意志」があったことは疑いないが、その善意志を現実に支えたのは、一般の民の日常的な善意志にほかならない。

たとえばあなたが、今日決められた時間に起き、朝食を食べ、通勤電車に乗って会社に赴き、一定の業務にたずさわって、特に支障もなくそれを終えて退社し、同僚といっぱいやって帰宅し、食事をしながら妻とよもやま話をしたりテレビを見たりしてから入浴して寝たとする。あなたは取り立てて「善行」と呼べるようなことを何も行わなかった。自己犠牲的な振る舞いにおよんだわけでもない。しかしだれかを傷つけるような「悪行」に手を染めたわけでもない。

またあなたの勤める企業は、健全な競争が行われている市民社会のなかで、法の網の目をくぐって悪徳商法に手を出すこともなく、堅実な業績を上げている。あなたはその業績を上げるために、自分に与えられた役割をきちんとこなした。

このことであなたは、じつはじゅうぶんに「善者」であったし、道徳的だったのである。けだしあなたは、この一日で、私人に対しても公共性に照らしても「良心の疚しさ」を覚えるべき意志や行為に何ら踏み込んだわけではなかったからである。

またあなたはこの一日で、何か特別に「善い」行為をしてやろうと考えたわけでもない。だからあなたのなかに心理的な要素としての「善」が含まれていなかったこともたしかなところであろう。しかし少なくとも、法的に公認された一社会組織という共同体の公正な社会的活動の流れに乗って、あなたはその流れを少しだけ押し進めるという行為を行った。意識としての「善」がそこに浮かび上がらなくても、行為としての「善」は果たされているのである。

「善」とは、もともとこのようにひそやかで慎ましいものである。それはいたるところで実現していると言ってもいい。

もっとも、「地獄への道は善意で敷き詰められている」という言葉があるように、そうした「善意」の累積が社会構造としての「悪」を生み出すことはいくらでもあり得る。しかし、この反論に対しては、第一に、「善」と「善意」とは必ずしも重ならないこと、また第二に、ある共同性の範囲内で「悪」ではないと信じられている意志や行為が、より広い、または別の視野に立った場合には「悪」を生み出すこともあるという指摘で答えたい。

前者について解説を加えるなら、「善」とは、個別の心理や意志ではなく、あくまでも**共同性の構造としての状態**であり、「善意」とは、各個人が主観的に「善いつもりになっている」ことである。この主観的に「善いつもりになっている」ことは、普遍的なレベルでの「善」に重なっていることもあれば重なっていないこともある。

だからカントは、実践理性（道徳心）の至上命法として、「あなたの意志の格率が、常に同時に普遍的な律法（注：ここでは理性によってうち立てられるべき道徳法則を指す）の原理として妥当するように行動しなさい」という歯止めを置いた。

カントの道徳論については、のちに詳しい検討を加えるが、彼は感性的な欲求の充足としての幸福や快が、そのままでは道徳的理性につながらないことを過度に警戒していたし、また道徳法則が成り立つとすれば、それは自然法則のように絶対に客観的なものでなくてはならないと考えていた。だから、常人には不可能なこうした厳しい命法によって、理性の要求するところを形容せざるを得なかったのである。

だが「善」という概念を私のように解釈すれば、各人の「善意」が（「欲求」でさえも）、普遍的な「善」と図らずも重なっていることは現実にはいくらでもあり得ることに気づくはずである。けだし「善」とは、「普遍的な律法の原理」として妥当するような各人の理性的な「善意志」の算術的集積ではない。**各人がおのれの存在のふるさととしているところの共同性が、あらゆる意味において乱れや不安定を胚胎していない状態を「善」と呼ぶ**のである。もちろん、こうした定義からの必然として、その状態においては、各人の欲求もじゅうぶん満たされていることになる。

少し結論を急ぎすぎたようである。

再び確認すれば、私の説くように、たとえ「善」という概念が際だった特別の「観念」ではなく、人間生活においてすべての日常的な関係がうまく回っているという事態そのものを指すのだとしても、それは、各人の非理性的な利益追求や幸福追求の結果として偶然に出現するのだとは言えない。そこには、カントの説く「純粋実践理性」のようなものではないにしても、生活のなかに「善」がうまく出現するための、人間的配慮の原理がはたらいているはずである。それはいったい何かということをつきとめるのが、本書の目的である。

しかしその前に、この倫理学的な問題に強い関心を示した西洋の思想家・哲学者の説くところを、詳細に吟味・検討するという長い道のりが控えている。

また私たちは、「よい・悪い」という表現を、必ずしも道徳的な「善悪」の意味で使うばかりではなく、他のいろいろな局面においてもこの表現を多用する。それらの表現と道徳的な意味での「よい・悪い」との関係はどのようになっているのかという問題についても詳しく検討してみなくてはならない。

第Ⅱ部

# 西洋倫理学批判

第三章

# プラトンの詐術

## 1.『饗宴』を通して

哲学の関心を鮮やかな手つきで倫理学的関心に結びつけた最初にして最大の功労者は、言うまでもなくプラトンである。

だが、じつはプラトンは**思想史上最大の詐欺師**であるという直観を、私は永らく抱いてきた。彼が著作のほとんどで用いた「対話編」の主人公として登場するソクラテスは、言うまでもなくプラトン自身の思想の体現者である。だが、このソクラテスの言論の運びこそ、巧妙な詐欺師の面目を躍如とさせていて、それは、当時の市民階層でもてはやされた職業の名前を借りるなら、ソフィスト中のソフィスト、弁論家中の弁論家であるといってもよい。プラトン描き出すところのソクラテスは、自分があたかも無知であるかのように装いつつ、知者を気取る人々を底意地悪く窮地に追い込むたぐいまれな弁論術を用いて、世俗的な価値観を否定する思想理念を徹底的に私たちの頭に注ぎ込み続けたのである。これは偉大な価値倒錯といってもよい。そういう直観が私の頭にずっと宿っていたのである。

しかし、直観だけでは、説得力を持たないことは当然である。私はこれから、自分のこの直観がどれだけ妥当なものであるかを読者に判断していただくために、しつこくプラトンの説くところに付き添ってみることにする。

なお、詐欺師であるという形容は、必ずしも一方的にその人を貶めたものではない。けだし多くの人びとを言説によってその気にさせるためには、人並み外れた才能と信じられないほどの執拗さとまた自分の思想の正しさを確信する心とが要求されるだろう。その点でプラトンは、奇跡と呼んでもよいほどに、超一級である。だれもこれを否定する人はいるまい。

### ◉『饗宴』の概要

まず『饗宴』を問題にしてみよう。

周知のようにこの作品は、演劇祭で優勝したアガトンの家にお祝いのために皆が集まり、宴たけなわに達したころ、医師のエリュクシマコスによって、エロス神を称える演説を順に行うという提案がなされ、みながそれに従い次々に自説を述べるという結構で成り立っている。演説者は、計六人。最後のソクラテスが終えたとき、酔っぱらったアルキビアデスが乱入して、ソクラテスその人の人格高潔ぶりを称えるという形で終わる。

ソクラテスが演説に立つ前の五人は、弁論術の愛好者であるパイドロス、ソフィストに心酔しているパウサニアス、医師エリュクシマコス、喜劇作家アリストパネス、若き悲劇詩人アガトン。

この五人の演説の中で、注目すべきなのは、アリストパネスのそれである。

彼は、「恋の力」の秘密がどこに起源をもつかについて話す。人間はもともと二身一体であり、「男－男」「男－女」「女－女」の三種類があった。しかしその驕慢がゼウスの怒りにふれ、二つに裂かれたため、互いが互いを激しく求めるようになり、ほかのことに気が回らず、しだいに滅んでいくようになった。ゼウスはこれを憐れみ、隠し所を前に移した。こうして男女が交わることで子供を産めるようになり、男性同士も一緒になることで充足感だけはもてるようになり、仕事や生活に気を配るようになった。エロスとはつまり、太古の完全な姿に戻ろうとする欲望と追求のことである。本然の姿に戻ることが最も尊いことならば、自分の意に最も叶った資質の恋人（片割れ）を手に入れることがエロスの究極の目的となる。

この説は大変興味深いので、ソクラテス説との関係で、後ほどまた取り上げよう。

そして最後に、いよいよソクラテス。彼の先生であったディオティマの言葉を借りる形で、格段に長いエロス本質論を展開する。

賞賛するよりも大事なことは、問題にしている対象が何であるのか、その真のイメージを正確につかむことだ。エロスはまず、あるものに対する関係としてあり、第二に、自分に欠けているものに対する関係としてある。エロスは、美しいものと醜いもの、死すべきものと不死なるものとの中間的なものである。それは、人間でも神でもなく、「偉大なダイモン」である。それは、神々へは人間からの祈願と犠牲を、人間へは神々からその命令と犠牲の返しを伝達し、送り届ける仲介者の役割を持つ。

エロスは富を父に持ち、貧困を母に持つので、両方の性質を持つ。常に欠乏と同居していながら、美しいもの、よきものをねらう勇気と努力、知を愛そうとする意志をもつ。知は最も美しいもののひとつであり、エロスは美しいものへの恋であるから、エロスは知を愛する者であり、すなわち、知あるものと無知なる者との中間者である。エロス像を、ひたすら美しいものとして思い描くのは、恋される対象のほうをエロスと考え、恋する者のほうに思いが及ばないからである。

エロスの目的は、善きものを手に入れることによって、幸福になることである。恋とは、善きものと幸福への欲望一般であるから、普通は恋とは呼ばれない金儲け、体育愛好、愛知なども、恋の一種である。自分の半身を探し求める人は、「恋している人」と呼ばれるが、恋の対象というものは、何らかの意味で「善きもの」でないかぎりは、半分でも全体でもない。

恋のはたらきとは、肉体的にも精神的にも「美しいもののなかに出産すること」である。エロスを抱えるということは、美しいもののなかに何かを生み出そうとする「身ごもっている状態」である。それは、エロスが、死すべきもの（＝人間）にとって、善きものを永遠に所有したいと願うことである事実からして、必然的なことである。なぜなら、出産こそは、死すべきものが不死をめざすことだからである。

人は不死なるものを恋い求める本性をもっている。肉体的に身ごもる者は、子を産むことによって不死と思い出と幸福とを永遠に手に入れようと考える。これに対して、魂において身ごもっている者は、知恵とその他もろもろの美徳を手に入れることを求める。魂において身ごもり、出産する人々は、うつしみの子どもによるつながりよりもはるかに偉大なつながりと、しっかりした愛情とを持つ。それは、より美しく、より不死なる子どもを共有するからである。

恋の道には、正しく進むべき順序、道筋がある。まず初めは、あるひとつの美しい肉体。ここで美しい言葉（対象をほめたたえ恋の思いを訴える言葉）を生み出さなくてはならない。次に肉体の美しさ一般。ここで、一個の肉体にのみ恋いこがれる激しさをさげすみ、その束縛の力から自由になるべきである。次に魂の美しさ。人間の営みや法のなかにある美を求め、肉体の美しさを些末なものと見なすようにならなくてはならない。次にもろもろの美しい知識へ。そしてこの知を愛し求める究極において、美であるものそのものを対象とする学問に至る。

人間の肉や色など、いずれは死滅すべき数々のつまらぬものにまみれた姿をではなく、唯一の形相（本質、あるものをまさにあるものにしているもの）を持つものとして、この神的な美そのものを「観る」人間こそが、神に愛される者となる。この人は、徳の幻ではなく、真の徳を産み育てるものである。

### ◉アリストパネスとソクラテス

以上が、『饗宴』の要約である。

はじめの三人は、エロス神（恋心）の本質が何であるかに頓着せず、自分たちが通常抱いているこの神のイメージを自明なものとして、恋人の前では恥を恐れて勇敢になるといった付随的な効用を説いたり、エロスはいろいろなあらわれ方をするのでどういう場合にはこの神の力を受け入れるべきかと説教したり、この神とつきあうには節度が必要という忠告をしたりしているだけである。

また五番目のアガトンは、エロス神の柔和と平和を愛する性格や、創造的な性格に着目した上で、それがいかに私たちの生を美しいものにしてくれるかを力説している。恋心の危険性には目をつむっているが、「愛」と私たちが呼び慣わしている現象のポジティヴな面に対する期待感情をよく言い当てているとはいえるだろう。

問題となるのは、喜劇作家アリストパネスと、ソクラテスの演説である。

四番目のアリストパネスは、その職業柄にふさわしく、起源神話を語る形で、エロスの真像に迫ろうとしている。一見他愛ない物語を開陳しているだけのようだが、ここには、性愛というものの本質をついた深い洞察がいくつも込められている。

ひとつは、性愛が、二者の間の強い求心力としてはたらき、それをそのままにすれば浮き世の必要、たとえば仕事や生活などをも忘れさせる閉じた世界を作りうるものであること。これは、日常性を支配する労働と、非日常で特殊な感情的昂揚を伴う性愛とが互いに相容れないものであり、しかも人間はそれらを二つともども抱えているという事実を見事にとらえている。

もう一つは、エロスが太古の完全な姿に戻ろうとする運動であるとみなすことが、不可能な一体化を求めようとする私たちのエロス感情の巧みな比喩になっていること。人間は、一身から二身への分裂によってこの世に生を受ける。その個体化の事実を引き受けながら生きざるを得ない人間は、根源的な寂しさという形で、「ひとりであること」を真剣な課題として抱え込む生き物であらざるを得ない。アリストパネスの寓話は、この心的な真実を描き出すことに成功している。

さらに、アリストパネスは、「自分の意に最も叶った資質の恋人（片割れ）を手に入れることがエロスの究極の目的」であると語っている。これも恋愛感情の本質を言い当てている。恋愛においては、求める側が、あくまでもひとりの相手の心身をめがけるのであり、しかもそこに彼にとってだけの固有の美質を見いだすがゆえにそうするのである。そしてまたそれが「究極の目的」であるという指摘も真相を穿っている。恋愛は、打算や効用のためになされるものではないからだ。

ちなみに現在の私たちの社会では、色恋沙汰が話題となることが多いが、恋愛について語られたエッセイなどに、「恋愛感情は、もともと一身であった男女が二身に分かれたために互いが互いを求めるようになったところに発生した、とプラトンは説明した」などとしたり顔で書かれているのをときおり見かける。『饗宴』をきちんと読んでいないのは残念である。先の要約でも明らかなように、プラトンは、この説をソクラテスに批判させるために、意図的にアリストパネスにこの説を語らせたのである。

これに対して、プラトンが、これこそはエロスの本質であると考えてソクラテスに語らせた言説のほうはどうであろうか。

アリストパネスは、『雲』という自作のなかで、戯画化されたソフィストの代表としてソクラテスを登場させ、文字通り雲をつかむような空論が現実に何の役にも立たない様を風刺している。この二人の間に対抗心があったのかなかったのか、それはわからないが、シニカルに現実を見る文学者であったアリストパネスと、理想を追い求める哲学者のソクラテスとが、相容れない気質の持ち主であったことはたしかである。

ソクラテスの弟子であったプラトンは、おそらくこの二人の和解し得ない違いをよく感じ取っていた。しかも、自作にアリストパネスを登場させながら、彼を揶揄嘲笑するような形ではその人物像を造形せず、むしろ、誠実にかつ正確にアリストパネスの「恋愛思想」を記述したように思われる。そしてその上で、その恋愛思想を超えるものとして、長大なソクラテスの演説をおいたのである。

先のソクラテスの演説のなかに、「恋とは、善きものと幸福への欲望一般であるから、普通は恋とは呼ばれない金儲け、体育愛好、愛知なども、恋の一種である。自分の半身を探し求める人は、『恋している人』と呼ばれるが、恋の対象というものは、何らかの意味で『善きもの』でないかぎりは、半分でも全体でもない。」という文句が出て来るが、これは明らかに、アリストパネスの説を批判したものである。

ここにすでにプラトンの意図がはっきりと出ている。アリストパネスは、エロス神、つまりエロスという言葉の概念を、ソクラテス以外の他の演説者と同様、人間が人間に恋をする時の力のはたらきという意味に限定して使っている。しかしソクラテスは、まず「恋とは、善きものと幸福への欲望一般である」と説くことで、初めからこれをもっと拡張した概念として用いていることがわかる。この

**一般化**が、プラトンのイデア思想にいたるための最初の哲学的な手つきである。そして、この最初の手つきこそ彼の詐術の大きな第一歩なのである。

なぜこのように「エロス」あるいは「恋」の概念を、ふつう使われるそれらよりも一般的な「人間のあらゆる欲望」という概念に拡張しなくてはならなかったか。そのモチーフを理解するのにさほど時間は要らない。

ちなみに現在私たちが「エロス」あるいは「恋」という言葉を用いるとき、その概念の主軸は明らかに人間どうしの恋愛感情や性愛感情におかれているが、これを転用して、対象一般への愛、執着という概念で用いることがあることもたしかである。あの曲にはエロスを感じないとか、私はあの山に恋をしてしまったといった表現が可能だからである。

しかしソクラテス（プラトン）は、そういう単なる比喩的な転用としてこの言葉を拡張したのではなかった。そこには明白な**道徳的動機**があった。ソクラテス（プラトン）は、その動機を満たすために、ふつうには最も道徳とは関係がないか、あるいはむしろ背徳的とされる「エロス」をも、あえて道徳に結びつくものとして籠絡《ろうらく》しようとしているのである。

この拡張の少し前に、ソクラテスは、エロスを「あるものに対する関係としてあり、自分に欠けているものに対する関係としてある」と規定し、さらに「美しいものと醜いもの、死すべきものと不死なるものとの中間的なものである」と規定している。この二つの規定は、エロスという概念を人間の欲望一般ととらえるかぎり、まことに的確な**哲学的**把握であると言える。

古代において、この世の森羅万象や人間自身の営みの内在的な力に打たれて、その力に対する不思議や驚きの感じをさまざまな神話的表象で表現するとき、その表現にはその不思議や驚きの肉感的な感じがそのまま保存されていただろう。「エロス」の場合も例外ではなく、それは理性によって「概念」として明確に対象化されるより以前に、自分たちと共にいつも親しく連れ添う生身の恋の魂だった。

しかしソクラテス（プラトン）は、その神話的な世界把握を、**哲学の言葉によってまず破壊する。**いかなる神々も、彼にとっては、理性的な述語によって規定されるべき**一般的「概念」**に変貌させられなくてはならなかった。「普通は恋とは呼ばれない金儲け、体育愛好、愛知なども、恋の一種である」というソクラテス（プラトン）の一般化は、当時の人びとの間で、理性的には漠然と、しかし内在的な生活感情としては生々しくとらえられていたはずの「エロス神」の具体的リアリティを斥け、代わりにそれを、あらゆる対象に対する人間の欠乏感覚という「概念」に読み替える。そして、そうすることで、「エロス」あるいは「恋」という言葉を、哲学的な言語世界の持ち駒として縦横無尽に使いこなせるだけの抽象的な存在者に仕立て上げてしまう。

この事態を、私たちは、哲学的理性の祝福すべき生成としてただ歓迎しているわけにはいかない。なぜならば、ソクラテス（プラトン）は、この一般化・抽象化の手つきを通じて、「エロス」の概念のなかに「知への愛」を巧妙にも忍び込ませているからである。もちろんこうすることが最初からソクラテス（プラトン）の野心に満ちた狙いであったことは、そのあとのくだりを読めばすぐにわかる。

### ◉恋の「狂気性」をどう一般化するか

さてソクラテスは、「恋の対象というものは、何らかの意味で『善きもの』でないかぎりは、半分でも全体でもない。」と言っている。この微妙な表現に注意しよう。「何らかの意味で『善きもの』」とは、もともと、多義的な言い回しである。なるほど、恋する人が目標とする対象は、その人にとって「よきもの」であるにちがいない。

しかし「よい」あるいは「いい」という言葉は、時には快、時には利得、時には健康、時には幸福、時には優良、時には強さ、時には美、時には情趣、時には適切、時には上首尾、時には安定性、時には身分や家柄の高いことなど、いろいろな意味に使われる。日本語では、これに「善」という字を当てることではじめて道徳的な「よい」という意味に限定される。

この「よい」あるいは「いい」という言葉の多義性をどのように整理し、それらの連関をどうとらえるべきかは、倫理学にとって非常に重要な問題なので、後に言及することにしよう。

この「善きもの」という言葉が、古代ギリシア語での原語がどういうニュアンスをふくんだものであったのか、私はつまびらかにしないが、おそらく同じような多義性を含んでいたであろう。ソクラテス（プラトン）がここで「よい」という多義的な表現を用いつつ、その意味をあえて道徳的な「善」の概念に引きつけようとしていることは、やはり後の文脈から考えて容易に想定できるからである。

さて次にソクラテス（プラトン）は、「恋のはたらきとは、肉体的にも精神的にも『美しいもののなかに出産すること』である」と述べ、ついで肉体的な身ごもりと出産、精神的な身ごもりと出産とをアナロジカルに対応させつつ、「魂において身ごもり、出産する人々は、うつしみの子どもによるつながりよりもはるかに偉大なつながりと、しっかりした愛情とを持つ。それは、より美しく、より不死なる子どもを共有するからである」と結論づける。これがプラトンの詐欺の第二ステップである。

すでに「エロス神」は、自分に欠けたものを求めること一般として、彼の哲学的な言語世界のうちに籠絡されてある。そして、肉体よりも魂のほうが価値として優れていることは、当時の人びとにとって自明の認識であったから、魂において身ごもり、出産することのほうがより美しくより永遠的であるという結論には、文句のつけようがない。**現世を超えた「知への愛」のほうが現世的な欲望を満たすことよりも価値あること**なのだという「プラトニック」な図式がここに成立するのだ。

詐欺の第三ステップは、もはや隠し立てもなくあらわである。恋の道には、正しく進むべき順序、道筋があるというのである。そこには、個別の対象への愛から始まり、美そのもの（美のイデア）を対象とする学問の愛にいたる四つの段階がはっきりと示されている。そしてこの最高段階にまで達する人（哲学者）のみが、真の徳を産み育てるにふさわしい人であるというのである。

現代の常識的な感覚の持ち主ならば、「え、何だって？　恋の道を正しく進めていくと学問の道にいたるんだって？　そりゃありませんぜ、プラトンさん」と笑い出したくなることだろう。だがプラトンは、こういう考え方を大まじめでソクラテスに語らせているのである。

しかし、笑って済ませられる問題ではない。「エロス」問題を扱った『饗宴』という、人々の関心を誘惑するこの楽しくも愉快な作品設定の本来的な意図はどこにあるか。それは、**恋愛感情のもつ狂**

気性、非日常性をそのまま受け入れながら、いかにしてそれ自体を、徳の支配、「善」の支配のもとに結びつけるかというところにある。このことが理解できたならば、私たちはそこに、プラトンの道徳説教家としての野望がどれほど大きいものであったかも同時に知るのである。

この思想家の巧妙な手口は、尨大な作品群のうちたったひとつを調べてみただけでも歴然としている。たとえば彼は、この作品のはじめのほうで、エリュクシマコスがエロスを称える演説をしようと提案したとき、ソクラテスにこう語らせている――「エリュクシマコス、だれも、君に反対投票するものはあるまいよ。このぼくは、恋の道以外はまったくの無知であることを主張しているのだから、断わるわけはないし……」。

また、後に扱う『パイドロス』においては、恋の狂気性に絡めて、やはりソクラテスをして「実際には、われわれの身に起こる数々の善きものの中でも、その最も偉大なるものは、狂気を通じて生まれてくるのである」と言わせている。

つまり、恋愛感情に見られる狂気性は、神々たち（エロスやムゥーサ）によって吹き込まれたもので、それは人間界の卑俗な知恵、分別、節制などの配慮などよりも、それ自体としてはずっと価値の高いものであるとプラトンは主張しているのである。そこでこの彼一流のロマンチシズムを、「イデアへの恋」（愛知）として実現することができれば、それこそが最も神に愛される姿なのだという結論が導き出されるからくりになっているわけだ。

要するに恋の狂気性をそれ自体として肯定することを前提にして彼のイデア論はうち立てられてい

る。問題はその恋の「対象」なのである。その対象が、感覚によってとらえられる地上的なものではなく、現世を超えた永遠の魂を求める性格のものであれば、いっそう価値高きものとなる。地上の恋に見られる狂気性そのものを何とか保存しながら、それを、感覚ではとらえられず哲学的思惟の前にのみ姿をあらわす神的対象への狂気的な愛、つまりイデアへの愛に橋渡しすることはできないものか――これが「エロス」という、人間くさい厄介なあり方に対するプラトンの問題意識だった。

だが結論をいえば、これは無理なことである。その無理を道理として押し通すために、彼は、くだんの四段階説を唱えた。より上位の段階に達したものは、いままで自分が陥っていた段階を、より低いもの、つまらないものとしてさげすまなくてはならない。**肉の愛への軽蔑を核心にもつ道徳。キリスト教道徳にも通じるこのテーゼは、じつはプラトンの中ではじめから動かし難いものだった。**しかし、それを、節制の徳などを対置することによって説くのではなしに、**よりすぐれた恋のあり方への上昇過程**として展開してみせること、それこそが、彼の巧妙な言論詐術の要である。

もう一度整理しておこう。

ここでのプラトンの詐術とは、同じ狂気性を秘めた恋心でありながら、対象がより一般的なもの、より感覚を超越したものであればあるほど、その階梯が高いところに位置するという論理である。この論理的な詐術を克服しようと思うなら、最低限、次の四つのことを果たさなくてはならない。

①どこに彼の論理のおかしさがあるかを、論理そのものから見破ること

②対象や質が異なると思える人間のいろいろな感情をどうして、「愛」や「恋」という言葉でひと

くくりにできるように私たち自身が感じるのか、その理由を探ること

③私たちが普通に使っている「恋愛」とか「恋」とか呼ばれる言葉（概念）の本質が何であるかを、新しく展開してみせること

④プラトンがこういう説を唱えた、その動機がどこにあったのかを、当時の社会の要請のなかから読みとること

### ◉「同一視」と「抽象化」

まず①については、すでに述べてきたが、プラトンは、ここで一種の論理的な詐術を二つ用いている。ひとつは、いわゆる恋愛感情と知への愛とを、単なる対象の違いとして共通項で括り、結果的に両者を「同一視」していること、そしてもう一つは、いわゆる恋愛感情を、「美一般」を恋い慕う気持ちの一種であるとして「抽象化」していること、である。

人の人に対する恋愛感情は、けっしてプラトンの考えたように、知への愛にアイデンティファイできない。なぜならそれは、あくまで一人の自我と身体をもつ存在を対象とし、その固有な特性そのものとの心身の合一と共鳴をめがける感情だからである。そこにあらわれるのは、確固たる自我の境界が危うくなり関係性の揺らぎのなかに融解していくような経験である。

これに対して「知への愛」が正当に果たされるためには、むしろ逆に、揺るぎない理性的自我が「正しい知」を冷静に識別し、その姿を曇りなく「観ずる」という賢者の毅然たる態度が要求される。

単なる事物の現象的な展開にふらふらと心を動揺させていたのでは、知の探求や学問は成り立たないのである。

また、人に対する恋愛感情は、必ずしも「肉体の美しい人」や「心の美しい人」を求めるとは限らず、ましてや「美一般」を志向するなどというところに本質をもっていない。恋の経験を多少とも味わったことのあるものなら、すぐ納得するだろうが、「身体美」や「心の美」の持ち主が恋愛対象としていつも勝者になるかといえばそんなことはない。「蓼食う虫も好きずき」とか「破れ鍋に綴じ蓋」という言葉があるように、「身体美」は恋愛成立の絶対条件ではない。

また、「悪い男」や「悪女」にどうしようもなく惚れていく例が数多くあるように、「心の美」も恋愛の必須条件ではない。ここには、後に述べるように、「肉体の美」と「心の美」という二元的な対立論理のどちらかに加担したのではどうしてもはみ出してしまう、**恋愛独特の価値感情**があるのであって、それをきちんと言い当てる必要があるのだ。

## ◉「愛」とは何か

次に②であるが、それにもかかわらず、プラトンの説が一定の説得力を持ってきたのには、それなりの根拠がある。それは、私たちが、ある共通感情を「愛」という言葉で呼び慣わしていることにかかわっている。

一般に「愛」とは、惹きつけられものに向かって自分の心身を投げ出そうとすることによって、その対象との同一化を願う感情のことである。それは行動に対する意識の先駆けである。いわば前のめりになった内的な行動であるために、いかなる対象をめがけようと、そこには、せき止められている者に特有の昂揚感情が伴うのである。人類愛、親の子どもに対する愛、友愛、恋愛など、みなこの共通点をもっている。

ソクラテス（プラトン）による「エロス」（「恋」、「愛」）概念の規定をいったん受け入れれば、たしかに金儲け、体育愛好、愛知なども、この概念に包摂されることになる。しかしソクラテス（プラトン）のここでの目論見は、すでに述べたように、愛にはその対象にしたがって、価値の優劣があるという論理を提出するためになされているのであるから、この論理を納得しがたいものと考えるかぎり、「愛」という言葉の持つ抽象性（概念が含む範囲の広さ）を頼りにするわけにはいかない。むしろ具体的な人格の持ち主としての個人への愛と、知への愛との決定的な相違点に着目せざるをえないのである。

## ◉恋愛感情の本質

さて③の恋愛（性愛）感情の本質についてであるが、私たちは、それを考えるのに、平均的な恋愛感情の実態にあくまでも忠実に記述すべきであって、どこかその実態を超越した「高み」に導くものだというような、外部からの意味づけをなしてはならない。

人間の恋愛（性愛）感情の本質は、**特定の個体どうしが、それぞれの心身の醸し出す「雰囲気」を**

**交錯させることによって、そこに「互いの合致」の可能性を見いだす**というところに求められる。ある場合にはそれは、肉体的な要素が強い媒介となるし、別の場合には心的な要素が重要な条件となる。しかしいずれの場合にも、その合致の形成は、肉体と魂とのどちらかに価値の優先権をおいて把握できるものではない。それは、それぞれの個体がそれまでの人生途上で培ってきた歴史的・身体的な「雰囲気」の表出を仲立ちとすることによって成立するものであって、けっして、「美一般」とか「知を愛すること一般」といったイデア世界に還元することによってではない。

このことは、だれかを恋しているときの感情を外から超越的にとらえるのでなく、内側からよく反省してみればわかる。それは「切なさ」の感情と不即不離の関係にある。人が人を恋するときには、何か美しい対象に触れてその美に圧倒されるとか（いちばんはじめの契機としては考えられるとしても）、「知」的なものや道徳的な「善」を表現しているものに触れて感動するなどの経験とはまったく違っていて、その相手がすぐにはわがものとならない不安といらだちにちりちりと胸を焦がし続けるような感覚がつきまとう。

なぜそういうことになるのだろうか。それは、恋愛感情というものが、相手が同じ人間でありながら、自分とは異質の心身をもつことによって媒介されているからである。この「同じ人間でありながら」というところが重要である。恋愛の幻想は、自分と同じ類に属する存在が自分を受け入れてくれる可能性によって支えられながら膨らんでゆく。

人は何か人以外の美しいものを金や権力や身分などの力によって手に入れることができるが、よく言われるように、「愛は金では買えない」。なぜなら、相手もまた「人の心」の持ち主なので、その心をこちらに向かせるには、何よりも自分自身が、相手の心の固有性にとって魅力ある心身の状態にならなくてはならないからである。自分が相手からその固有の価値を認められて、相手がその固有性そのものを愛してくれるようにならなければ、恋は実らない。相手の心もまた自由に、かつ不安定に揺れ動くのである。

これに対して、生身の人間ではない美しい「もの」は、心をもたず、ただそこに美しいものとして厳然とあるだけである。それらに感動したりそれをわがものにしたいという欲望をもつことは、「もの」に恋する人の自由だが、当の「もの」はそのことによっていささかも動揺をこうむることはない。

人への恋に特有の「切なさ」の感情は、こちらの固有な心身が相手の心に叶ったものであるかどうかがしかとつかめないという、いわば自分に対する不安である。ある人を恋するとは、自分の全心身が相手の全心身と合致する可能性を抱えて、この「自分に対する不安」にみずから飛びこんでいくことを意味する。

恋をした男女は、どうすれば自分が相手に気に入られるかについて、滑稽なほど精力と気を遣う。たとえば女性であれば、今日はあの人とデートすることになっているので、何を着ていこうかしら、私の趣味はあの人に合うかしら、化粧はどのくらいにしようか。あの人はすっぴんのほうが好きかもしれない。あの人が求めてきたらどうしよう、等々。男性であれば、どういう言葉で口説いてやろうか。俺って彼女にどのくらいかっこよく見えているのかな。どういうコースを用意すればいいのかな。

ケチっちゃいけねえな、等々。これらのことに気を遣わないとすれば、それはあなたが相手を本当には恋していない証拠なのである。

そういうわけで、恋愛感情はあくまで個別特殊な「対」関係のあり方を、まさにその特殊性ゆえにめがけるという特質からけっして逃れられないのである。あなたがほかならぬ「あなた」以外の何ものでもなく、相手がほかならぬ「この相手」以外の何ものでもないという事実を根拠として、恋心は展開する。

なぜ人は特定の人に恋をするのか。それは、必ずしもその対象が肉体的もしくは精神的に「美しい」からではなく、それぞれの心身が固有性をもちながら孤立しているという事実に出会い、相手の固有性が自分の固有性にとってのみ魅力的であるように実感されるからである。そのとき恋の欲望は、この二つの固有性の重なり合いによって、心身の隔離状態をなんとか乗り越えて合一したいという希求の意識に染まる。

恋愛は、この希求の意識を、心身の結合に伴う快楽という「物語」によって満たそうとする試みである。そしてこの互いにバラバラな二つの固有性を解消しようとする「希求の意識」こそは、人間的な「エロス」の本性をなすものであり、人生に「意味」をもたらすための基本条件のひとつをなしているのである。アリストパネスの語る「神話」のほうが、ソクラテスの説く強引な教説よりも、人間をよく見ているもののそれであると判断できる所以である。

また、恋愛が神仏信仰や知への愛と似て非なるものであるのは、後者（神仏信仰や知への愛）が、揺らぎのない絶対者と、不安定な自我との関係として成立するのに対し、前者（恋愛）が、相互に不安を抱えた自我どうしの関係を前提とするという点である。そこから言えるのは、次のことである。

すなわち恋愛という幻想が成就するために欠くことのできない条件とは、**相手の欲求の満足をこちらが実感できることが、こちらの欲求の満足にとって不可欠な条件をなすということ**（相手が自分を好きだと感じていることが、自分のなかで確信できること）である。

またその裏返しとして、恋愛においては、互いの欲求の満足の間に「ずれ」が生じるとき、葛藤や闘いといった危機の様相を必ず呈する。

いうまでもなく、知への愛においてはこういうことは起こらない。ソクラテス（プラトン）が考えた究極のイデアに向かっての恋、すなわち自分の知に欠けたところがあると感じて絶対的なものを求める営みにおいては、目標は絶対的で完全なものとして揺るぎなく彼方にそびえていることが前提となっているので、恋愛におけるように、求め方しだいで相手も動揺してほだされるというようなことはあり得ないのである。

**◉快楽を公共性の維持のために**

最後に④であるが、恋愛感情は、もともと激しい強度をもって社会秩序を攪乱することを本質的な特性として持つ。ソクラテス－プラトンの生きた古代アテナイ黄昏の時代には、この特性を放置するのではなく、その激しさ自体を手なずけながら、よき国家、よき共同体を立て直す「正義」や「徳」

のためになんとか活用できないかという問題意識が自由市民の間に広汎に存在した。というのも当時は少年を立派な公民として育てる公的な教育機関はまだ存在せず、年長者が年少者に政治や文化の価値を伝授するのに、個別的なエロス関係を通じて行うという習慣が一般的だったからである。だから、こうした問題意識がプラトニズムのような「快楽から善へ」という思想に編み上げられるのもむべなるかなというところがある。

「私的な恋（主として自由男子市民の同性愛）」を、公共性の維持継続を支える基盤にするというのが、彼らにとって切実な課題だったのだ。**性的な快楽の持ついかがわしさのなかに、どのようにして国家的正義と公共性の維持という崇高な目的を果たす力を植えつけ、維持することができるのか。これは重大な「倫理問題」**だったのである。

その倫理問題を克服するために、プラトンは、通常の恋からイデアへの恋という道筋を、より高級なあり方へ向かっての段階的な上昇過程として示してみせた。

もちろんはじめの三人の演説者たちも同じ倫理問題を抱えていた。そこで彼らは、ひとつの肉体への恋の精神として通用している「エロス神」がともすれば価値の低い、卑しい欲望としてイメージされがちなのを何とか救い出そうと考えた。思えばエリュクシマコスの最初の提案にしてからが、その動機を含んでいたのである。

人間通のアリストパネスは、こういう倫理的な問題意識に沿ってエロスについて説くことを意識的に拒否した。人が人を恋する感情としての「エロス」とは、ある意味で、始末に負えない人間本性の一部であるという「本質看取」に徹することにとどめたのである。

『饗宴』をこのように、「性」を素材とした社会倫理学的なモチーフに裏付けられたものとして読めば、プラトンの道徳的野望のすさまじさが浮き彫りになってくる。おそらく理想主義者プラトンにとって、アリストパネスのような単なる「本質看取」は我慢のならないものだったにちがいない。

彼は、まず「エロス」の狂気性（道徳的観点からは危険性）をとりあえずそのまま肯定するしかないと考えた。それは「節制」や「抑制」や「寛容」や「均衡」などの日常的な「大人の徳」を対置させてもとうてい歯が立つ代物とは思えなかったからだ。そこで彼は、「エロス」（性愛・恋愛感情）のうちから狂気性（非日常性）のみを抽象し、いっぽうで、その対象の違いによる階梯を示すことにした。対象が崇高でありさえすれば、恋の狂気性は許されるどころか、ますます推奨すべきものとなる。かくして、善の最高原理に「エロス」（恋）もまた服するものであることを証明しようとしたのである。

私の考えをひとことで言えば、ここには明らかに**現世的・感覚的な欲望を低いもの、価値なきものとして否定する抑圧的な思考に特有の倒錯**がある。そしてこの倒錯は、プラトンの他の重要な著作においても見事に貫かれているのである。

## 2．『パイドロス』を通して

### ◉リシュアスの教説

『**パイドロス**』を見てみよう。ここでは、プラトンの詐術はさらに手が込んでいる。

この作品は、次のようにして始まる。

パイドロスが、信服しているソフィストであるリュシアスが書いた文書を、ソクラテスに向かって読み聞かせる。その内容は、「少年は、自分を恋してくれる人に身をまかせるよりも、自分を恋していない人に身をまかせる方がよい」という逆説的な思弁である。

いわく、恋をしている人は、とかく肉体的な欲望のために目が曇らされるから、その当座は、恋人に対して自分を気に入ってもらおうと、甘い約束をしたり、褒めるべきでないことも褒めそやしたり、言いなりになったりするが、ひとたび恋が冷めると、そうした自分の態度を後悔して容易に態度を変える。しかし恋していない人にはそういうことは起こらず、最善のことがらや悪いことがらに対する正しい判断力を持って少年に接するので、少年も優れた人間になれるはずである。

また、少年が優れた人を選ぶのに、自分に恋をしていない人のほうが数が多いから、自分の愛情に値する人に出会える公算が大きい。さらに、恋をしている人は、その恋人を独占しようとして、嫉妬にさいなまれ、自分よりも優れた人や財産を多く持つ人を恋人から遠ざけようとする。そのため少年は孤立したり、多くの人を敵に回すことになったり、当の相手と仲違いしたりする。だが恋していない人は、そのような嫉妬に悩まされることはないので、他の人びととともその少年と交わることができ、そこに友情が生まれる望みが大きい。

したがって、身をまかせてしかるべき相手は、ただ自分を恋い求める人たちではなく、身をまかせるだけの値打ちのある人たちである。少年の若盛りを享楽しようとする人たちではなく、少年が年をとった後も、自分が持っているよき徳性を分け与えてくれるような人たち、恩返しをする能力がいちばんある人たちなのだ……。

リシュアスの文書は、少年が年長者に身をまかせる場合には、少年への恋に目がくらんで欲望の虜になってしまうような人ではなく、ほんとうに自分を正しい道に導いてくれるような、分別と冷静さと節操をわきまえた人（つまりリシュアスその人であるような人）を選ぶべきで、そのためには、自分に熱い恋心など寄せていない人のほうがよいと説いている。要するに、普通のやり方の裏をかいた巧妙な口説き文句と言えるだろう。

もちろんこれは単なる口説き文句ではない。ここには同時に、はっきりと書かれてはいないが、前に述べたのと同じような、ポリス公共体への倫理的な配慮がはたらいている。善き公共体を維持するためには、世代から世代への正しい理にかなった知識の伝達が必要だが、それは年長者と少年との私的な交わりを通して行われるほかないので、すべからく若い世代は、恋に溺れて分別を失った年長者に籠絡されてはならず、慎重に優れた相手を選ぶべしというのである。

これを聞かされたソクラテスは、パイドロスから、これと同じ知恵でもっと内容豊かで価値のある話ができるなら、それを語ってくれと強引にせがまれ、同趣旨で別ヴァージョンの話をする。この話には、リシュアスのそれと比べて、取り立てて異なる観点のものは盛り込まれていない。ただそこでは、欲望に支配され快楽の奴隷となっている者が、自分自身や恋人にいかに悪影響を与えるかが、リシュアスの議論よりもむしろ厳しく列挙されている。

### ◉魂の序列

ところがソクラテスは、突如話を打ちきって、パイドロスから逃げるように、目の前のせせらぎをわたろうとする。パイドロスがもっと話してくれと引き止めると、ソクラテスは戻ってきて、自分がいま川向こうに行こうとしていたときに、「お前は神聖なものに対して罪を犯しているから、みずからその罪を浄めるまでは立ち去ってはならない」というダイモーンの命令を聞いたように感じたと言う。神聖なものとは、すなわち「エロス神」である。いやしくも神の名をもつものが、自分たちがいま話していたような悪いものであるはずがない。だから自分の身を浄めるために、この神を称える別の話「パリノーディアー(取り消しの詩)」をしなくてはならないというのである。

見逃しがちだが、このくだりに次のようなソクラテスのセリフが挟まれている。プラトニズム的な「恋」の考えがよく暗示されている箇所なので、読者の方はよく覚えていてほしい。

《じっさい、ここにもし一人のけだかくおだやかな品性の人がいて、もう一人の同じような品性の人を恋しているか、あるいはかつて以前に恋したことがあるとする。この人がまたまた、ぼくたちの話を聞いていたと想像してみたまえ。恋する者はつまらぬことで腹を立てて強い憎しみをいだくものだとか、愛される少年に対して嫉妬ぶかく、害毒をあたえるとか言っているのを聞いたら、なんと思うだろう。その人はきっと、何か船乗り仲間の間にでも育って、高貴な恋という

ものを一度も見たことのない連中の話を聞いているのだと、考えずにはいられないだろう。》

さて、ソクラテスはまず、狂気というものが無条件に悪いものだなどということは言えず、われわれの身に起こる数々の善きものの中でも、最も偉大なものはみな、神から授かった狂気を通じて生まれてきたと説く。例として、神々に憑かれたときの予言者たちの言葉が正しかったこと、疾病や災厄が氏族を襲ったときにそれを救ったのがやはり神に憑かれた狂気であったこと、さらに、詩人たちはみな、ムゥサの神々から授かった狂気によって詩作したことが挙げられる。そして、恋という狂気もこよなき幸いのために神々から授かったのであって、そのことは真の知者であれば信じられるであろうとされる。

次にソクラテスは、魂の不死についての短い証明を行うが、この証明なるものは、論理的に見て、証明になっていない。ちなみに「魂の不死」の証明は、これよりも前に書かれたと推定される『パイドン』でずっと詳しくなされている。これらの証明がいずれも証明になっていないことは、こちらを問題にするときに詳しく述べよう。

次にソクラテスは、魂の本来の姿について、ひとつのたとえ話を持ち出す。ここから、この作品の白眉ともいうべき、天空と天外を翔る神々と人間たちという雄大なミュートスが語られる。

魂は、翼を持った馭者《ぎょしゃ》と二頭の馬にたとえられる。人間の場合には、片方の馬はできがよく馭者に忠実だが、もういっぽうの馬はできが悪く、馭者の言うことをなかなか聞こうとしないじゃじゃ馬である。さてゼウスを先頭とする魂の一団は天空を行進するが、饗宴の時が来ると彼らは穹窿《きゅうりゅう》の極みまで登りつめようとする。しかしそこは道が険しい。悪い性質の馬は馭者を下の方に引っ張るので、魂には激しい労苦と抗争とが課せられることになる。

不死の魂は極みまで登りつめると、天球の外に出て、天外の世界を観照する。天外の世界に位置するのは、感覚ではとらえきれず知性のみが見ることのできる「イデア」（真実在）である。真実の知識とは、みな、このイデアについての知識である。

神々の魂はすべてこれらのイデアを観照することができるが、人間たちの魂は、馬に煩わされるため、神の行進についていこうとしながら力およばず、互いに先に出ようとして激しく争い合う。その結果、彼らは真実在の世界をわずかに垣間見はするが、翼を傷つけられはなはだしく疲れて、地上に落下し、何らかの個体を受肉することになる。翼を失って落下したこれらの魂は、手綱さばきの違いに応じて、より多く真実在に触れることのできたものもあれば、ほとんど触れることのできないものもあった。彼らは、天空外の真実在に触れた度合いに応じて、人間界でのその最初の生き方が決められる。その序列は次のようになっている。

《真実在をこれまでに最も多く見た魂は、知を求める人、あるいは美を愛する者、あるいは楽を好むムゥーサのしもべ、そして恋に生きるエロースの徒となるべき人間の種の中へ――

第二番目の魂は、法をまもり、あるいは戦いと統治に秀でる王者となるべき人の種の中へ――

第三番目の魂は、政治にたずさわり、あるいは家を斉え、あるいは財を成す人の種の中へ――》

以下このようにして、第四番目から九番目までが定められている。八番目は民衆煽動家、最下位は僭主《せんしゅ》である。そしてそれぞれの魂は、自分たちがそこからやってきたもとの同じところへ帰り着くのに一万年かかるのだが、一つだけ例外があって、「誠心誠意、知を愛し求めた人の魂、あるいは知を愛する心と美しい人を恋する思いとを一つにした熱情の中に、生を送ったものの魂」が、千年ごとの周期がめぐってきた際に続けて三回そのような生を選んだならば、それによって翼を生じ、三千年で天上に去ることができるというのである。

読者は、ここでもプラトンの微妙な言い方に注意してほしい。

真実在を見た程度の大きさによって分類されている魂の序列について語ったはじめの部分においては、この、知を愛する人と単に恋する人とは、同一視されず、「知を求める人、……そして恋に生きるエロースの徒」というようにただ並列されているだけである。ところが、そのあとのくだりでは、例外的に天に昇ることができる資格を持つ優れた魂とは、「誠心誠意、知を愛し求めた人の魂、あるいは知を愛する心と美しい人を恋する思いとを一つにした熱情の中に、生を送ったものの魂」であるとされている。

つまり、単に恋に生きた人は、この資格から外されているのである。「知を愛し求めた人」か、あるいは「知を愛する心と美しい人を恋する思いとを一つにすることのできた人」だけがその資格がある。美しい対象に恋をするにしても、そこに「知への愛」がともなっていなければ、何ものでもない。そう読めるのである。

ここには、『饗宴』におけるソクラテスの教説と同じ構造をした詐術が読みとれる。はじめの列挙の部分を素直に読めば、知への狂気的な愛にせよ、美しい肉体への狂気的な愛にせよ、いずれもその狂気を神々から授けられた者として、それぞれが祝福されてしかるべきである。ところがプラトンは、そう言うと見せかけて、じつはその狂気性が知への愛や善のイデアを志向する傾向を合わせ持っていなければ、祝福される資格は与えられないと言っているのだ。これが単なる恋愛賛美でないことはたしかである。

ここで読者は、先に注意を促しておいた一節を思い出していただきたい。そこにはこう書かれてあった。

《じっさい、ここにもし一人のけだかくおだやかな品性の人がいて、もう一人の同じような品性の人を恋しているか、あるいはかつて以前に恋したことがあるとする。この人がまたまた、ぼくたちの話を聞いていたと想像してみたまえ。恋する者はつまらぬことで腹を立てて強い憎しみをいだくものだとか、愛される少年に対して嫉妬ぶかく、害毒をあたえるとか言っているのを聞いたら、なんと思うだろう。その人はきっと、何か船乗り仲間の間にでも育って、高貴な恋というものを一度も見たことのない連中の話を聞いているのだと、考えずにはいられないだろう。》

ソクラテス（プラトン）は、恋する人の貴賤を峻別している。「けだかくおだやかな品性の人」は、「船乗り仲間」のような、当時においては下賤な身分とみなされていた人びとの恋とはまったく違って、「高貴な恋」をするのだと言い切っている。

私はこの指摘をもって、プラトンが差別意識の持ち主だったなどと、つまらぬことを言いたいのではない。時代を考えればそんなことは当然であって、問題とするに足りない。そうではなく、これらの記述によって、プラトンが、いわゆる恋愛に耽る人と、知を愛し真理を求める人とを、それらが共に狂気性をその内在的な媒介としているという共通点によっていったんは結び合わせておきながら、しかもその上で、感覚を頼りとした地上の恋愛における狂気と、思惟を通してしか発揮されない愛知における狂気とを、じつは明瞭に区別していると言いたいのである。

### ◉肉体の軽蔑と価値の移し替え

プラトンの記述は、『パイドン』において魂の不死の証明のために用いられた有名な想起説をここでも用いながら、さらに進む。

ちなみに想起説とは、われわれ人間は、生まれる前にあの神々の行進に随行して、天球の外にあるもろもろの聖なるイデアに一度は触れたことがあるのだが、生まれると同時に地上の汚れたものに接してそれらを忘れてしまい、のちに知的努力によってようやくそれらの片鱗を思い出すことができるという考え方である。そしてこの想起をうまくなし得る者は、見えないものを思惟によって見ようとする訓練を受けた哲学者と呼ばれるごく少数の者に限られる。

しばらくプラトン自身の昂揚した筆致をそのまま追尋しつつ、彼が恋の狂気一般を称えているように見せながら、ほんとうは何を伝えたかったかを、注意深く検討することにしよう。

《正当にも、ひとり知を愛し求める哲人の精神のみが翼を持つ。なぜならば、彼の精神は、力のかぎりをつくして記憶をよび起こしつつ、つねにかのもののところに――神がそこに身をおくことによって神としての性格をもちうるところの、そのかのもののところに――自分をおくのであるから。人間は実にこのように、想起のよすがとなる数々のものを正しく用いてこそ、（中略）言葉のほんとうの意味において完全な人間となる。》

この一節には詳しい解説は要らないであろう。神に祝福されて完全な人間として認められるのは、知を愛する哲人の精神のみであると明言しているのだから。言うまでもなく、哲人の恋はその対象を、地上に現れた個別の美しい肉体になど求めはしないのである。

《狂気という。しかり、人がこの世の美を見て、真実の美を想起し、翼を生じ、翔け上ろうと欲して羽ばたきするけれども、それができずに、鳥のように上の方を眺めやって、下界のことをなおざりにするとき、狂気であるとの非難を受けるのだから。

（中略）この狂気こそは、すべての神がかりの状態のなかで、みずから狂う者にとっても、この狂気にともにあずかるものにとっても、最も善きものであり、また最も善きものから由来するものである、と。》

下界のことをなおざりにするとき、その人は狂気と呼ばれるが、それは「真実の美を想起」する人に限られている。問題は、「この世の美」を見た人が、必然的にかつて見たはずの「真実の美を想起」するような段階に移行するかどうかである。この記述には、『饗宴』においてみられたのと同様の強引さと身勝手さがある。プラトンはここで、ひとたびこの世の美に触れた者は、それをきっかけ（入り口）として知を愛する努力を重ねれば、だれでも「真実の美を想起」できるかのように書いているが、じつのところそれはプラトンにとって「かくあるべし」と考えられた、ゾレンとしてのプロセスにすぎない。

なるほど美しい異性の心身に触れた人のうち、ある一部の人は、そこに美のイデアを探し求めようとするかもしれない。しかし、そのような心の動きをみせずに特定の個体としての相手との合一を求める人もまた、その相手に恋をしているとじゅうぶんに言えるのであるから、プラトン自身の思想に即するかぎり、いずれの狂気をも一緒くたにして、最も善きものから由来するとは言えないはずである。次の二つの節を読むと、地上の美への狂気は、ここでの祝福されるべき狂気とは無縁のものであることがはっきりする。

《その秘儀（引用者注――神々とともに行進していたときに参与することができた秘儀）を祝うわれわれ自身、まったき姿のままで、後にわれわれを待ちうけていた数々の悪をまだ身に受けぬままで、まったき姿の、純一な、荘重な、祝福に満ちた聖像を、明るくきよらかな光の中に啓示され、それによって奥義を伝授されながら、この秘儀を祝ったときのことであった。そのとき、きよらかな光を見たわれわれもまたきよらかであり、肉体（ソーマ）とよぶこの魂の墓（セーマ）、いま牡蠣のようにその中にしっかりと縛りつけられたまま、身につけて持ちまわっているこの汚れた墓に、まだ葬られずにいた日々のことであった……》

《さて、秘儀に参与したのが遠い昔になった者、あるいは堕落してしまった者は、（中略）美しい人に目を向けても、畏敬の念をいだくこともなく、かえって、快楽に身をゆだね、四つ足の動物のようなやり方で、交尾して子を生もうとし、放縦になじみながら、不自然な快楽を追いかけることを、おそれもしなければ、恥じもしないのである。》

ソクラテスは、肉体（ソーマ）と墓（セーマ）とを懸詞にして、肉体を魂の「汚れた墓」であるとしている。

あらゆる宗教的な教説は、人間の生が限りあるものであることを起点として、生誕以前や死後の魂のあり方を構想し、うつし身を魂の仮の宿と考える。そしてだいたいにおいて、肉体は汚れに染まっており、その肉体をまとわない魂は、清浄なものとしてイメージされる。その意味では、ソクラテスのここでの霊肉二元論も、宗教的な教説の常道をそのまま踏襲していると言える。うつし身は、肉体をまとったがゆえに汚れたものなのである。

このことはじつはプラトンにとって自明のことだった。だから、彼はここで一種のジレンマに立たされていると言ってよい。恋の狂気一般を肯定した以上、たとえその狂気にしたがって「四つ足の動物のようなやり方で」快楽に身をゆだね放縦に馴染む者がいたとしても、それを一概には否定できないはずだ。ところが彼はここでホンネの価値観を自己暴露し、そういう恋の成就の仕方を頭ごなしに切り捨てている。

だが恋の狂気一般を肯定したプラトンにとって、地上で出会う美を求める魂の狂気、つまりふつうのエロス感情は、美のイデアに到達するための不可欠な前提であり入り口であるという論理だけは、是非とも救い出さなくてはならないものだった。そのため彼は、ふつうのエロス感情に従って行為におよぶ者たちの所業を、「秘儀に参与したのが遠い昔になった者」や「堕落してしまった者」たちが美の本体を見失い美しい人への畏敬の念を忘れた状態と規定せざるを得なかった。それればかりかこれらの人の快楽を「不自然な」ものと呼んでさえいる。

どこに問題があるのだろうか。すでに『饗宴』において、「同一視」と「抽象化」という詐欺的な手つきを確認していた私たちにとって、答は簡単である。個体に対してエロス的な欲望を抱くことは、イデアとしての《美》一般への欲望に還元されない独特の感情である。そしてそれは、《美》一般への欲望と比較して、劣っているわけでもなければ優れているわけでもない。

ところが、プラトンの構想では、個体に対するエロス的な欲望は、美のイデアへの欲望のより低い段階（入り口）として、すでに体系的に取り込まれてある。いっぽうでプラトンは、地上的にとどまる恋の感情とその自然な帰結としての行為を、どこかで汚らわしい動物的な営みとして振り切ってみせなくてはならなかった。感覚によってとらえられる世界は、イデア世界の単なる影にほかならないからである。それゆえことの必然として、次のような論理が語られることになる。

凡人と違って、よく「思慮」を凝らして見えないものを見ようとする「哲学者」にだけは、感覚によってとらえられるうつし世の価値よりもはるかに高い価値がイデア界に存在することがわかる。人がこの世で感知される「美」を狂おしく求めるのは、たまたま「美」のみがわれわれの感官にうったえるからであり、もし視覚の鮮明さと同じほどに「思慮」の力がわれわれに与えられていれば、必ずやわれわれはその「思慮」によってとらえられる対象のほうを、もっと激しく恋い求めることになるだろう。そしてその最高の対象とは、言うまでもなく「善のイデア」にほかならない云々。

ここで何が行われているのか？　ゆっくりと、そして注意深く、価値の移し替えが行われているのだ。実感できる、また直接的に欲望を喚起できる対象の美的価値から、実感もできず、ふつうにはさして激しく求められもしない、道徳的な「善」の価値への移し替えが。

言うまでもなく、地上的な「美」的存在への欲望を、そのまま地上的価値としての「善」（もろもろの徳目）への欲望に移し替えることはできない。なぜなら、美と道徳的な善とは、この地上においてはまったく異なる価値として理解されているし、ときにはそれらは相反する価値として対立し抗争することすらあるからだ。

この困難を回避するために、プラトンはまず恋の狂気をそれとして肯定し、次にその狂気が崇高な天上の神から与えられたものであることを力説し、さらに狂気を対象の違いによって序列化する。視覚的な美への狂気よりも、「思慮」がもつべき狂気のほうがはるかに高い価値をもつというように。

地上から天界へ、そしてふたたび天界から地上へ。かくしてこの過程で、地上的な美への欲望とそれを味わう快楽とは、美のイデアのなかに吸収され、さらにはいつの間にか善のイデアの中に吸収されてしまう。こうした迂回路を媒介させる手の込んだトリックによって、彼は、美的価値よりも道徳的価値のほうが優先することを人々に納得させようとするのである。だが、いくら巧妙なトリックを用いても、続く各節を子細に見れば、『パイドロス』におけるプラトンの真意がその点にこそあることは明らかだ。

はじめに、神々の行進に随行する人間たちの魂は、理性をわきまえた馭者と従順な馬と暴れ馬との三つで成り立っていることが説明された。ソクラテスはなぜか、以下のくだりでは、この魂が恋の対象に近づいたとき、どのようなことが起きるかを、長々と語っている。

それによれば、暴れ馬はまっしぐらに欲望の対象にむかおうとひたすら馭者を引っ張るが、馭者は恋の対象の神々しさに圧倒されて、近づくことができず、逆に手綱を思い切り引いて後ろにひっくり返ってしまう。馭者と暴れ馬との激しい引き合い・葛藤は何度も繰り返される。馭者はそれでもしだいに暴れ馬の言い分をしぶしぶ聞くようになり、暴れ馬はしだいに馭者に服従するようになる。

《こうして幾度となく同じ目にあったあげく、さしものたちの悪い馬も、わがままに暴れるのをやめたとき、ようやくにしてこの馬は、へりくだった心になって、馭者の思慮ぶかいはからいに従うようになり、美しい人を見ると、おそろしさのあまり、たえ入らんばかりになる。かくして、いまやついに、恋する者の魂は、愛人の後をしたうとき、慎みと怖れにみたされるということになるのである。》

おやおや、『饗宴』において、大人の節制を無力であるとして退けたソクラテス（プラトン）はどこに行ってしまったのだろうか。けだし、ここに書かれていることは、暴れ馬の本領である狂気性をなだめて理性に馴致させなければ恋は成功しないという、ありふれた「大人の教訓」を語っているようにしか読めない。なぜなら、この記述では、恋する者がどんなに内的葛藤を演じようと、結局は相手をうまくものにすることになるのだから。

いや、皮肉はやめよう。プラトンの頭の中にはもともと、理性によってコントロールされるべき理想的な恋愛形態というものがあって、その実現において愛し合う二人の間でどんなことが行われなくてはならないかという、明確なイメージが存在したのである。ただし、それは肉の交わりをともなわない、いわゆる「プラトニック・ラブ」ではない。前後する記述の中には、二人が肌を重ねて同衾する成り行きになることが当然のように書かれている。ではそういう間柄になりながら、二人はどのようでなければならないか。この問いに対して、プラトンはソクラテスに次のように答えさせる。

精神のよりすぐれた部分が、二人を秩序ある生き方へ、知を愛し求める生活へと導くこと、魂の中の悪徳の温床であった部分を服従せしめ、善き力が生ずる部分はこれを自由に伸ばしてやること、そうすることで、彼らの生は、幸福な、調和に満ちたものとなる。そうして秩序ある生き方をする、知を愛する、悪徳の温床を服従させる、それによって自己自身を支配でき、端正な人間になることができる云々。

これはまた、なんと分別と節制をわきまえた道徳的で穏当な生き方ではないか。

恋を発展させて道徳に転化させる？　だがだまされてはいけない。いったい恋の本質としての「狂気性」はどこに消えたのだ?!　あの『饗宴』では、ソクラテスは、節制や秩序などをこの世のけちくさい徳として捨てたのではなかったのか?!

プラトンはこの疑問に対して、次のように答えるかもしれない。

いわく、そんなこともわからないのか。恋を成就させるためには、つまり恋する相手と結ばれるまでは狂気性は不可欠のものだが、そのような狂気性を媒介としてこそ、ほんとうの「善いカップル」が生まれるのであって、そうして苦労して勝ち得た恋の成就の暁には、このようなけだかい関係のあり方が必ず訪れてくるのだ。そのとき狂気性そのものは少しも衰えることなく、知への愛という本来的な形態へと昇華されるのだ……。

しかしこんな空手形にだまされてはいけない。お互いに現実感覚を失わないようにして、生の経験豊かなる読者に問いたい。現実には、恋の狂気性は、結ばれたあとも、新しい葛藤の種になりはしないだろうか。あるいは狂気的であったがゆえに、少しの時日が経てばその恋は夢のようにはかなく冷めていくのではないか。あるいは一方が冷めずに他方が冷めてしまえば、そこに生まれるのは、惨めな破局ではないか。狂気が恋する側に残っていればこそ、嫉妬に苦しむことにもなるのではないか。

プラトンには、恋愛における狂気性を動力として結ばれた二人の間にならば、その狂気性をそのまま、知を愛し求める狂気性へと転換することが可能だという信念のようなものがあったように思える。あるいはそうでなければ、常識的に考えて相容れるはずのない二つの道（恋愛の道と知への道、あるいは地上的な狂気とイデアを求める狂気）の隔たりを、それと知りながらごまかして、わざと無視したのではないか。そして私には、このあとの欺瞞的な手つきのほうがありありと見えて仕方がないのだが。

「恋していない者にこそ身をまかせるべきだ」というリシュアスの説を思い出そう。この説はこの説で、てらいすぎのパラドックスだが、エロス神を冒瀆するものだといってにべもなくこれを否定した第二のソクラテスには、恋の狂気が、私的関係の平穏な持続や公共性の維持に対して、いかに破壊力を秘めたものであるかという、危険性の認識があっただろうか。まだリシュアスの説のほうに、その感覚が保存されていたのではないか。

ところがソクラテスは、この第二の物語の終わり近くで、リシュアスの説に対して次のような極め付きの批判を行っているのである。

《これに対して、恋していない者によってはじめられた親しい関係は、この世だけの正気とまじり合って、この世だけのけちくさい施こしをするだけのものであり、それは愛人の魂の中に、世の多くの人々が徳としてたたえるところのけちくさい奴隷根性を産みつけるだけなのだ。》

恋していない者によってはじめられた親しい関係は、けっして善い関係を生まないと言っている。ここで意識されている善い関係とは、単に彼らが二人だけの閉鎖的な幸福を得ることだけを意味しているのではない。そこには、旧世代から新世代に受け継がれるべき善き公共性を維持するにはどうすればよいかという例の問題意識も暗黙のうちに含まれている。

リシュアスの逆説もその問題意識の範疇におさまることはいうまでもない。とはいえもちろん、少年が彼を恋していない者に「身をまかす」（性愛関係になる）ことを軸とするような関係のあり方が、この倫理的課題を克服するものでないこともまた、あきらかである。好きでもない相手に安易に身を任せれば、相手は彼を軽視して簡単に捨てることになりがちだからだ。ソクラテスが「この世だけのけちくさい施こしをするだけのもの」「世の多くの人々が徳としてたたえるところのけちくさい奴隷根性」と、口を極めて批判しているのは、そのかぎりではおそらく当たっている。

しかし、では、激しい恋心の結果少年の心身をわがものとするようなアイデアが、右の課題の解決策につながるかと言えば、それもあり得ないことである。**激しいエロス感情にもとづいて作られた絆と、知を愛し求める志の共有にもとづく絆とが幸福な一致を見るなどということは、普遍的には成り立たない**からである。プラトンは時代の渦中にいて壮大な夢を見ていたのだ。

## ◉「愛」を「善」へという無理な要求

ちなみに、『パイドロス』は、以上の「物語」で終わらずに、後半、ほぼ全体の半分に相当するページが、優れた話のあり方とは何かという主題に充てられている。それは、リシュアスの書いた話といまソクラテス自身が語ったばかりの二つの話についての、楽屋話といった機能を果たしている。優れた話とは、総合と分割の技術を用いたもので、この「総合」と「分割」の二つの方法を用いた話術は、ソクラテス自身によって、「ディアレクティケー」と呼ばれる。そして、自分がエロースとはなんであるかを定義したのは、前者の「総合」に当たり、また、その後で、恋の狂気性を、禍をもたらす部分と、反対にわれわれに最も善きものをもたらす部分とに分割したのは、後者の「分割」に当たるとされる。

この話術は、他の作品、『饗宴』『パイドン』『国家』『ゴルギアス』などにも用いられている。プラトンは、これらの作品において、はじめからソクラテスの主張を一方的に繰り出すのではなく、まず一つの説を提示しておき、それをあとからゆっくりとひっくり返していくという、弁論のドラマ性を重視したのである。この弁論のドラマ性は、読者に文学的興味をそそらせるテクニックであると同時に、議論というのはこのようにだれにでも開かれていなくてはならないという、プラトン自身の思想的態度の表明でもあった。ディアレクティケーは、後に「弁証法」と呼ばれるようになる。

しかし、この「対話術」こそは、プラトンの詐欺を土台の部分で支えている巧妙なテクニックなのである。というのも、自分は「無知」を装って問答に誘い、相手に十分語らせておいてから、その上で揚げ足を取って相手をへこませ、その機に乗じて自説を滔滔と展開するというのが、ソクラテス(プラトン)のいつものやり方だからである。この「後手必勝」の手法は、私たちがある論述をする時にもよく使う手ではある。

しかしプラトンの場合は、相手の答え方をわざと拙くさせるように仕掛けておくのが常套であって、ボロを出している部分を仔細に見れば、そんな拙い答え方をする必要はぜんぜんないよ、と感じさせるところがいくらでもある。『ゴルギアス』は特にそうである。後にニーチェについて論じる際、その一端を紹介しよう。

ともあれ、『パイドロス』の前半は、表面上「(少年は)恋している者に身をまかせるのと、恋していない者に身をまかせるのと、どちらがよいか」という問いをめぐって展開されており、「美について」という副題が付されてもいるが、じつは、この作品も『饗宴』と同様、「善なる存在として生きるにはどうすればよいか」というプラトンの強い倫理学的な問題意識を底に隠した作品なのである。ここにただの「美」論や恋愛論を読むのは、読みが浅いと言わなくてはならない。

というのは、ソクラテスの第二の演説の結末に見られるごとく、ここには、恋する者どうしの絆を、神に祝福されるべきより高い生のステージにまでもたらすためには、必ず彼らがその絆を利用して、手に手を取って知を愛する精神的な営みに励まなくてはならないという「お説教」が語られているからである。言い換えると、プラトンの思想的射程の中では、「恋」という最も狂気性のあきらかな、また快楽の奴隷に陥りやすい人間の心身の営みさえもが、その特性ぐるみ愛知や哲学に昇華されなくてはならず、そうした「善」を目指す生き方のうちに包摂されることが要求されているのである。

このプラトンの無理な要求をまともに文学的課題として受け取って、生涯この課題に悩まされ続けた近代の作家に、アンドレ・ジッドがいる。彼は言わば、プラトン主義の痛ましい犠牲者である。

なるほど、愛し合った二人が、その二人だけの閉ざされた世界の中でだけ精神性を高め、自分たちは俗情の渦巻く世間から離れて、「善のイデア」に近づいたと主観的に感じ合うことはあるだろう。ことに二人の恋が世間や社会からの迫害にあうとき、そのような精神状態になることはしばしばある。しかしそれは、ちょうどある宗教が、自分たちの教義だけが正しいと主張して他の宗教を異端として斥けるのと同じように、普遍性への回路をもたないものである。

この世での恋がかなわぬものならば、せめてあの世で永遠の愛を、と観念することは、人間のロマン的本質に根差している。たとえば我が国の文学でも、近松の心中ものなどは、そのプロセスを克明にたどろうとする。それは、その現実的な悲しみと苦しみゆえにこそ人々の共感を誘うのであって、その限りでよく納得できる成り行きである。しかし、そのロマン的本質を、「善のイデア」と呼び変えうるかどうかは、また別問題である。私はこのプラトンの手つきに嘘くさいものしか感じない。この嘘くささは、キリスト教道徳の加勢を得て、ヨーロッパの精神史の中に長く根付いていったのである。その好例を、たとえばダンテの『神曲』の構成の中に見出すことができるだろう。美少女ベアトリーチェへの恋心が、天上の至高の輝き、その唯一絶対的な完全性に出会うことで成就しうる？　狂気的なエロスの欲望が、道徳の源泉と最終的には融和する？　そんな馬鹿な。

## 3.『パイドン』を通して

### ◉魂の不死の証明

次に長編『パイドン』を調べてみよう。

周知のように、『パイドン』は、青年の心を惑わしたとして死刑の判決を受けたソクラテスが、死の間際に彼の死を惜しんで集まった友人や弟子たちの前で、自分が死んでいくことは少しも哀しいことではなく、むしろ魂が汚れた肉の世界を離れて永遠のふるさとに帰っていくことなのだから、喜ぶべきことなのだという説をねばり強く展開した作品である。

一編の主題は、ひとことで言えば「魂の不死と不滅」の証明にあると言えるが、この作品では、前二作に比べて、現世に対するイデア世界の優越性がさらに強調されている。この優越性を強調することは、ソクラテス（プラトン）にとって、単に認識論的な問題として「魂の不死」や「イデア世界の実在」が真実であるからという理由だけではなく、倫理学的に重要な意味をもっていた。

というのは、作品の終わり近くになって（57節以下）、ソクラテスは、魂が不死・不滅であればこそ、われわれはこの世にある間に魂に対する真剣な配慮をないがしろにしてはいけないという道徳的な教説を、しきりに展開するにいたるからである。

それは、感覚で把握できるかぎりの世界をはるかに超えた大地全体のモデルを示すことによってなされる。つまり、魂が可視的な世界から不可視の世界にまでずっとその歩みを続ければこそ、死後の歩みが生前の行状によって善くも悪くもいかようにも変わりうるゆえに、生きている間に身を清く正しく保っておかなくてはならないというわけである。

これは、世界の多くの宗教に共通した因果応報説的な論理だが、ソクラテス（プラトン）は、宗教家としてではなく、まさに哲学者として、人が道徳的に生きるべき根拠を、「魂の不死と不滅」という事実から引きだしてこなくてはならなかった。言い換えると、この問題を論理的に証明してみせることが、彼（ら）にとって必須の課題だったのである。『パイドン』におけるプラトンは、肉体の快楽や欲望の追求に明け暮れる「醜い」人間界に、もしかろうじて倫理性が成り立つとすれば、その成立の可能性は、一にかかってイデア世界の厳たる存在と、その世界をわれわれが味わいうる条件としての「魂の不死・不滅」にこそあると考えたにちがいない。

作品をソクラテスの論説という面のみに限っていねいに追いかけてみると、全体を便宜上次のように五つに区分するのが適切に思われる。

### ①4節から13節まで

ここでは、哲学者はなぜ死を怖れないのかが論じられる。

哲学者は、ただひたすら死ぬこと、死をまっとうすることを目指しており、それは、魂を肉体の結びつきからできるだけ解放しようとするからである。肉体的なものに煩わされていれば、われわれは真実に触れることができない。ただ純粋な思惟のみによってこそ真実在に触れることができるのだが、生きているうちにはそれは不可能である。

死によって魂は肉体を離れ、純粋に魂だけになり、生きているうちにできなかったことが可能となるのだから、それこそは哲学者の望むところである。生きているときにできるだけ死に近くあるようにつとめてきた者が、いざその死が訪れたとき怖れたり嘆いたりしては、滑稽ではないか。死に臨んで嘆く者を見たら、それはその男が知を愛する者ではなくて肉体や金銭や名誉を愛する者であることの証拠ではないか。

### ②14節から34節まで

ここでは、「魂の不死」の証明が三つなされる。

〔証明1〕およそあらゆる相反する性質を持つものは、一方から他方が生ずるというようにできている。小さいものが大きくなる、あるものが悪くなるのは善いものからである等。

ところが生の反対は死である。ゆえに死んでいるものから生きているものが生ずるのであり、生きているものから死んでいるものが生ずるのである。

しかもこれは循環をなしている。なぜなら、いったん死ぬと死者はその状態にとどまってふたたび生き返らないのだとすると、すべてはやがて死に絶えて、生きているものは何一つなくなってしまうから。したがって魂は不死である。

〔証明2〕学んで新しい知識を得るということが可能なのは、じつは想起による。ところである知識を想起するには、それをいつか以前に知っていたのでなければならない。われわれが学ぶということは、もともと自分のものであった知識を再把握することである。

たとえば、互いに等しく見える事物と等しさそのものとは同じではない。等しい事物を初めて見たときに、等しさそのものよりは劣っていると考えるとすれば、あらかじめ等しさそのもの（という規準）を知っていなければならない。このことは、美そのもの、善そのもの、正義そのものなどについても同様である。だからわれわれはこれらすべてについての知識を生まれる前に得てしまっていたのでなければならない。

ゆえに魂は、肉体に宿る以前に、知力を持って存在していたのである。真、善、美など、これらのイデアが存在することと、魂がわれわれの生まれる前にも存在したこととは同じ必然性をもっていて、前者が否定されれば後者も否定されるのである。

〔証明3〕同一で変化しないものは非合成物であり、変化するものは合成物である。真実在は前者に当たり、それにあずかるさまざまな事物（たとえば美しい花）は後者に当たる。また、真実在は不可視であり、さまざまな事物は可視的である。前者の単一で不変で不可視なものは、思惟によってしかとらえられず、後者の合成され、移ろいやすく可視的なものは知覚によってとらえられる。

ところで魂は、肉体に比べて、それ自身不可視的であり、肉体から離れて自分だけで何かを考察する場合には、純粋で永遠で不死で不変な存在（真実在）へと赴き、常にそれと共にあろうとする。また魂は、肉体に比べてより神的でもある。魂は、神的で、不死で、英知的で、単一の形をもち、分解することなく、常に不変で、自己同一的であるものに最もよく似ている。肉体はこれと反対である。ゆえに魂は不死である。

この三つの証明のあと、肉体が魂にとっていかに重荷であるか、また哲学だけがこの肉体という牢獄の巧妙さを知っており、哲学者の魂は、快楽や恐怖や欲望を強く感じるとき、その結果としてうける悪こそは最大の悪であると考えるなどのことが述べられ、肉体からの魂の解放こそが哲学者の仕事であることが強調される。

**③35節から43節まで**（略）

**④44節から56節まで**

ここでは、聞き手のケベスが呈した疑問にソクラテスが答える。

ケベスの疑問は、「あるひとつの肉体から魂が離れるとき、その魂がいくら一時的に不死で長生きであったとしても、多くの肉体に宿るうちに、ついには疲れ果てて力を使い果たし、最後の肉体が死ぬとき滅んでしまうということはありうるのではないか。そうすると、自分の魂がこのたびの肉体からの分離において完全に滅びてしまいはしないかと、常に怖れなければならないのではないか」というものである。

これに対してソクラテスは、その問いに答えることは容易ではないとした上で、長考思案の後、まず自分の研究履歴を語る。

自分は若いころ、いまでいう自然科学的な探求に熱中したが、その研究は、事物の合成や分解や変化の原因についての説明の点で彼を納得させなかった。たとえば1と1とが近づけば2になるというとき、両者が近づくことがその原因だとされるが、他方では1を分割することによっても2が生じるので、今度は分割が原因だとされる。

こういう説明に満足しなかったソクラテスは、万物の原因は知性であると唱えているアナクサゴラスの説を学んでみたが、それにも失望した。アナクサゴラスは、ある事象の原因を、その事象を事象たらしめているさまざまな可視的契機と取り違えていて、事物を秩序づける原因を、空気とかアイテールとか水などの「くだらないもの」を原因としていたからである。

そこでソクラテスは、事物の真相を知るために新しいやり方を考えた。それは、純粋な美そのもの、善そのもの、大そのものなどが確実に存在するというロゴスを前提として、その前提と一致するものを真とするというやり方である。要するにイデアの存在から出発して物事がかくある根拠や原因を説明するという方法である。これを認めてくれるなら、魂の不滅を証明することができると彼は言い、ケベスがこれに同意する。

ちなみに、この箇所（前の三つのパラグラフ）は、プラトンの根本的発想を知る上できわめて重要である。それればかりではなく、哲学というものが本来何を探求する学であるのかという点について、ソクラテス（プラトン）が、それまでの考え方に対するラディカルな「視線変更」を断行しているという意味でも見逃してはならない急所なのである。しかしこれについては、後に述べる。

ともあれ、以上の前提を納得してもらった上で、ソクラテスは数を比喩に用いて、それを「魂の不滅」の証明に援用する。

〔証明4〕たとえば3は「奇数そのもの」ではないのに、奇数という性質を持つが、それと反対の性質である偶数をけっして寄せ付けない。しかし3と2とは別に反対ではない。このように、相反する性質どうし（奇数そのものと偶数そのもの）が互いに相手を受け入れないだけでなく、相反する性質を持つ特定の事物（3）も、たとえ自分と反対ではなくとも、それが自分と反対の性質をもっているような事物（2）であれば、それをけっして受け入れない。

さて、「魂」は、肉体に生命をもたらすという性質を持つが、生命と反対の性質を持つものは「死」である。このようにして、ちょうど「3」が「2」を、自分と反対の偶数という性質を持つものであるがゆえに受け入れないのと同様に、「魂」は「死」（という性質）をけっして受け入れないのである。ゆえに魂は不死であるばかりでなく、不滅でもある。

### ⑤57節から63節まで

ここでは、ソクラテスは、先に触れたように、われわれにとって可視的な世界を超えた、大地全体のイメージを神話的に繰り広げてみせる。そして死後、魂は、生前の行状に応じて、いろいろなところに送り込まれ、苦を味わったり幸福になったりすることが説かれる。委細は省略するが、これは世界のどこにも見当たるような、一種の因果応報説である。ソクラテスが若い弟子たちに対して垂れる最後の訓辞は以下の通りである。

《で、こういうわけだから、その生涯において肉体にかかわるもろもろの快楽や飾りを、自分とは異質的なもの、むしろ害をなすものとして、それらから離れ、学ぶことの喜びに熱中し、魂を異質的なものによって飾りたてたりせず、魂自身の輝きで、つまり、節制、正義、勇気、自由、真実などで飾り、そうして運命の呼び声に答えてハデスへ旅立つ日を待つ人は、自分自身の魂について心を安んじてしかるべきだ。》

以上見てきたように、『パイドン』におけるプラトンの筆致は、死の問題を扱うに至って、現世否定的な色合いを濃厚に示す。

まず①において、哲学者だけが特権者として聖別され、他の現世的な欲望に追われてこの世に未練を残す者たちは、はっきりと、人間として低い存在であると規定される。哲学者（知を愛する者）と称する存在が、ふつうの人々とちがって、死を怖れ悲しまないのは、ふだんからふつうの人々よりも死に近いところにおり、死に親しみ、そして死とは何であるかについて絶えず思いをめぐらせているからというのである。これは、死が何であるかを考えようとしない人々よりも、死について考えているぶんだけ、哲学者のほうが偉いと言っているのと同じである。

この種の自己権威づけは、たとえば日本の仏教などにも見られる現象であるが、仏教の場合は、寂滅涅槃の境地を最上とするので、宗派によってその境地に到達する方法に違いはあれ、とにかくそこに到達できる者ならばだれでも仏になれることになっている。厭離穢土《えんりえど》を唱える点では、ソクラテスと共通しているけれども、哲学者・僧侶（いまで言えば知識人）という存在の特権性を、これほど露骨に強調するわけではない。念仏さえ唱えればどんな凡夫でも阿弥陀様に迎えられて浄土にいけるという思想さえある。

また仏教は、本来、魂の不滅を積極的に主張することはなく、死後、魂が寂滅せずにこの世の境界をさまようことは、むしろ好ましくないことと考える。生死の繰り返し、輪廻転生は、この世から容易に解脱できない魂の迷いをあらわしているのである。

これに対して『パイドン』におけるプラトンの「哲学者こそ死を歓迎する」という思想は、二つの点で、仏教などとはちがった、非常に強い野心と情熱によって裏付けられている。

ひとつは、この世では、金儲けや色欲や名誉欲に執着する人間に比べて、知識を求める存在だけが立派なのだという価値観を貫くことである。このことによって、生来の哲学者的種族は、自己価値を認められて救いを得ることになる。

そしてもう一つは、ふつうの人々は、感覚によってたしかめられる世界を実在と信じているが、それはまったくの誤りで、純粋な思惟によって把握できる世界だけが真の実在世界なのだという信念を押し通すことである。

ちなみにこの信念は、長大な作品『国家』の中で、有名な「洞窟の譬《たと》え」として再び語られる。知覚世界よりも観念世界を絶対優位におくこの転倒は、以後二千数百年間ヨーロッパの哲学を支配した。しかしこの転倒が何に由来していたかは、意外に簡単に解ける問題である。これは次章で詳説する。

さて、前者が道徳的価値観の一例（ハイデガーと同じように誤った一例だが）であることは見やすい道理だが、じつは、すでに述べたように、またのちにもっと詳しく説くように、後者の信念も、ふつう哲学というものがそうであると思われているごとく単なるニュートラルな世界認識の是非を扱っているのではない。いかにもプラトンらしい倫理学的関心と深く結びついているのである。そしてそのように、哲学の意匠をまといつつ道徳を語るという形式にこそ、プラトンの「思想の詐欺師」たる面目が躍如としているのだ。

彼のこの野心と情熱は、②以下の、魂の不死と不滅を論理的に「証明」するという方法に顕著にあらわれている。魂の不死と不滅が、哲学的・論理的に証明されれば、道徳の根拠は、まさしくプラトニズム的に基礎づけられることになる。なぜなら、魂がもしほんとうに不死であり不滅であるなら、人はどうせ死んでしまうのだから現世で何をやろうと自由だという考えは通用しなくなるからである。

## ◉不死の証明の誤謬

さて問題はその「証明」である。私の考えでは、この四つの証明のうち、どれひとつとして論理的証明の名に値するものはない。ムキになって反駁するのも大人気ない技だが、一応、一つ一つ吟味しておこう。

まず〔証明1〕では、あらゆる相反する性質を持ったものは、小さいものから大きいものが生じ、眠っている状態から覚醒が生じ、そして逆も真というように、一方から他方が生ずるという具合になっている。よって生から死が生ずるように、死から生が生ずるのであると説かれていた。

とすれば、この場合、何か特定の「事物」の存在がまず前提として疑いなく認められていて、その上でその「事物」の状態の変化を語っていることになる。たとえば同じ人間でありながら、小さかった子どもが大きな大人になる、というように。そしてむろんここでは、その「事物」そのものの自己同一性自体は疑われていない。小さかった健ちゃんも、大きくなった健さんも、同じ健である。

では、生と死の場合はどうであろうか。生から死が生じ、死から生が生ずると言い切るためには、特定の魂という「事物」が、まず肉体が生きているか死んでいるかの区別とは無関係に存在し、しかるのちその魂の状態が、互いに反対のものに移行するということが認められなくてはならない。言い換えると、魂がまずあって、それが肉体に宿ったり離れたりするという相反する「状態変化」を経験するのでなくてはならない。

ところが、まさに魂という「事物」が、肉体の生死という状態とは無縁に存在するかどうかということこそ、ここで証明しなくてはならないことのはずであった。したがって、死から生が生ずるかどうか、つまり魂が生まれる前から存在していたかどうかは、証明不可能なのである。ソクラテスは論点先取の誤謬を犯していると言える。

次に〔証明2〕では、知らなかったはずの知識が教えや気づきによって得られるのは、もともと持っていた知識がそのとき「想起」されるからにほかならず、この事実は、魂が生まれる前から知力をもって存在していたことの証拠となると説かれていた。

ところが、この名高い「想起説」そのものが、一種の仮説である。ソクラテスは、知識が獲得されることの不思議さについて永年思索を重ねてきた後にこの仮説にたどりついたのだが、これは、イデア論者におあつらえむきの仮説だと言える。そのことをソクラテス（プラトン）はじつのところよく知っていて、この「証明」の箇所では、次のように述べている。

《ぼくたちがいつも話している美とか善とか、すべてそのような真実在が存在するならば、（中略）それらの真実在が存在すると同じように必然的に、われわれの魂も、われわれが生まれる前に存在していたことになる。しかし、もしそれらの真実在が存在しないならば、いまの議論はまったくなりたたないことになるだろう。（中略）そして、これらの真実在が存在するということと、われわれの魂がわれわれの生まれるまえにも存在したということとは、同じ必然性をもっていて、前者が否定されれば後者も否定されるのではないか。》

この記述から察せられるのは、「イデア＝真実在」という超経験的な観念が、一種のあらまほしき

「理念」あるいは「ゾレン」であって、ソクラテスみずからもこの世の人間のひとりであるかぎり、どれほど純粋な思惟のうちに沈潜したとしても、それの存在を明瞭にはたしかめられ得ないことを認めているということだ。つまりそれはひとつの**理念（作業仮設）にすぎない**のである。

　問題とすべきは、ではなぜソクラテス（プラトン）がこうした理念（作業仮設）を立てたのか、その動機は何かということなのだが、それは簡単にいえば、魂は不死なのだから、生きているうちに魂をよく世話することを怠ってはいけないという、すぐれて倫理的な動機なのである。しかしこれについては、のちにもっと詳しく論じる機会があろう。

　とまれ、ソクラテス自身も自己暴露しているように、「魂の不死」説と「イデア」説とは、互いが互いを支える形になっていて、いっぽうが崩れれば、他方も根拠を失うのである。したがって、想起説を媒介としたこの「証明」も、論理的には証明ではないことになる。

　なお、想起説そのものについてであるが、経験を超えた世界の存在を信じることができれば、想起説はたしかに魅力的なものとなる。しかし超経験的世界を想定しなければ、知識の獲得・発見は根拠づけられないだろうか。

　この想起説を人々に納得させる方法として、ソクラテスが年端のいかない子どもに、ある正方形の2倍の面積を持った正方形を書き示すにはどうしたらよいかという問題を出し、その子がちょっとしたヒントで見事に解いてみせたというエピソードが有名である（答は、初めの正方形の対角線を一辺とする正方形を書けばよい）。

しかし、この例でも言えることだが、その子のなかで未知から発見に至る過程で確認できるのは、人間の知識世界では、言語や図形という物質的なもの（記号）の連鎖によって伝達がなされており、その連鎖を構成している基本要素をその子がすでに経験によって学習し終えているという前提である。それまで持っていなかった知識が根づくのは、人間の経験世界の中で用いられている言語その他の力を彼が徐々に習得し、そのことによって、人間世界で真理とされていることに同化しうる能力が芽生えるからである。基礎的な記号理解がなければ「発見」はありえない。「神的なひらめき」など本当はないのである。つまりここで起きていることは、言語の獲得と生活経験の累積との照合可能な対応関係の成立である。したがって、想起説を持ち出さなくても、経験論的に知識の獲得は説明可能である。

つぎに〔証明3〕では、肉体が諸部分の合成であるのに対して、魂は単一であり、肉体に比べて、変化せず、自己同一的で、不可視であることをもって、魂が不死であることの根拠としていた。

しかしここでのソクラテスの説明の仕方は論理としてまったくあいまいである。魂は、単一で、変化せず、自己同一的で、不可視であるものに「似ている」から、不死であるというのである。ここでひそかに思い浮かべられている、単一で、変化せず、自己同一的で、不可視であるなどの特性は、いうまでもなく神のそれである。しかし神が不死であるからといって、神的なものに似ている魂もまた不死であるなどという論理は通らない。要するにこれは出来損ないの三段論法なのである。いわく、大前提：神は不死である。小前提：ところが魂は神に似ている。結論：よって魂は不死である……。

加えて、魂が神に似ているという指摘も疑わしい。なぜなら、人間の魂の中には、少しも神的でない、悪い魂、欠けたところだらけの魂（欲望に目がくらんだ魂）などが存在することを、ソクラテス（プラトン）自身がいたるところで認めているからである。認めているからこそ、プラトンは、魂への配慮という戒律を何よりも重視したのであった。

最後に、〔証明4〕では、数のあり方からの比喩的転用が用いられている。

このやり方は一種の集合論的な証明方法が採られていると考えるとわかりやすい。3は奇数集合の中のひとつの要素であるが、3と2とは別に反対ではないのに、2が偶数集合の中に含まれるという理由によって、3は2をけっして寄せ付けない（同族としない）結果になる。これと同じように、魂は、仮に生命そのものではないにしても、生命をもたらすものの集合に含まれる。ところが生命をもたらすものの集合とけっして相容れない集合は、「死」的な集合である。二つの集合は交わりをもたないので、はじめの集合の要素（または部分集合）である魂も、けっして死を寄せ付けないというのである。

これも、証明1と同じ、論点先取の誤謬に陥っている。あるいは同義反復といってもいい。ソクラテスの頭のなかでは、「生命をもたらすもの」という概念と「魂」という概念とがはじめから結びついているので、魂が死を寄せ付けないのは自明のことなのである。しかも、この場合、「生命をもたらすもの」という概念のうちには、「常に」「いつも」「必ず」「永遠に」というニュアンスが込められている。しかし、魂が常に永遠に生命をもたらすものであるかどうかこそが、まさにここで証明しなくてはならないことであった。

## ◉プラトンの情熱の所在

以上で、「魂の不死・不滅」に関するソクラテスの「証明」は、すべて証明の体をなしていないことが明らかになったと思う。

だが私は、ソクラテスの証明が不備で幼稚であると指摘することで、プラトンの思想的モチーフそのものを殺ぐことになったのであろうか。けっしてそうではない。

むしろ私は、『パイドン』を著したプラトンが、ここまで無理な苦心を重ねて若者たちを折伏《しゃくぶく》しようとしたところに、彼の悪魔的・詐欺的な情熱のおそろしさを感じるのである。その情熱の直接的な動機は次のようなところに認められよう。

① 魂の不死・不滅を信じさせること

② 思惟によってしかとらえられない「真実在」「ものそのもの」「イデア」の存在を信じさせること

③ ①と②とは、必然的な連関をもち、いっぽうが叶わないなら、他方も崩れることを認めさせること

そしてすでに繰り返し述べたように、これらの動機は、あきらかに倫理的なものである。『パイドン』におけるプラトンは、「知への愛」(哲学)を人間の営みのうちで最も優れたものとし、そのほかの現世的な営み(生理的欲望、資産を増やす欲望、名誉を得たいとする欲望などを達成しようとすること)の

価値をほとんど認めていない。この浮世離れした「哲学」なるものに、魂がこの世で魂であることの一切の価値を集中させるラディカリズムは、「物事を正しく認識し、真理を徹底的に求める」という常人にはけっして叶わぬ狭い通路を指し示しながら、それ（真理の追究）なくしては人間の道徳（善）は成り立たないという、固い信念を表現している。つまり、**真理の追究を旨とする「哲学」という名目は、ここでは道徳的な「善」（＝正しさ）の実現という目的のために利用されているの**である。

あの時代に「哲学」を追究することだけが、道徳的な「善」への唯一の道であるという信念を貫くこと、「善」の実現のためにほかのことは全部捨てて「知識への愛」だけに集中せよと説くことには、ある意味で歴史的・社会的な必然があったかもしれない。

しかし現実にそれをなすためには、妻子への愛、私的生活への物質的・精神的な配慮、社会的役割を果たすこと、などをすべて捨ててかからなくてはならない。ちょうどあのナザレのイエスが、集会場に身内の者がやってきたことをだれかによって知らされたとき、「私の家族とはだれか。ここに集まっている者たちこそ私の家族である」と喝破して、血縁的な絆の意義を否定し、自分の思想の共鳴者だけをメンバーとして認めたように。

第四章

# イデアという倒錯

## 1. イデアとは何か

### ◉それまでの哲学の視線変更

共同態的な関係を否定することによって思想を屹立させること、これは、原理的な思想のもつ一種の宿痾《しゅくあ》のようなものだ。むろん、ある程度裕福な当時の自由市民の一部には、浮き世の雑事に関心を払わずに、知への愛にひたすらかまけることが可能であったろう。だが、問題はそういうことが可能であるか不可能であるかではない。イデアの原理を用いて道徳的な「善」の原理を基礎づけようとすること、その純粋性自体が、巨大な思想的倒錯であり、現実的な価値を転倒させるたくらみなのだ。

ところで、先に記しておいたように、ソクラテスは若いころ、自然研究に熱中したが、その方法に満足できず、アナクサゴラスの「万物の原因は知性である」という説に触れたという。しかしこれにも失望を感じた彼は、事物の真相を知るための自己流の考え方を編み出した。それは美そのもの、善そのものなどのイデアが確実に存在するという前提から、物事がかくある根拠や原因を説明するという方法である。

この部分は『パイドン』の中でたいへん重要な意味をもつので、これについて考察を進めるために、長い引用になるが、直接抜き書きしてみよう。

《ところで、いつか、ある人が、アナクサゴラスの書物——ということだったが、その中から、万物を秩序づけ万物の原因となるものは知性（ヌウス）であるという言葉を読んでくれるのを聞いて、ぼくはこの「原因」に共鳴した。知性を万物の原因であるとするのは、ある意味では、結構なことだと思えたからだ。

そして、もしそうなら、この秩序を与える知性は、それが最善であるような仕方で万物を秩序づけ、個々の事物を位置づけるであろうと考えた。それゆえ、個々のものについて、それがどのようにして生じ、滅び、存在するかの原因を発見したいと望むなら、その事物がどのような仕方で存在し、あるいはどのような仕方で何らかの働きを受けたり与えたりするのが、そのものについて最善であるかを、発見しなければならない。

この考えによると、人間自身についても、また、そのほかの何についても、何が最善であり何が最上であるかということ以外には、人間にとって探求するに値するものは何一つないことになる。そして、それを探求する同じ人は、また必ずや、何が悪であるかをも知るはずだ。善と悪についての知識は、同一の知識なのだから。こう考えてぼくは、事物の原因についてぼくの望むよ

うな仕方で教えてくれる人をアナクサゴラスに見出したと思って、喜んだわけだ。》

《大いなる希望の重みから、ねえ君、ぼくは転落していったのだ。というのはね、読みすすんでゆくにつれて、ぼくが見出した男は知性など全然使ってもいないし、事物を秩序づける原因を知性に帰することもなく、空気とかアイテールとか水とか、そのほかたくさんのくだらないものを原因としていたのだよ。

それはちょうど、こう言ったら、いちばん近い譬えになるだろう。つまり、だれかが、ソクラテスはそのすべての行為を知性によっておこなうと言っておきながら、ぼくの行為の一つ一つの原因を説明する段になると、こんなふうに言うのだ。つまり、ぼくがいまここに坐っている原因については、まず、ぼくの肉体は骨と腱からできていて、骨は硬くて関節によってたがいに分かれ、腱は伸び縮みして肉や皮膚といっしょに骨をつつみ、この皮膚がこれら全部がばらばらにならないようにまとめている、そこで、骨はそのつなぎ目でゆれ動くから、腱を緩めたり縮めたりして、ぼくはいま肢を曲げることができ、そしてこの原因によって、ぼくはここにこうして膝を曲げて坐っているのだと。あるいはまた、君たちとこうして話し合っていることについても、彼は別の同じような原因をあげるだろう。つまり、声とか、空気とか、聴覚とか、その他、無数のそのようなものを原因だとして、真の原因を語ろうとはしないのだ。

真の原因とは、すなわち、アテナイの人たちがぼくに有罪の判決を下すのを善しとし、それゆえぼくのほうもここに坐っているのを善しとし、とどまって彼らの与える罰を受けるのがより正しいと思ったという、このことなのだ。なぜなら、誓って言うが、もしぼくが逃亡するよりも国の命ずる罰にしたがうことのほうがより正しく立派なことだと考えなかったとしたら、思うに、これらの腱や骨は、それこそ最善なりとする考えに動かされ、ずっとまえにメガラかボイオティアあたりに行っていたことだろうからね。

しかし、(中略)ぼくが行為するのは――しかも知性によって行為するのであるのに――そのようなもの(引用者注――腱や骨)のゆえにであって、最善のものを選んでではないというのなら、それはまったくもって、いいかげんな議論と言うべきだろう。真の原因であるものと、それがなければ原因が原因たりえないものとを、区別することができないとはね。多くの人たちが、まるで暗闇を模索するようにして、不当にも原因という名で呼んでいるものは、じつは、このようなものではないかとぼくには思われる。》

万物が一定の秩序のもとにかくある原因は「知性」であると言うときのアナクサゴラスの「知性」とは、おそらく神々のそれを指すのであろう。自然の法則が整然と成り立つ様は、神々がそれを司っているからだ、という以外に、説明のしようがない。これは現在のように自然科学が発達した時代でも同じことで、自然科学は物質の運動や反応について、その法則的な整合性そのものを記号としての言語を用いて驚くほど精緻にすくい取ってはいるが、「なぜそうあるのが善いことなのか」については沈黙している。

たとえば、万有引力の法則が「なぜ」成り立つのかはわからないし、ある速度をもつ物体のエネルギーは速度の二乗に比例するという法則が成り立つことが「なぜ」善いことなのかについて説明しようとする科学者はいない。ＤＮＡが螺旋状配列をしていることが「なぜ」善いことなのかもわからない。

ソクラテスは、ここで、アナクサゴラスに無理な要求を突きつけているというべきである。アナクサゴラスは、自然界や生命界におけるさまざまな現象の機序や過程を記述しただけなのであろう。そしておそらくそれらをそうあらしめているのは、神的な「知性」であると考えたにすぎない。神的な「知性」をもたなくとも、物質の運動や反応の因果関係は人間でも追認できるから、そこに一定の法則性を見出すところまでは可能であり、しかもその法則を利用することで、人間は自然を加工して生活に役立たせることができる。

つまり自然科学は、さまざまな物理化学的な現象に見られる法則性を記述することを通して、物質を操作する技術に結びつくので、有用性という意味では大いにその価値を発揮する。ソクラテスの座っているベッドは、人間が寝たり座ったりするのに都合よくできているであろうし、ソクラテスの身体の構造もまた、ベッドに座りやすくできているであろう。

ただ、ここでソクラテスがアナクサゴラスを批判しているように、「原因」という概念を「なぜそうあること、そうすることが『善い』ことなのかを説明してくれるもの」というように規定するならば、アナクサゴラスの説明（現代でいうなら、自然科学的な原因規定の記述）は、たしかに「真の原因」とは言えないことになる。骨や腱や筋肉の、また一般的に身体の合目的的なしくみの解明は、人間の意志や行為が思い通りに運ぶことにとっての単なる契機であり、それらを支えるハードシステムにすぎない。

ところで、ソクラテスは、真の原因とは、なぜ物事がかくかくのあり方をしていることが「善い」ことであるのかを解明するものでなくてはならないという考え方に固執している。万物の根源は何かという問いから始まったソクラテス以前の哲学では、自分たちが存在しているこの世界全体のメカニズムを解明するところに主力が注がれていた。ところがソクラテスは、そういうことを問題にするのは、真の哲学ではなく、方向性を誤っていると考える。そして彼は、事物を秩序づける原因を、空気やアイテールや水などの「くだらないもの」に求めるのは、ほんとうの原因探しではないとして、一蹴している。

いったいここでは何が行われているのだろうか。

ソクラテスは、初めのうちは、万物がかくあることの原因が何であるかという問いに哲学の方向を見出すことにそれなりの敬意を払っている。しかし、ソクラテス自身がここに座っていることがなぜ「よい」ことなのかというたとえ話を持ち出す段になると、もはや、そういう問いは、ほとんどソクラテスの関心の埒外《らちがい》に追いやられるのである。なぜならば、万物がこのようにあることがなぜ「善」であるのかという問いと、「私」がここに座って死刑を待ち受けていることがなぜ「よい」ことであるのかという問いとの間には、千里の径庭《けいてい》があるからである。前者において問題とされているのは、神々の創造の秩序（自然法則）の意義を求める問いにかかわることがらであり、これに対して、後者において問題とされているのは、人間が作った秩序が、まさに人間同士の生きる社会において適切であるか否かという問いなのである。言い換えると、この、後者の問いは、神々の創造の秘密とは離れて、ほとんど純粋に、人間に自己責任を課さなくてはならない領域の問題、すなわち、倫理的な問題に転化しているのである。

つまりこのくだりで行われていることは、「哲学」が目指すべき対象と課題についての、**まことに大胆な「視線変更」**なのである。プラトンは、哲学が目指すべき対象はわれわれ人間自身であり、その究極の課題は、**人間は自らの魂にいかなる配慮を施せば道徳的な意味で「善く（正しく）生きる」ことができるか**という、すぐれて倫理学的なテーマに終始すると言っているのである。

### ◉魂の不死やイデアは「善」にとって必要か

ここで少し私自身の感想をさしはさんでおきたい。

まず、哲学を、認識論から倫理学へ「視線変更」させたこの手つきは、いかにも鮮やかであるということを認めなくてはならない。そして私は、人間自身を思索の対象とするこの基本的な態度を、大いに多とする。

だが、同時に二つのことを言っておかなくてはならない。

ひとつは、「よい」（「いい」）という言葉を、道徳的な意味での「善い」に限定することで、『パイドン』におけるプラトンは、道徳的な「よい」とその他の「よい」との関係を配慮しつつ道徳論を展開するだけの広い視野を失っている。そのラディカルな道徳主義のために、人間の快楽や幸福と道徳とがどうかかわりどんな矛盾をはらむかという包括的な問題意識がここでは抹消されてしまっているのである。簡単に言えば、地上的な快楽や幸福の価値は、端的に貶められ、否定されている。

ちなみにすでに触れたように、『ゴルギアス』では、登場人物に、ソクラテスの好敵手・カリクレスが配されており、彼との議論を通してこの問題が論じられているが、それはニーチェを論ずるときに取り上げることにする。

もう一つは、既述の通りプラトンは、魂の不死・不滅の原理とイデア世界の厳たる存在とを、互いに支え合う車の両輪として、そこからのみ道徳の根拠を導き出そうとしているため、どちらかいっぽうでも信じられないものにとっては、道徳の原理を見出せないことになる。

「善」のイデアは、プラトンにとって最高のイデア、イデアのイデアであったが、現世での事物は、すべてイデアの影にほかならない。したがってプラトンに従うなら、日常励行されている何気ない「善」の営みがなされるにあたっても、魂の不死・不滅の原理とイデア世界の存在の原理とがはたらいている理屈になる。だが果たしてそうであろうか。この両原理がなければ、個別の「善」は行われ得ないであろうか。

そんなことはないのである。

先に述べたように、「善」とは、共同社会の関係がうまく回っている状態それ自体のことである。この見方からすれば、道徳を道徳たらしめている原理は、私たち一人ひとりがその本質を分かちもつところの、生きた共同性そのもののあり方の中に求められるのであって、魂の不滅やイデアなどの超越的・超経験的な原理を持ち出す必要はない。ではその道徳を道徳たらしめている原理は何なのかという点については、これまで折に触れて少しずつ示してはきたが、それについては、後にもっと明確に展開するつもりである。プラトン思想との関連で少しだけほのめかしておくと、その原理は、**じつは、「魂の不死とイデアの存在確実性」という原理とは、まったく反対の場所から闡明《せんめい》されるのである。**

## ◉イデアとは言葉の単なる抽象作用

ここではさしあたり、プラトンが「イデア」という観念にかくも固執した理由を、『パイドン』にあらわされたかぎりでの彼の思考様式、言い換えると、言葉の使い方という面から解き明かしてみよう。

こんな箇所がある。

《ただぼくの断言するのは、すべての美しいものは美によって美しいということだ。(中略)で、これにつかまってさえいれば、ぼくはけっして倒れる心配はないし、ぼく自身に対しても、他のだれに対しても、美によってもろもろの美しいものは美しいと答えておけば間違いなしと思うのだ。》

《では、どうだろうか、1に1が加えられるとき、この加えるということが2の生じた原因であるとか、あるいは1が分けられるとき、この分割が原因であるとかいうのも、君は躊躇しないだろうか。

君は声を大にして、こう叫ぶだろうね。個々のものが生じるのは、個々のものがそれを分かちもっている固有の本質にあずかることによってであって、それ以外の仕方を自分は知らないと。いまの例で言えば、2になることの原因は2にあずかること以外にはなく、2になろうとするものは2にあずからねばならないし、1になろうとするものは1にあずからねばならないと。》

プラトンの著作には、これ式の言い方が随所に出て来るが、要するにこれらはすべて、先に示した「ある物事の真の原因は、その当の物事のイデアである」という命題を、身近な例で説得しようとするヴァージョンなのである。

美しいものの真の原因がただ「美のイデア」にしか求められないのと同じように、1であること、2であることの真の原因は、それぞれ「1のイデア」「2のイデア」であるとしか考えられない、とプラトンは言うのである。

こういう弁論の例を聞かされると、当時のアテナイでいかにソフィスト的な屁理屈の応酬がにぎやかに行われていたかが彷彿としてくる。そしてそれらの屁理屈（プラトン自身の論理も含めて）が、まったく常識的な理解とかけ離れたものであったかも。

プラトンは、たぶん、当時はやっていた言論が、言語がもつことのできる一定の抽象性を利用して、どんな逆説でも真実であるかのように思わせてしまうその乱脈ぶりにうんざりしていたのである。ここでは、「原因（アルケー）」という抽象名詞がキーポイントになっている。たとえば、1に1が加えられるとき2になることの原因は、「加える」という操作だが、一つのものを二つに分割しても2が生ずる。すると、どちらの操作によっても同じ2が生ずるのに、いっぽうは「付加」が、他方は「分割」が原因であるとするのは、おかしいではないかといった疑問が呈される。

アルカイックな文明の時代におけるこれらのロゴスの混乱の理由は、**言語の使い方の未整理な状況**に帰せられる。その未整理な状況とは、ある言語がある文脈の中で用いられたとき、それがどの程度の具体性、抽象性のレベルで用いられているのかということに対する共通理解がないままに、反論に反論が重ねられていってしまうということである。

1に1が加えられるとき2になり、1を分割するときも2になるのは、どういう原因によるのかといった問い方は無意味である。数の計算規則は、もともと具体的なもの（芋でもリンゴでもよい）の数量が増えたり減ったりするという生活経験上の事実にもとづいて立てられているから、1や2などのようにそれぞれの数につけられた名前は、互いに他との関係によってその大きさが定まるように決められている。

一つの芋にもう一つの芋が近づいて、見たところ芋の数量が倍になったととらえられるが、合体して一つになったわけではないので、この変化の結果に対して2という数記号が割り振られたのである。芋を切って分割したときも、二つになったととらえられるが、倍量にはならずかえってそれぞれは半分になってしまう。つまり二つになったうちの一つは、量としては減少している。この、量にかかわる変化の現象を外において、付加の場合も分割の場合も同じように2があらわれるのはなぜかなどと問うのはバカげている。

なぜこのようなバカげた議論がまかり通ったのだろうか。

それは、数の概念がうち立てられて、それぞれの数をめぐる相互関係についての認識が発達したため、**数の世界が、生活の現実とは自立的に成り立つ独自の世界であるというとらえ方が一般化した**からである。

数（という言語）はもともと個々の具体物の特性を純粋に捨象したところに成り立つ。一般に言語はこの捨象によって成り立つのだが、数の場合は、その捨象が徹底していて、ふつうの言語が温存している具体物への指示作用までも捨てているのである。たとえば、あれも芋、これも芋ととらえているうちは、「芋」という普通名詞は、個々の芋を指示するというかたちで、個物との連関を失っていない。だが数ある芋が同じ芋であるとしてとらえる言葉の抽象力を自明の前提とした上で、その同じ芋の数を一、二、三と数える段になると、すでにその言語意識にとっては、数えられている対象が何であり、どんな状態にあるか（小さいとか大きいとか、形が多様であるとか）はどうでもよいこととして捨象されるのである。

教室に集まった生徒の数を数えるようなときは、個々の生徒の具体性に着目していては目的が果たせないから、この捨象は不可欠である。しかし一般に、有理数の世界くらいまでは、そうした捨象が必要であると考えられるかぎりで、生活における有用性との結びつきからそれほど乖離せずに、両者

（具体物と数）の関連を比較的簡単に実感できる。

ところが数記号の世界は、いったんこの抽象化がなされると、人間の理性能力にしたがって、こうした生活の具体性への着目からどんどん離れていく運命にある。この言語としての抽象力の発展が進めば進むほど、数は生活とはかかわりのない自立した世界であるという仮象をまとうことになる。

この仮象の成立によって、数学は哲学と折り合いがよくなり、数がもともともっている純粋な抽象性という特性をよいことに、数を利用した哲学的詭弁の余地が開けてくるわけである。生活的な実感からすれば、一つのものにもう一つが加わるときの2の発生と、一つのものを二つに分割するときの2の発生とは同じであるわけがない。にもかかわらず、数というものの純粋抽象の力に便乗して、「どちらも同じ2であるのに、それが生じた原因がちがうのはなぜか」などという愚かな哲学的問いが出てきてしまうのである。つまり、2という数が同じ一つの「**実体**」であるという思い違いをしてしまうのである。

さてプラトンは、これらの詭弁の横行に対して、美しいものや2などには、美のイデア、2のイデアというように、みなそれぞれのイデアがあり、それこそが、美しいもの、大きいもの、2としてあらわれているものの「真の原因」だと単純に考えておけばよいのだという論理で対抗した。しかしこの考え方は先のような哲学的詭弁が陥っている弊害を免れることができるだろうか。

なるほど、美そのもの、2そのものというような真実在が現実界の彼岸に存在して、それらによって、現実界における美しいものは（不完全に）美しく見える、などの考えを対置させれば、先ほどのような混乱した詭弁を避けることはできるかもしれない。だが、同時にこのイデア先行論によって何が行われることになるかといえば、言語のもつ特性、すなわち抽象的な概念も実体であるかのように信じさせる特性を、かえって極限まで利用するということが行われてしまうのである。

この実体化の頂点において、まさにイデアという記号表象があらわれる。もちろんそれは、ことの性格上、感覚でとらえられる個物的な実体から最も遠い距離にあるので、不可視であり、可感的世界の外側にある。もともと思惟（言語的な思考）によって構成された「アイデア」が、思惟（言語的な思考）によってしかその存在をたしかめられないのは当然である。

要するに、プラトンが「イデア」という観念を用いてこの世界を秩序づけようとする試みにおいて行ったことは、言語哲学的な面からいえば、**多様な実在に触れた人間の思惟作用（言語作用）が、もろもろの実在をその類似性のもとに抽象し、しかるのち出来上がった抽象概念を実体として固定化したということにほかならない。**

当時の哲学の水準からして、無理もないことではあるが、「イデア」の絶対的な存在を人々に信じさせようとしたプラトンには、この抽象化と実体的固定化のプロセスが、じつは言語作用（思惟作用）のもつ宿命的な進行の力にもっぱら依存していたにすぎないという自覚がなかった。なぜなら彼は、私たちが普通に実体と考えるもので満たされている現象界よりも、言語の体系性によって現出する世界のほうをはるかに深く信じていたからである。ただそれが美しい秩序（善）によって構成されているように見えるという理由のみによって。

だからこそ彼は、純粋思惟によってしかたしかめられないもののほうが、感覚によってたしかめられるものよりも、その存在の確実性において優位に立つという転倒を行うことができたのである。

ところで、幸か不幸か、私たちは、本来具体的・個別的な世界場面でのそのつどの形容として使われていたはずの「美しい」とか「善い」とか「大きい」とかいった感動や驚きの表現をさらに抽象化して、「美」とか「善」とか「大」とかいった名詞的概念に練り上げ（固定化し）、それらが、それらの特性を発散させる具体的・個別的な「もの」とは独立に存在するかのような言語世界を作り出してしまった。

小林秀雄は、「美しい『花』がある。『花』の美しさという様なものはない」（「当麻」）と言って、個々の実在と心との素朴な交流を通してのみ実現される情緒性だけを信じ、イデア的な「美」「善」「大」などの存在確実性に抵抗してみせた。しかし残念ながら、言語（概念）として成立してしまった観念は、その観念の内包を逸脱しないかぎりで存在すると考えるほかはないのである。それらは、それらにふさわしいかたちで私たちの言語生活のなかで現に使われるのであるから。たとえば「芸術家は永遠に『美』を追究し続ける」というように。（この点については、拙著『日本語は哲学する言語である』徳間書店　第三章、四章を参照。）

しかし、プラトンのイデア主義は、人類社会の間で抽象概念・抽象言語が不可避的に成熟していったこの成り行きに徹底的に便乗して、そこに思惟によってのみ把握できる世界という空中楼閣を築いた。そしてそれは同時に、**感性的世界の価値のひそかな扼殺《やくさつ》**を意味した。繰り返すが、その動機は、最高のイデアは善のイデアであるというテーゼから理解されるように、すぐれて倫理的なものだったのである。そしてこの倫理的な動機の根底には、当時危うくなりつつあったポリス共同体（国家）を何とか建て直したいという、もう一つの生々《なまなま》しい政治哲学的な動機が存在していたのである。

## 2. 理想国家への野心

### ◉観念論の創始による世界の再編成

さて、「イデア」とは何か。

哲学者や哲学研究者は、プラトンの編み出したこの言葉の「真意」を、テキストのなかでこの言葉が使われている幾多の事例から帰納的に推定しようとするかもしれない。そして、確からしい推定が成り立った時点で、プラトンがあらかじめ考えていたイデア思想の体系を、その一見するところまとっている神秘的なイメージから引き剝がし、透明なかたちで素描することに成功したと信じるかもしれない。

しかし、私たちは、彼の著作『パイドン』からすでに引用した部分を、もう一度ここに再現してみよう。けだしじつを言えば、この何気ない表現の中に「イデア」の何たるかが明瞭に表現されているのである。そこで、それをたよりに、プラトンが「イデア」という言葉を持ちまわることで、何を

「考えて」いたかではなく、何を「しよう」としていたかを見破ることにしよう。じつはこのことこそが重要なのである。

《君は声を大にして、こう叫ぶだろうね。個々のものが生じるのは、個々のものがそれを分かちもっている固有の本質にあずかることによってであって、それ以外の仕方を自分は知らないと。いまの例で言えば、2になることの原因は2〔のイデア〕にあずかること以外にはなく、2になろうとするものは2〔のイデア〕にあずからねばならないし、1になろうとするものは1〔のイデア〕にあずからねばならないと。》（〔〕内は引用者の補足）

たとえばここに一本のボールペンがあるとする。このボールペンをこのようなボールペンたらしめている「原因」は何かと誰かに聞かれたならば、その複雑な製造工程や発明の歴史などを苦労して語ろうなどとはせずに、あなたは、それはボールペンの「イデア」だと答えればよい。プラトンは要するにそう言っているだけである。つまり「イデア」とは、ある物事をその当の物事たらしめているもののことで、いまなら、ある物事の「本質」あるいは「概念」と言い換えるべきところだろう。ところで、たったこれだけの言語行為、単に「原因」を「イデア」へと言い換えた言語行為、あるいは既成の言葉による定義の煩雑を嫌って言い逃れたにすぎないとしか思われない言語行為が、なぜ以後二千数百年にわたってヨーロッパ哲学界の基本的な思考様式を強く、しかも大いなる倒錯的思考様式として規定するに至ったのか。

個別のある事物には、何であれ、必ずその事物が分有する（あずかる）ところの本体である「何か」

があって、それあるがゆえに、それぞれの事物は存在を許されているのである。その「何か」はいまだ名づけられていないが、仮に「イデア」と言っておくことにしよう——このプラトンの言語哲学的プランは、からくりとしては、実に単純である。現実の事物の多様を分類した上で、それぞれの事物を表わす言葉の抽象力を損なわないようにしつつ、そのことによって当の可感的事物よりも、それに対して与えられた言葉（名辞）のほうに存在のふるさとを与えようという提案なのである。つまりは、「存在」の比重を、名づけられたものから名前そのものに移し変えるのである。

言い換えると、事物にはすべてそれ固有の「イデア」があると宣言することは、**真に存在するものはもろもろの可感的事物ではなく、それらに与えた言語（概念）なのだ**と言い切っているに等しいのである。

可感的事物は、真なる存在の影に過ぎず、感覚で捉えることのできない「イデア」、思考によってしか語ることのできない「イデア」こそが真の実在である。それは形も色も大きさも持たず、運動したり静止したりもしない。なぜならそれは、人間の**命名行為**という純粋に思考の産物であって、この命名行為の総体がイデア界を作り上げるからだ。

プラトンはしかし、いくらなんでも「イデア」を単なる命名行為とは考えなかったろう。そのように舞台裏を明かしてしまうことは、「イデア」という言葉によって積み上げてきた理想主義精神をみずから掘り崩すことだ。彼はむしろ、そのように名づけられるひとつの純粋で完璧な「世界」が厳然と存在し、もろもろの可感的事物はそこから魂を吹き込まれることによって初めて存在に与ることができるのだと固く信じていた。あるいは固く信じているかのようにこの言葉を用いた。

しかし、よくよく考えれば、このイデア説を流布させることは、まさに先に指摘した言語行為、つまり自己自身を含めた世界像をそのつど再編する営みなのであって、すべての人々がこの営みに説得され、この流布が完全な成功を収めたあかつきには、「それは存在する」と高らかに唱えてかまわないのである。逆に言い換えるなら、ある言語による世界像の再編がうまくいっていないと普遍的に感じられる場合には、その言語は、物事の本質を形成する資格を持たないことになるのである。

こうしてプラトンはひとつの観念論を創始したのであり、そうと自覚せずに、この「**名前のみが存在の名に値する」という観念論によって、世界像の大きな創造的再編成をおこなった**のである。その再編成の試みにはまた、**より抽象的なレベル、思考によってしか捉えられないレベルにある概念ほど価値が高いという考え方が引き剥がしがたく結びついていた**。

だが私たちは、言葉というもののたいへん厄介な特性を知っている。

すでに述べたように、それは個別的事物群をひとまとめに抽象化し、またある事物への形容や修飾を名詞的に固定化することができる。

絢爛と咲き誇る桜や満天の星空や優美な稜線を描く山、水平線上に沈み行く太陽や若く生命力にあふれた女性の容姿等々を、それぞれに「美しい」と感じる経験を積み重ねた後、それらの情緒的経験のうちに**ある共通の感得様式**を見出し、それを「美」という名で呼ぶ。この概念の固定化・客体化がいったんなされると、それはそれ自体で存在しているかのような幻想に私たち自身を誘い込む。

言語のこの自己幻惑的な特性は、さらに進んで、もろもろの「美しい」事物よりも、純粋性において優る「美」という概念そのもののほうが、存在的にも先立つのだという錯覚を呼び起こすのである。「美しい『花』がある。『花』の美しさという様なものはない」にもかかわらず。

この錯覚は、繰り返すが、言葉というスタイルによって思考する私たちにとって、ほとんど逃れることのできない必然性を持っている。しかし、必然性を持ってはいても、それが錯覚であることには変わりがない。「神」が宇宙万物の「原因」なのではなく、はじめにあったものは、私たち人間の力や日常的状態をはるかに超えていると感じさせるもろもろの事象であり、それらの事象に対する私たち自身の驚きと畏敬の感情、すなわち「神的な体験」なのである。「神的な体験」が普遍的であればあるほど、「神」は存在し、しかももろもろの事物に先立って存在すると感じられるようになる。だが本当は、**「神的な体験がある。『神』そのものという様なものはない」**のである。

「イデア」も同じである。まず多様な感動体験のうちにそれぞれ相異なる共通の感得が見出される。次にそれらをそれぞれ異なる言葉としてまとめる。「美しい」、「ほんとうだ」、「善い」などというように。さらに、美のイデア、真のイデア、善のイデアなどの実在が確信される。こうして最後に、諸々の「イデア」は個々の体験に先立って存在し、しかもその値打ちは、個々の体験よりもはるかに高いということにされてしまう。なんとなればイデアは感覚によっては捉えられず、思考のみによってその存在が確認されるからである――この「信」を支えているのは、言語というものがもともとその特性として持っている抽象力、虚構力、固定化力、客体化力以外の何ものでもないにもかかわらず。

ゆえに、私たちにとっては、言語の厄介な特性あるいは本質的な制約と映るものが、プラトンの世界再編の野心にとっては、格好の思想構築力であった。このじつに単純な、とはいえまことに大いなる錯誤こそが、「イデア」思想の倒錯の核心をなしているのである。

私はプラトンのイデア論を、言語動物にとって避けることのできない「倒錯」を巧みに利用した思想史上最大の詐術であると考えるが、まさにそうであることによって、この思想は二千年以上の力を及ぼしたのだった。

しかし、よくよく考えると、「善のイデア」という考え方には、仮にその存在を最高のものとして認めるとしても、いまひとつよくわからないところがある。というのは、このアイデアは、ことを倫理学的な視点で切り取ってみると、最高度に抽象的な「善きもの」があるといっているだけだから、かえってそのことで、人間の言動のうち何を善と呼び、何を悪と呼ぶのかという識別の原理が導き出せないのである。思い切りわかりやすいたとえで言えば、「おいしい食事」といっただけでは、どんなものをどんなふうに「おいしい」とみなしているのかわからないのと同様である。

もとより、先に述べたように、個別の意志や行為をそれだけとして取り出して、何々は善、何々は悪というように絶対的な規定をほどこすことはできない。しかし、悪について私が先に説いた「人が自分の存在の根拠としての共同性に反する意志や行為を示すこと」という規定、あるいは和辻の説いた「全体性からの離反としての個への停滞」という規定を善悪の絶対的な識別基準とすれば、単なる相対主義に陥らないために必要な抽象水準を保つことができる。しかも、個人の心中において、自分の過去や未来における意志や行動が善にかなったものであるかどうかという判定が確実に得られるのである。

### ◉プラトンの国家論の意義

ところでプラトンは、みずからのイデア論を引っさげて、社会的な現実のあるべき姿を模索すべく、『国家』(『ポリティア』)という長大な作品に挑んだ。かの有名な「哲人国家」の理想はここから出てきたものである。この意気込みや、まことに壮とすべきで、私はこの理想自体はそんなに悪くないと思っている。プラトン自身の問題意識は、民主主義の行きつく先としての衆愚政治に対する危機感にこそあった。ソクラテスの時代にすでにその兆候ははっきりと現れていた。プラトンは『ゴルギアス』のなかで、ソクラテスに、ペリクレス時代の民主制をはっきりと批判させている。プラトンが尊敬してやまなかった師のソクラテス自身が、この民主政治の衆愚性によって犠牲になるありさまを、若きプラトンは、この目でじかに見たのである。また、彼(プラトンは貴族出身である)の親族が参画した三十人政権も失敗に帰し、当時のアテナイは政治的混乱のさなかにあった。ソクラテスの活動した時代は、民主主義体制が曲がりなりにも生きており、彼はその中で哲学問答、倫理問答に生涯を費やすことができたのだが、40年を隔てて活躍したプラトンの時代は、ポリスの再建というテーマが心ある人々にとって差し迫った課題だった。

ソクラテスの時代と異なり、プラトンが哲学の世界でイデア論を構築したその基本動機のなかには、ポリス全体の運命をいかにしてより良い方向に導くかという社会哲学的な問題がはじめから含まれていた。私はこれまで論じてきたとおり、個人的には、彼のイデア論を哲学的・原理的な人間認識としてみるかぎりにおいて許しがたい倒錯だと考えているが、その国家論への応用という点では、政治哲学というもう少し別の観点からの評価が必要だろうと思う。

彼の「哲人国家」思想は、言ってみれば、衆愚政治の弊害を脱するためには「精神のアリストクラート」が政治の代表者になるほかはないという思想であり、『論語』における「君子」の概念などと共通している。時代背景もよく似ており、その哲学的な問題意識が国家論に結びつく必然性を考慮すれば、彼の政治哲学としての国家論の基本図式は、当時における理念型の提示としては、かなり妥当なものと考えられる。

とはいえ、プラトンの国家論こそは全体主義の濫觴《らんしょう》であるというような、カール・ポパー（『開かれた社会とその敵』未来社）に代表される批判にも共感できる部分が皆無ではない。たとえば、守護階級の徹底的な育成のために男も女も区別なく素っ裸で体育術を学ばせるべきだというような、後のロシア・マルクス主義における全体主義的教育論やラディカル・フェミニズムの「ジェンダー・フリー」を連想させる記述、国家統治を完成させるために家族の解体を要請しているかに見える記述、統治者と守護階級とその他おおぜい（経済的階級）を、理性、勇気、欲望という人間の心の三特性になぞらえ、国家体制をそのような三層構造によって強固に打ち固めるべきだといった、過剰な設計主義的性格など。

『国家』にじっさいに見られるこれらの特性が、20世紀前半のヨーロッパにおいて激しい議論の対象になったことは、佐々木毅氏の『プラトンの呪縛』（講談社学術文庫）に詳しい。この時期には、自由主義体制、社会主義体制、ナチスによる国家社会主義体制など、大衆社会にふさわしいイデオロギーがいっせいに出そろい、それらが帝国主義戦争の現実に揉まれる中で、思想的にもしのぎを削った。したがって、二千年以上前のプラトンの国家思想がはるかに呼び出されて、それと現代政治思想との関連が熱を帯びて論じられるのも当然であったろう。

しかし竹田青嗣氏が『プラトン入門』（ちくま新書）でつとに指摘しているように、近代民主主義（開かれた自由な社会）の時代を生きる私たちの観点から事後的にプラトン国家論の全体主義的性格を批判しても、それだけでは、全体主義そのものの起源や問題点や克服課題を的確に剔抉したことにはならない。歴史の教えるところによれば、全体主義は、多くの場合、むしろ民主主義の只中からこそ発生しているからである。

全体主義が生み出されてしまう事情は、単に頭で考えられた理想自体にのみあるのではない。人性がもともと秘めている強さと弱さ、権力とそれに媚びる卑屈さ（権威主義）、単純で愚昧なエモーションに道を譲り渡すことを許す文化的な退廃、欲望の放任による経済格差の拡大と中間層の衰弱、などにその原因が求められる。そしてこれらの傾向は、民主主義が行き過ぎたときに露出しやすい。プラトン自身も、この傾向に対する問題意識を十分に持っていて、そのために統治の理論を構築する必要に駆られたのである。

問題意識は十分だったのだが、彼の国家思想は、「なんでも頭で構想する」過剰な設計主義に貫かれていた。それが、政治のあり方を考えるにあたって、ふつうの人間の人性や、社会状況が持つ規定力のおそろしさに対する視野と感覚とを常に織り込む必要を忘れさせたのである。そのため国家にかかわる彼の理想主義的な精神の型は、後世、何度も人民抑圧や専制政治の道具として利用されてしまうことになった。もちろん、こういう理想主義が利用されやすいその哲学的な原因は、やはり彼のイデア原理にあるということをも見ておかなくてはならない。なお第十章の1で再び取り上げるが、こうしたフィロソフィー的理想主義の裏側にはまた、オイコス（家政。経済を表す「エコノミー」の語源）に対する徹底的な軽蔑あるいは無視が伴っていた。このこと自体は、当時の社会状況からして少しもプラトンの罪ではない。しかし国民生活に大きな影響を及ぼすマクロ・エコノミーに対する人々の関心の希薄さは、現代においてもなお、さまざまな悪政を作り出しているのである。

だがプラトン国家論には、大きな思想的功績もまたある。それは、哲学的思考を社会の考察にまで拡張して、正義とは何か、共同体の幸福とは何かといった社会哲学的な問いの形式を創始したことである。その始原の原理であるイデア論がたとえ倒錯にもとづいていたとしても、そのこととは別に、あるべき共同体のヴィジョンを具体的に構想したところには、哲学する彼の本来的な動機がよく活かされている。哲学を単なる暇人（スコラ）の遊戯とみなしていなかった証拠である。

### ◉現世否定の「真理」主義に抵抗せよ

ともあれ、こうして現世的な欲望、実生活的な関心は、プラトンのイデア論によって、より低いものとして徹底的に貶められた。その方法は、単に思考言語というものの持つ特性を巧妙に利用しただけのことである。その言語特性とは、必然的に抽象化が進められるということと、いったん抽象化されたものは具体物の指示言語と同じ資格で実体化されるということである。

この特性は、私たちが言語を使用して世界を把握しつつ人と交流するかぎり避けがたい。しかし、問題は、そうして得られた、感覚を超えた世界の実在という仮象を、感覚的実在を信じるよりもより価値の高いことなのだと決めつけられるかどうかなのである。

プラトンは、哲学史の初期に、快刀乱麻を断つ勢いでそれをやってのけた。以後、西洋哲学は、この一種の「まじない」にかけられたのである。それが単に言語のもつ運動特性にのっとっただけのことではないのかと気づかれ始めたのは、そんなに古いことではない。それまでは、僧侶や哲学者といった、青ざめた社会不適応者たちがずっと大きな顔をしてきたのである。

私たちは今後、プラトンの打った大博奕に引っかからないようにしなくてはならない。私たちは、現世的なもの、すなわち、オイコノミア（生活維持のための現実的な配慮）、エロス的な躍動、ミューズ的な感動、現実的な共同関係と実存といったものに対する蔑視や無視に対して、あらゆる場面で抵抗しなくてはならない。それは、おそらく、既成の哲学言語に対する破壊行為を不可欠とするだろう。また、その抵抗は、「真理」を確定しようとする情熱によってではなく、たえず流動して止まないこの生と言葉とが織りなす「物語性」にどこまでも付き添う情熱によってなされるだろう。

さしあたり本書のテーマである倫理学に即して言えば、道徳や良心の発生の在り処を、ハイデガーのように孤独な「本来性」などに置くのではなく、あくまでも、人と人とが日常的に交流しあう場所に求めるのでなくてはならない。

第五章

# カントの道徳原理主義

＊この章以降、引用文中で太字となっている部分は、原文（訳文）で傍線が付されている部分です。

## 1．実践理性と道徳

### ◉純粋理性の限界

プラトンのイデア論的な倒錯を、「理性」（キリスト教の神の近代ヴァージョン）というキーワードのもとに、さらに純化された倫理学へと組み上げたのが、『道徳形而上学原論』（公刊時著者六一歳）、『実践理性批判』（同六四歳）におけるカントである。

カントの倫理学をより深く理解するためには、右の二著を、それらに先立つ『純粋理性批判』（同五七歳）からの連続的な流れとしてとらえることが必要である。

『純粋理性批判』（以下、『純粋』と略記）で扱われているテーマは、簡単に言えば、人間が事物を認識する仕方はどのようになっており、その能力はどのような限界を持つかということに尽きる。この著作で彼は、「理性」という言葉を、もっぱら人間が事物を客観的に認識し、もって経験が可能になるための能力という意味で用いており、そこには倫理的・道徳的な意味合いはいっさい込められていない。

人間はまず「感性」によって、現象の多様（混沌）としてあらわれるこの世界を時間と空間という直観の形式を通して受け止め、次にそれを「悟性」によって概念化して把握し、そうして最後に「理性」（狭義の理性、純粋理性）によって、「あるものはかくかくである」という総合的な命題にまとめ上げる。ここでの「理性」は、数学に代表されるような推論の能力とみなせばわかりやすい。

しかし、この能力にはもともと限界があり、その能力を正当なプロセスによって駆使して、たとえば「世界には始まりがあるか、ないか」というような問題を追究しても、どちらの答も可能であるような矛盾に逢着してしまう（純粋理性の二律背反）。またたとえば、「神＝最高存在」が存在することを理性によって証明しようとしても原理的に不可能であり、それはただ純粋理性の「理念」として考えられるだけである。しかしまたそういう理念は理性の使用にとって必要不可欠のものであるともされる。

ここで使われている「理性」という言葉は、以上のような意味合いに限定されているが、これが『実践理性批判』（以下、『実践』と略記）になると、『純粋』で使われていた「理性」という用語は「理論理性」と名づけられて、『実践』において使われる「実践理性」と明白に区別されるようになる。『道徳形而上学原論』（以下、『原論』と略記）では、この区別はまだそれほどはっきりなされていない。

簡単に整理すると、「理論理性」とは、事物が何であるか、どのようにあるかを推論によって認識する能力、「実践理性」とは、人間の行為とそれを規定する意志に対する良し悪しの判断能力のことである。前者は「万有引力の法則」のような自然法則にかかわり、後者は、「人のためになることをするのはよいことである」というような道徳規則にかかわる。つまり、カントは『原論』と『実践』の二著を通して、「理性」という言葉を倫理的なテーマにまで拡張し、さらにそれを二つに分けたのである。ちなみにこの二著では「理性的存在」という言葉が頻出するが、これはほぼ「人間」を意味すると考えておいて大過ない。

そこで彼は、「理論理性」では解決が不可能であった「神は存在するか」「人間は自由か」「魂は不死か」といった問題はいずれも実践理性がそれらを肯定することを必然的に要請していると考え、そこに理論理性に対する実践理性の優位という関係を打ち立てる。これも簡単に言えば、理論理性が自らの能力の限界を自覚することは、じつは実践理性のほうからあらかじめ規定されていたことなのだ、という筋書きが展開されたことになる。

## ◉「ア・プリオリ」への固執

この成り行きは、プラトンが『パイドン』で、あの、アナクサゴラスに対するソクラテスの失望を仲立ちとして、哲学のメインテーマを「何が善であるか」という倫理問題に引き絞っていったプロセスとよく似ている。認識論の確立に主力を注いだ後の老カントもまた、世界の根源が何であるか、この世はどんな構造をしているか、「ある」とは何かといった認識論的な問題や存在論的な問題よりも、人間はいかに生きるべきかといった倫理問題に哲学の根本的なテーマを見ようとしたのである。

プラトンを論じた折に述べたように、私自身は哲学のこの方向づけ自体を諒とする者であるが、しかし、その基本方向を出発点として、カントがどのような手つきでどんな結論に導いているかという道筋に関しては、まったく承服できない。しかもプラトンに比べると、カントは何とも愚直で真っ正直であり、プラトンのような巧みな「詐術」を用いるほどの文学的な表現力を持ち合わせていない。これはおそらく、近代になって学問としての哲学言語が他の表現様式から分化し、より専門化してしまったことに関係するだろう。

しかしいずれにしても、その説に見られる基本的な精神構造がプラトン的な倒錯をそのまま引きずっている点に変わりはない。いや、キリスト教道徳の介在によって、その構造はいっそう強化されたとさえ言いうる。それはまさに西洋式倫理学に特有の倒錯を最もよく象徴している。

これからそのことを、『原論』と『実践』の二著に即して詳しく論じていくが、まず手始めに、次のような問題を考えてみよう。

カントは、『純粋』において、理性一般を、経験から導き出される能力ではなく、いっさいの経験に先立って与えられた能力であると考えた。この経験に先立つことを「先天的（ア・プリオリ）」、経験から導き出されることを「ア・ポステリオリ」と呼ぶ。彼は、実践理性（行為や意志の良し悪しを判断する能力）もまた、当然のごとく先天的（ア・プリオリ）なものとみなしているが、果たして私たちが道徳的判断力と呼ぶ能力が先天的（ア・プリオリ）であると断定できるのかどうか、そう断定できないとしたら、それにもかかわらず、カントがなにゆえそのことに固執したのか、これは問うてみるに値する疑問である。

《しかし先天的認識根源から演繹せずに、経験的証明を引用するこのようなまに合せの手段は、純粋実践理性能力に関しては、われわれに拒まれている。その現実の証明根拠を経験に仰ぐことを要するものは、その可能の根拠からいえば経験的原理に依存しなければならないが、しかし純粋にしてしかも実践的な理性は、すでにその概念の故にこのようなものとは決して考えられないからである。その上、道徳的法則はいわば純粋理性の事実として与えられている。そしてこの事実は先天的にわれわれに意識されるものでありかつ必然的に確実である。》（『実践』第一篇・第一章・一「純粋実践理性の原則の演繹について」）

これは、「実践理性」の概念や道徳律がア・プリオリに与えられているからア・プリオリなのだという同義反復を繰り返しているのみで、何ら「なぜ実践理性や道徳律はア・プリオリだと断定できるのか」という問いに答えていない。続く部分をいくら読んでも同じである。要するにカントは、自分の根拠なき確信（信仰）を語っているだけなのだ。

この点に関して、カントを「道徳の狂信者」と決めつけたニーチェは、次のように述べている。この場合やり玉に挙げられている概念は、「実践理性」や「道徳的法則」の代わりに、「必然性と普遍妥当性」であるが、批判の文脈は同じであり、右の引用にもそのまま当てはまる。

《**そうした信仰がすでに前提しているの**は、「ア・ポステリオーリな与件」のみならず、ア・プリオーリな、「経験に先立つ」与件もまたあるということである。必然性と普遍妥当性はけっして経験によっては与えられないかもしれないが、ところでこのことでもって、この両者がそもそも経験なしで現存しているということが、いったい明らかとなるのであろうか？》(『権力への意志』五三〇)

ア・プリオリへのカントの固執は、「信仰」という心理学的問題であった、それがニーチェの答である。この種の「証明になっていない証明」は、『パイドン』における不死の証明がどれ一つとして証明になっていなかったのと同じように、『実践』にはいたるところに出てくる。

## 2. 道徳の存在根拠

◉意志は道徳的原因によるのみではない

ところで、『原論』に描かれている道徳形而上学の概念枠組みをわかりやすく整理すると、次のようになる。カントが『純粋』からの延長上で道徳問題をどうとらえていたかがよくわかるはずである。なお各項目の二項は、互いに対立し、いずれも後者が前者を抑制する関係にある。

認識論的レベル

感性（感覚界）

悟性（可想界）
**原因性**
欲求・傾向・衝動
意志
**法則性**
自然の他律
意志の自律（自由）
**原理**
幸福
道徳

これは要するに、感覚界は他律的な自然法則に満たされた世界であり、私たちがそこにいるときにはもっぱら欲求や傾向性や衝動に支配されており、同時に、それは（個人の）幸福を原理としているが、反対に悟性界、つまり思惟の世界にいるときは自由な意志にもとづく道徳原理を認識するというのである。

ところが、ここに常識的な言語感覚からみて、どう考えても不自然に思える言葉の用法に二つ出会う。ひとつは、**「意志」（Wille）一般をなぜもっぱら道徳を基礎づけるポジティヴな概念として扱い、**

「欲求・傾向・衝動」と二元論的に峻別するのか、そしてもう一つは、「自由」(Freiheit)という概念をなぜ自然の他律(自然法則)からの独立という意味にのみ限定するのかという不審である。

初めの疑問がどうして起きてくるのかといえば、私たちはふつう、「意志」という言葉を、それだけでは道徳的に見て別に善でも悪でもないような、行為をうながす内的な(心的な)力一般として使っているからである。たとえば「今日は彼女とデートしたいので、彼女に電話しよう」と決意するとき、「デートしたい」というエロス的な欲求と「電話しよう」という意志とは、明らかに連続している。またたとえば、「本当はもっと飲みたいのだが、酔っ払って遅く帰宅すると女房がうるさいので、このへんでやめておこう」と決意するとき、飲みたいという欲求をあえて抑える意志の動機は、別に道徳的なものではなく、恐妻家のいじましい習慣的感覚にもとづいている。

このように、「意志」という言葉は、それを自覚するに至る条件が道徳的なもの以外のなんであってもその使用を許されている。それはもともと、行為の決定条件としてはまだ自覚化されない現実の与件と、じっさいに行為に踏み出すスタートラインとの中間地点における、行為への傾斜の意識一般をさしているからである。それなのにカントは、この言葉を、ことさら道徳的な行為が可能になる理性的な動機という意味にのみ用いている。

なるほど「デートがしたいので彼女に電話しよう」という意志は、自分の欲望を実現するための手続きをきちんと踏むという意味で、理性的な判断だと言えなくもない。また、「女房がうるさいのでこのへんで切り上げよう」という意志は、夫婦関係をこれからも健全に保っておいたほうが身のためだという理性的な判断であるかもしれない。

しかし、カントの本来の意図からすれば、そういう「理性」はここでの「理性」とは異なるはずだ。『実践』においてカントが用いている「理性」という言葉は、いつもこうした、いわゆる功利的な理性とは真っ向から対立する「純粋実践理性」（道徳的意志の原因）という意味を担っているからである。もしその線を貫くなら、そうした欲望や功利にもとづく意志はここには含まれないと断るべきであろう。だがそういう形跡はまったく見られない。

したがって彼は結局、意志一般をすべて道徳的な原因によるものとみなしていると言われても仕方がない。こうして彼は、「理性」という言葉のあいまいな使い方を媒介として、ふつうの使用法とは著しくかけ離れたすり替えを行っていることになるのである。

カントがなぜこのようなすり替えを行わなくてはならなかったのかは明らかだ。それは、後にきちんと批判するが、感覚に従い自然法則に隷属してしまう人間の傾向性をすべて「より低い価値」として向こう側に追いやってしまいたいからである。そして、この暴力的なプラトニズムを敢行した後、人間のもっているものの中で何が救い出せるかと彼は考えた。そのとき、かろうじて取り出せるものは、傾向性にいっさい規定されない限りでの「意志」であると言いたかった。

だが、いま述べたとおり、「意志」という概念は必ずしも道徳的な理性を原因としている概念ではないし、また、人間の意識活動のなかには、逆に義憤や惻隠の情のように、道徳的「感情」と呼べるものも存在する。

ちなみに、カントの時代には、道徳を規定するア・プリオリ（経験に先立って与えられているもの）は何かという哲学的な議論が相当さかんだったようだ。彼は『実践』のなかで、「感情」はそれには当たらないという論理を必死になって展開している。要するに「意志」のみが問答無用のア・プリオリであると言いたかったのだ。

しかし、そもそも道徳が立ち上がる根源の場所を、感覚、感情、悟性、意志、欲求、理性など、**個人の心を構成する要素**のなかに求めて、そのいずれがア・プリオリかというかたちで問題を構成する方法そのものが、当時の哲学あるいは形而上学の**決定的な限界**なのである。簡単に言っておくと、ここには関係として人間をとらえる観点がまったくない。これこそは長い間キリスト教を思想風土としてきた西洋哲学の重大な欠陥なのだが、このことについても後述する。

### ◉自由と道徳との間には必然的関係はない

次に、第二の点、「自由」（Freiheit）という概念をなぜ自然の他律（自然法則）からの独立という意味にのみ限定するのかという疑問点に移ろう。

よく知られているように、カントは「自由」を道徳の存在根拠（人間社会で道徳が成り立つための必須条件）と考えた。しかし、ふつう自由という言葉はそういう含意で使われることはめったにない。むしろ身体の拘束や義務が強いてくる強制感や社会規範の息苦しさや生活のしがらみから解放されたときの何とも言えない実感を指すことが圧倒的に多い。

ところでこのカントの逆説的な用法は、彼の倫理学を理解するうえで非常に重要な意味を持っている。だから、あっさり「そんな使い方はおかしい」と否定する前に、彼自身の言い分をじっくり聞いてみなくてはならない。

『実践』のなかでカントは、「始めにわれわれに自由の概念を見つけてくれるものが道徳であ」る（道徳は自由の認識根拠）と述べたあとで、人間実践の領域では、「自由」が自然法則（人間の心理的な機制も含む）よりも必ず優位に位置すること、しかもそれが道徳的な理性に直接結びついていることを、次のように具体例を挙げて説明している。

《或る人が自己の情欲に関して、もし愛好の対象とそれをうる機会とが出現するならば、彼はこれに対してまったく抵抗できないという場合を仮定しよう。そこでもし彼がこのような機会をうるところの家の前に、彼がその快楽を満足せしめたのちはただちに吊るされなければならない絞首台が立てられているとするならば、彼は果してその時に情欲を抑制しないであろうかどうかを彼に問え。彼がいかなる答えをなすであろうかは、長く憶測するを要しない。

しかし彼の主君が、正しき人を虚偽の口実をもって殺そうとするために、不利な偽証を挙げることを、即刻の死刑の威嚇のもとに彼（引用者注——先と同じ「或る人」）に命ずるとしたならば、彼は自己の生命に対する愛がいかに大きなものにしても、この愛に打ち勝ち得ると思うかどうかを彼に問え。彼が実際にこのことをなすかなさないかは、おそらく確言をあえてしないであろう。しかしこれをなすことが彼に可能なことは、躊躇なく認容するに違いない。すなわち彼は、或る事をなすべしということを意識するがゆえにそれをなしうると判断し、また道徳的法則がなければ決して知られなかった自由を自己のうちに認識するのである。》（『実践』第一篇・第一章・第六節、わかりやすくするために、改行をほどこし、訳文を少し変えてある。）

ごく普通の人の心理に援軍を求めた、一見なかなか説得力のある二つの事例である。はじめの例は、いま情欲を抑えないと殺されてしまうという経験を通して、人は、自分には情欲を抑えるだけの道徳性が備わっていることを認識できるというのである。またあとの例は、従わなければ殺すと脅迫されて偽証させられそうになったとき、それを実際に拒否できるかどうかは別として、少なくとも拒否という選択の「自由」があることだけは認識できるというのである。

ごく普通の人でも、せっぱつまった状態であれば必ず道徳的な振る舞いとはなんであるかが呼び起されるので、その喚起を通して「自由」の認識に到達できるとされている。どんな凡庸な人でも、限界状況に接すれば、最も高邁な精神の自由を自覚する可能性をもっているということであろう。よくできた論理で、反論は不可能であるように見える。しかし、現実感覚を取り込みながら、もっと突っ込んで考えてみよう。

結論から先に言うと、**「自由」という概念全体と道徳との間には、必然的な関係はない。道徳が自由の認識根拠なのでもなければ、逆に自由が道徳の存在根拠なのでもない。**

前者について言えば、カントはここで、「道徳的法則がなければ決して知られなかった自由を自己のうちに認識する」と言っているが、ここで取り上げられている「自由」が、ごく限られた条件付きの自由であることは見やすい道理であろう。というのも、「自由」一般は、たとえば二つの選択肢があるとき、どちらを選ぶのもあなたの自由だというふうに使われるので、その選択肢が道徳に関わるものである必要はまったくないからである。ラーメンを食べるかカレーライスを食べるかでもかまわないし、A大学を受けるかB大学を受けるかでもかまわない。

だからカントは、語るに落ちているのである。つまり、彼は、道徳に関わる自由という特殊な場合だけを問題にしているので、それは、「道徳が自由の認識根拠である」という命題一般を証明したことには全然なっていないのである。

また後者について言えば、道徳律が存在するために必要なのは個人の自由ではなく、共同体の長きにわたる慣習なのである。「人を殺してはいけない」とか「他人の物を盗んではいけない」とか「嘘をつくべきではない」などの具体的な道徳律は、人間が自由であるから発生してきたのではなく、共同体がおのれの存続維持のために必要とするところから発生してきたのである。

また、なるほど個人がせっぱつまった状況で凛として道徳的にふるまうことのうちに、「精神の自由」を実感することはたしかである。だがそれとても、なぜある選択がより道徳にかなうものであるという判断が成立するのかといえば、それは共同体が最もよしとする精神をおのれの身に引き受けるからこそであって、そのことが可能であるためには、彼はすでに共同体の精神を身体的・情緒的に学習していなければならない。

先にカント自身が出した二つの例に即して言えば、こうなる。

初めの例では、情欲の虜になることの先に必ず絞首台が待ち構えているというようなきわめて特殊な想定があれば、なるほどどんな人も情欲を抑えるという「道徳的」選択をするだろう。しかしそのことは別に「自由」が道徳の存在根拠であることを証明しているのではなく、単に命が惜しいという自己保存本能にもとづく知恵に根差すものに他ならない。この知恵も、それまで自分が共同性の中で生きてきた経験から、過度を避け均衡を重んじる生き方のほうが自分の生命を維持する賢いやり方だということを学習した結果得られたものである。

このことは、文脈からして、カント自身も理解していたようである。二つの例を出すに先立って、道徳の存在を自覚してゆく「順序」ということを言い、単なる命惜しさから情欲を抑えるはじめの例を出したのちに、「しかし」と続けているからである。

初めの道徳的態度の実現は、カント流に言えば「功利的な動機」であるということになる。これはまだ真の「自由」による道徳性の自覚には至っていない。つまり、殺されることを覚悟しつつ偽証をしない選択をなしうると認識できる後者の例こそ、「自由」が道徳の存在根拠である事実が、凡庸な人にも理解されている証拠であるというのである。

しかし、この場合も、凡庸な人がなぜ、どこからそのような理解を得てくるのかと問うならば、**何が名誉ある気高い精神として称揚されるかということを、共同性のなかを生きる経験から学んできたからに他ならない。**その名誉ある気高い精神とは、多くの同胞のために進んで自らの命を犠牲にするという行動への意志である。

この意志は、経験から遊離したア・プリオリな「自由」のうちに存するのではなく、まさに「たとえ強いられた場合でも卑怯な真似をしてはならない」という公共体が要求する最高の精神を彼が生の経験史を通して学習し、その片鱗を内在化したところに初めて成り立つものである。彼は確かにこの限界状況的な設定を突き付けられて、可能性としての「選択の自由」を認識するだろうが、それは単に学習された道徳規範の存在を主観的になぞっているに過ぎない。

このように、**カントには（一般に「哲学者」には）、歴史的・経験論的・発達論的な観点が欠落しているのである。**

なるほど、カントが道徳とか道徳法則というとき、彼はこの言葉をけっして個々具体的な道徳律の意味では用いず、必ずただ形式的な「道徳性」、最高度に抽象的な「道徳的理性」一般の意味で用いている（つまり彼の言うア・プリオリな概念）。それは見事に一貫している。だからこそ、道徳法則の定言命法では「あなたの意志の格率（マキシム）が常に同時に普遍的法則に一致するように行為しなさい」「理性的存在である他人や自分を単に手段としてのみでなく、常に同時に目的として扱いなさい」とだけ言って、「これこれの道徳律を必ず守りなさい」とは絶対に言わないのである。そして何が普遍的法則（至上命令）であるかは、それぞれの人の行為のそれぞれの局面で、必ず内的に（ア・プリオリに）理解できるという考えに立っている。

これは別にカントが、具体的な道徳律を指示することから逃避しているわけではない。道徳法則というものは、そういうかたちでしか絶対的な法則として成り立たないのだという、彼なりの形而上学的な思考にきちんと沿った考え方である。

しかし、そうであればこそ、この思考様式からは、「なぜある局面では、かくかくの道徳律や義務に従うことが正しいのか」という問いに応える用意が原理的に生まれてこないことになる。

彼の言う「自由」は、道徳法則への服従行為としての「義務」を必ず含む。しかし、いったいに普遍的法則が具体的になんであるかを規定せずに、「これは私の義務である」という感覚を抱けるであろうか。そんなことは論理的にも実態的にも不可能であろう。だが、なぜそういうことになるのか。

これは、個人の選択の「自由」という意志のあり方を道徳の絶対の存在根拠としたところから必然的に導き出される帰結なのである。しかし理性的存在としての人間はいつも自然の傾向性から自由に、普遍的な道徳法則にかなうように行為を選択できる可能性をもっていると言っただけでは、判断の基準がいっさい与えられず、どう行為することが普遍法則にかなうことなのかいくらでも議論が可能になってしまう（この疑問に対する解答は、第七章でJ・S・ミルを扱うところで得られる）。

カントは『原論』のなかで、四つの「義務」についての格率の例を挙げて、それらがいずれも普遍的法則には当てはまらないことを証明しているが、では何が普遍的法則に当てはまるのかについては、頑固に口を閉ざしている。あらゆる自然法則からの「自由」に道徳の根拠を見出そうとするカントの採っている形式論的な方法原理からすれば、当然そうなるのである。

これに対して、共同体が歴史的に培ってきた精神的な慣習こそが具体的な選択を可能にすると言えば、一見、多様で特殊な共同体のありようのうちの一つを絶対化しているように思われる。あるいは、そうでなければ多様性のすべてをそのまま認めて価値判断を停止する相対主義に落ち込んでしまうように見える。しかしじつは、その**共同体の精神のもつ視野が広くなれば広くなるほど、人間の普遍への道は、地に足をつけて具体的に開かれてゆく**のである。カントを批判したヘーゲルは、そのことをよく心得ていた。

カントはあたかも「普遍的な道徳法則」なるものが具体的な規定抜きに、経験を超越した場所ではじめから存在するかのように想定している。だがそうではなく、反省や後悔やとらえ直しを繰り返す私たちの歴史の歩みのひとつひとつが、ほんの少しずつでもたがいにより良い関係を築いていこうとする志向性に針路を与えるのである。「自由」が道徳の存在根拠なのではなく、ある「慣習」によってこれまでよい（互いに好ましいと実感できる）関係が築けたが、ある「慣習」ではよい関係が築けなかったという**経験と記憶とそれによって学習された知恵こそが道徳の存在根拠なのである**。

しかもこうした歴史的・関係論的な人間認識にもとづいて道徳の存在根拠をおさえることによって、では、何がお互いに好ましいと実感できる関係の原理なのか、という次なる問いが生まれてくる。私は、正しく理解された功利主義の原理がそれに相当すると考えているが、功利主義（ベンサムに代表されるような）を最も嫌って攻撃した当のカントの前にそれをぶつけても、彼が私の議論をまともに受けつけるとは思えない。なぜかと言えば、そもそもカントは「幸福」の概念を**個人の自愛**と結びつけてしか考えることができなかったので、そういう痩せた人間認識（自己と他者との単純な二元論にもとづく）に固執するような人がこの議論に耳を傾けるはずがないからである。そういうわけだから、功利主義とは何かについてはのちに論ずることにしよう。

◉道徳はよき慣習と安定した社会構造によって支えられる

ここで、「道徳は自由の認識根拠である」という命題について前に述べたことを、もう一度繰り返そう。

ある限界状況のような局面に立たされて選択を余儀なくされるような場合には、たしかに道徳的態度を選択することを通して、自分が自由な存在であることを自覚できるであろう。しかし、それは、自由を認識するための一つの特殊な場合にすぎない。カントの持ち出している例は、そういう場合だけを想定しているが、このことから件《くだん》の定式を導き出すことは、二つの意味で間違っている。

一つはすでに述べたように、私たちが「自由」という概念を用いるとき（この言葉を実感するとき）、それはほとんどの場合、窮屈な法則や規範やしがらみや奴隷的拘束からの解放を味わう場合である。ところが、カントのように、そうした通常の使用にあえて逆らって、道徳や義務への服従を自律的に選択するという意味でのみこの言葉を用いるなら、それは同時に、ある至上の法則、神、最高善といった絶対的な理念の奴隷になることを意味する。これはまさにルターが『キリスト者の自由』で説いた「神の奴隷」の境地とまったく同じである。それは、人性をわきまえない童貞牧師の教条主義ではないか？　**こういう原理主義が、人類史の中でかえって悲惨な闘争や殺戮の繰り返しに大きく加担し**

**てきたのではなかったか？**

もう一つは、これもすでに述べたことである（第二章）が、道徳というものを、何か特別な状況において選ばれた人間によって発揮される「崇高な」「美談になるような」「理想的な」現象とみなすことがそもそもおかしい。私たちは、普通の日常生活において、勤勉に仕事をこなし、家族と共に寝食し、人を傷つけず、大過なく一日を過ごすならば、それだけでじゅうぶんに「道徳」的なのである。なぜなら、その場合私たちは、何も禁止を破らなかったし、平和を守ったし、秩序を尊重したし、他人をも自分をも不幸に陥れなかったからである。このような平和で幸せな生活を許すものは、その当人の「崇高な」道徳的理想などではありえない。それは、**社会のよき慣習であり、そのような慣習を支え持続させるに足る社会や文化の安定した構造**である。

この安定した構造のただなかを生きることにおいて、人々はいちいち自覚的に「道徳法則にかなう自由な選択」などをしていない。「すべきことをした」「本当にしたいことをしている」「したくないことをさせられている」などと感じるのは、行為（ふるまい）を反省した時の自己意識の証言にほかならず、日常的な行為（ふるまい）は、もっと何気なく行われており、それでいて、ちゃんと道徳にかなっているのである。

このように道徳というものを考えるとき、道徳は「自由」を認識（自覚）させる根拠としてあるのではなく、むしろ平穏でしあわせな毎日を存続させる根拠としてあるのだ。道徳が「自由」の認識根拠となるのは、まさに生命のかかった場面で、あれかこれかを自覚的に選択すべき岐路に立たされるようなごく限られた場合だけである。

### ◉行為は自由意志の結果でなくとも責任を問われる

以上の指摘によって、カントが、意志と行為の関係をいかなる場合にも必然的に結びついたものとしか考えていない点が明らかとなる。

行為という概念の広がり、外延について、私たちの日常的な営みをよく想像しながら考えてみよう。「行為」を（英）action（独）Handlungと考えるか、（英）behavior（独）Benehmenと考えるかで、そのニュアンスはずいぶん違ってくる。

前者は明確な意志にもとづく能動的な行動を指しており、後者は、さほど意識的ではない振る舞い、作法、日常の習慣にのっとって何となくやってしまっている行動、さらには、寝ているとかただ座っているとか、食べているとか性愛行動をしているとか、ボーっとしているとかも含むであろう。ところがカントが道徳との関連で問題にしているのは、もっぱら前者であると考えられる。

さて、それでは、私たちの現実生活で、ある行為（ふるまい）が道徳的か非道徳的か、責任があるかないか、義務を果たしたか果たしていなかったか、もっと明示的な場合を例にとるなら、合法的か非合法的かが問われるのは、前者の、自覚された意志的な行為の場合だけだろうか。

そうではあるまい。

そうではないケースをいくつか挙げてみよう。

①管理職についている人が、部下が引き起こした不祥事に直接かかわってはいず、あとからそれを知らされただけなのに、彼は監督責任を怠ったとして非難され、辞職に追い込まれる。
②運転中にふと脇見をしたために、人身事故を起こしてしまった。またきちんと注意していたのに、横の路地から子供が飛び出してきたために轢いてしまった。
③母親が疲れて何となくボーっとしていた隙に、自分の子どもがベランダから落ちてしまった。夫から「なんでもっと注意していなかったんだ」と非難され、本人も一生悔やみつづける。
④未成年の子どもが犯罪を犯したために、ただその子の親であるという理由だけで周囲から養育責任を追及されたり、自ら良心の呵責に悩まされたりする。
⑤ジャン・バルジャンのように、家庭環境、生育環境が厳しかったために盗みなどに手を出し、それが癖になってしまう。
⑥政治家や公務員がその職業柄、当然やらなくてはいけないことをやらずにいたために、不作為の責任を問われる。
⑦軍隊など、規律の拘束力が強い組織の中にいて、命令に従ったために人を殺めたり傷つけたりしてしまった。
⑧親愛の情を表現するつもりがつい悪乗りして友人の心を傷つけてしまった。
⑨生活の方便のために口実をもうけて申し出を断ったり、心にもないお世辞を言ったり、もっと大事な価値を守るために仕方なく嘘をついたりする。

そのほか、こうしたたぐいの「行為」（action ではなく behavior に属する「行為」）をなすか、または逆になさなかったために、罪に問われたり責任を負わなくてはならなかったり、自ら良心の呵責に苦しめられたりする例というのは、この世にはいくらでもある。

特に最後の例では、カント自身の通称「ウソ論文」が有名である。刺客に追われて逃げてきた友人をかくまったが、刺客が来て「やつがここに来ただろう。隠すな」と迫られたとき、たとえ友人をかばうためでも嘘をついてはいけない、なぜなら嘘を場合によっては許されることと規定してしまったら、道徳的義務一般が成り立たなくなるからだというのである。私はこれを初めて知った時、カントという哲学者はなんてバカなやつなんだと直感的に思った。

しかし問題は、カントが底抜けの世間知らずだったかどうかではない。おそらくカントはそれほど世間知らずではなく、義務というものの形式的本質を明確に規定しようというじゅうぶんな意図があってあえてこういうことを言っているのである。ところで重要なのは、彼が「行為」の概念をどこまでも明確な「意志」の必然的な結果として構成しようとしている、その思想の偏頗《へんぱ》さ、人間生活全般を見渡す視野の欠如である。

ここには、人間の行為がすべて「個人」の自由意志の結果であるという近代特有のフィクション性が最も象徴的にあらわれている。右に挙げた例でもわかるように、人間生活の現実、日常的なふるまいは、あらかじめ個人の内面によってそのつど意図された自由意志の結果などではない場合が圧倒的に多いにもかかわらず、である。

浄土真宗の祖、親鸞は弟子の唯円が書き残した『歎異抄』のなかで、「わがこころのよくてころさぬにはあらず」と言っている。人は殺すまいと思っていても千人も殺してしまうことがある、逆にいくら殺そうと思っても一人も殺せないことがある。人の振る舞いは善意の持ち主か悪意の持ち主かによるのではなく、すべて「業縁」のなせる技なのだ、と。思想としては、このほうがはるかに深い。つまり人間生活の真実に届いている。

それでは、「個人の自由意志の結果としての行為」という、近代道徳の図式の基礎にあるフィクション性には何の根拠もないのかといえば、そうではない。そこにはフィクションを構成せざるを得なかったそれなりの理由がある。また私たちは、人と交わりつつ生活していくうえで、このフィクションを設定せずにはすまない。

それは、簡単に言えば、私たちが関係を編みながら生活しているとさまざまな摩擦葛藤が生まれ、やがてそれが高じて取り返しのつかない不幸な事件や解決不能な不祥事が引き起こされることがあるからである。つまり**自由意志から行為へという因果関係は、じつは逆なのである。**まず不幸や不祥事が起きた時に私たちの感情が惑乱し、自己喪失や共同性の崩壊の感覚に襲われるのだ。それを何とか収拾して未来に臨むために、私たちは、「ある個人の行為は、その人の自由で理性的な選択意志を原因としている」というフィクションを必要とするのである。この点について、哲学者の中島義道氏は、次のような鮮やかな論理を展開している。

《私があるときにＡを選んだことを承認しながら、「まさにそのときにこの同じ私がＡを選ばないこともできたはずだ」と主張することは、よく考えてみますと、きわめて不思議な想定なのです。

しかし、この想定が不思議だ不思議だと言っても、依然としてみな（私も）取り返しのつかない過去の自他の行為を責め続ける。まさにそのとき「それをしない自由もあったはずだ」という思い込みを捨てることはありません。とすると、この想定の根は、証明可能性とか何とかという理論のレベルにではなく、もっと生活に密着したところにあるにちがいない。それは何でしょうか。

これだ！　と言えるものはここでは出せませんし、出すのが目的でもありませんが、どうもこの思い込みは、われわれ人間が過去に何らかの決着をつけたいという要求、過去を「清算する」態度とでも言えましょうか、その要求から生まれたもののように思われます。つまり、われわれが過去の自他の行為に対して何らかの責任を追及するというところに「自由」や「意志」の根っこがあるわけで、もしわれわれがある日、責任をまったく追及しないような存在物に変質してしまえば、「自由」や「意志」は不可解な概念となるかもしれません。》（『哲学の教科書』講談社学術文庫）

「これだ！　と言えるものはここでは出せません」と中島氏は控え目に構えているが、それは出せるはずである。私たちは、取り返しのつかない不測の事態が発生した時、自分たちの生が崩壊する感覚に襲われる。それを何とか弥縫《びほう》し修復して先に進みたい、進まなくてはならぬという生きた感情が、

「過去に何らかの決着をつけたいという要求」を生むのである。

しかし私たちは、それぞれ周囲から孤立した「個」として生きているのではないので、「個」としての自分の過去をただ見つめているだけでは、この要求は満足されない。ひとつは事態にかかわる人間関係の網の目のどこに、その事態と最も深く結びつく中心点があるか（空間的関心）、もう一つは過去から現在の事態に至る過程のどのような経緯が、その事態に最も深く結びつくか（時間的関心）、おおざっぱに言ってこの二つの関心を事態そのものに差し向けることによって、崩壊感情の弥縫と修復とを図ろうとするのである。

しかしじっさいに不祥事が起きた時、それはさまざまな偶然事の重なりとして発生している。私たちのまわりには、多数の人々の関わりの歴史が絡んでいる。のみならず、その不祥事にはそれ固有の物的環境、器物、道具立てなども絡んでおり、しかもそれらが出会うタイミングも関係するのである。だがそれにもかかわらず、私たちは、この崩壊感情の弥縫と修復のために、特定の「人」に関心を集中させていく。

この関心のあり方は、私たちがまさに共同性を生きる存在であることを如実にあらわしている。しかし感情の修復は言葉による新たな分節と秩序づけによってなされるほかはないので、特定の個人や集団の特定の過去時点における意志や無意志、行為や不作為を、言葉によって事態の「原因」として固定させて炙り出させざるを得ないのである。「あの時、もし彼や私がああしないでいたなら、もしこうしていたなら……」

これはもともと感情を基底においているから、後悔や責任のなすりつけは意味がないと論理的にわかっていても、どうしようもない。かくて**「ある人間の行為には、そうしないことも可能である自由意志が存在した」というフィクションは、論理的な必然性は持たないが、一定の感情的な必然性をもつ**のである。

しかしカントが道徳の根拠づけのために強調している「自由な選択意志」の想定では、どんな行為もそこに至る意志との間に**論理的な**結びつきがあるということが前提とされている。それは、彼が、行為と呼ばれるものの全貌のなかにはその行為をする個人にとっては無自覚的な日常的ふるまい、behavior, Benehmen といったものが無数に存在し、しかもそれらも道徳的テーマとの間に深いかかわりを持つのだという事実に視線を巡らせていないからである。そこに**彼の道徳論の過激な近代個人主義の性格と限界**とがよくあらわれている。彼はこの個人主義的道徳論によって、道徳がじつは共同存在としての人間の長きにわたる慣習の存在を基礎としているという事実を断ち切ってしまうのである。

## 3. 徳福二元論

**◉カントの「よい」は善と快しか考えられていない**

次に、カントの道徳論では、「よい」という言葉の概念を徳（善）と幸福（快）との二分法のもとにのみとらえており、他の「よい」もありうるという点に考えが及んでいない点について述べる。

『実践』第一篇・第二章のはじめのほうに、次のような興味深い記述がある。

《「善の見地のもとにないならば我々はなにものをも求めない、悪の見地のもとにないならばわれわれはなにものをも斥けない」（引用者注——原文ラテン語）という言葉は学校における古くからの公式である。この公式はしばしば正当に使用されるが、しかし哲学にとってはまたしばしば極めて不利に使用されるものである。なぜならば善ならびに悪なることばが曖昧だからである。これは言語の不完全に由来するものであって、このために以上のことばは二重の意味に解され、したがって実践的法則を必然的に曖昧にするのである。（中略）

ドイツ語は幸いにしてこの区別をみのがせないことばを持っている。ラテン人が唯一の善（bonum）なることばをもって命名したものに対し、ドイツ語は二個の甚だ異なった概念と同様に異なったことばとを持っている。すなわちそれはbonumに対する善（das Gute）と幸福（das Wohl）、悪（malum）に対する悪（das Böse）と禍（das Übel）あるいは不幸（das Weh）とである。こうしてわれわれが一行為についてそれの善と悪あるいはドイツ語の幸と不幸（禍）とを考察するとき、それは二つのまったく異なった判定を表わすのである。故に前に述べた心理的命題は、「われわれはわれわれの幸や不幸に関してのほかなにものをも欲求しない」と訳されるならば、少なくともなお甚だ不確実たるを免れないが、これに反して「われわれは理性の指示に従って、それを善（das Gute）あるいは悪（das Böse）と思う限りにおいてのほかはなにものをも意欲しな

い」と訳されるならば、それはまったく確実にして同時にきわめて明瞭に表現されるのである。》

（最後の二つのカッコ内は引用者）

ラテン系の「よい」bonum が、道徳的な「善」の意味と幸福感をあらわす「快」の意味とをあいまいに含みこんでいるのに対し、ドイツ語では両者をはっきりと区別するから、例の決まり文句における bonum という語を das Gute（善）の意味だけに用いれば、哲学的な議論の混乱が避けられるというのである。

ここにはすでに、カントが「よい」について考えるのに、何を価値観として優位に立てているかが明瞭にあらわれている。これは倫理学を打ち立てようとするそもそものはじめから、不公平な態度ではないか？　なぜなら、bonum が「善」の意味と「快」の意味の両方を含んでいるなら、それは人々が生活の中でそのようにこの言葉を使い続けてきた（文脈に応じて使い分けてきた）長い歴史の重みをあらわしているのであって、その重みを無視して、道徳的な意味でだけ「よい」という言葉を使えというのは、思想家として公正な態度とは言えないからである。カントは、人間世界のあり方を包括的に見通した上で人倫の原理を見出そうとする姿勢をはじめから放棄している。

加えて、もっと重要な問題は、**カントが「よい」という言葉のうちに、互いに対立して譲らない「徳」と「福」、「善」と「快」との二元的な要素をしか見ていないという点である。**

私たちがある物事に関して「よい」とか「いい」とか形容するとき、それは道徳的な「善」か、幸福感を実感している「快」か、どちらか二つの意味しか持たないだろうか？　いま試みに、とてもこの二つのどちらかには分類できないと思える例を日本語でいくつか挙げてみよう。

①「ここからの景色はなかなかいいね」

②「今季はよい成績を修めることができました」

③「いい文章を書くのはなかなか難しい」

④「人間世界のあり方をよく見つめる必要がある」

⑤「育ちがいいとやっぱり気品があるね」

⑥「そのときの君の判断はなかなかよかったね」

以下、いくらでも可能だが、これらはそれぞれ、①「美しい」②「優れている」③「人の心に響く」④「鋭く幅広く深い」⑤「恵まれている、身分が高貴である」⑥「時宜にかなっている」などの意味で「よい（いい）」が使われている。いかにこの言葉が多様な用法をもっているかの見本のようなものであろう。そしてそれは同時に、いかにこの言葉の抽象レベルが高いかをもあらわしていよう。

しかしこのように多様な「よい（いい）」の用法をただ列挙しただけでは、カントが固執している二元的な図式の偏狭さを根本的に打ち破るにはまだ不足している。①③⑥などは、無理に解釈すれば、またそれが使われた文脈しだいでは、「善」か「快」かのどちらかに分類することも不可能ではないからだ。

そこでカントの哲学的な論理の土俵につきあうために、これらの多様な「よい（いい）」の抽象レベルをもう少し上げて、より単純な形で整理してみよう。

するとカント の徳福二元論には何が決定的に欠けているかが明らかとなる。

カントは「よい（いい）」の概念の基本的な内包に関して何を見落としているのか？

それは、**「優」**という概念である。特に②④⑤の場合などは、この概念を導入しなければ、なぜ「よい（いい）」と表現できるのかが理解できない。

**「善」「快（幸）」「優」、反対に「悪」「不快（不幸）」「劣」**――私は、**この三つの基本概念と、それら相互の重なり合いとによって「よい（いい）」という言葉が構成されていると考える。**「よい・悪い」という言葉から「優劣」という概念を取り去ってしまったら、もうそれだけで倫理問題（人間問題、人倫問題）を考える基礎からして不十分である（論として「よくない」すなわち「劣」である）。

### ◉「よい」についてのニーチェの発想

さて、炯眼の読者はすでにお気づきと思うが、「優劣」の概念を「よい・悪い」に加えるべきだということでの提案は、ニーチェの影響を受けたものである。ニーチェは、「よい・悪い」から「優劣」の概念を追い出してしまった考え方こそは、自分たち弱者のルサンチマンを合法化したキリスト教道徳のひねこびた知恵であると喝破した。彼ほどこの「歴史的捏造」を徹底的に攻撃した思想家はいない。この「歴史的捏造」なるものが果たしてキリスト教独特のものであるのかどうかについては議論の分かれるところだろうが、キリスト教的な環境以外に直接に他の精神文明を味わったことのないニーチェにとっては、キリスト教が秘めている欺瞞がすなわちそのまま「道徳」そのものの欺瞞を意味していた。ちなみに彼はプロテスタント牧師の息子である。プラトニズム以前のギリシャ世界への彼のあこがれは、おそらくこの精神的な父親殺しの無意識の情念のリアクションであろう。

彼は『道徳の系譜』のなかで、まるで先に引用した「よい」についてのカントの言語論的な言及に呼応するかのように、次のような意味の、鋭い反論を対置している。

もともと「よい」(gut)という判断は、「よいこと」を示される人々の側から生じるのではない。高貴な人々、強力な人々、高位の人々、高邁な人々が自分たち自身および自分たちの行為を「よい」と感じ、第一級のものと決めて、これをすべての低級なもの、卑賤なもの、卑俗なもの、賤民的なものに対置したのだ。貴族的起源の「悪い(schlecht)」は単に「よい」の付録であり、補色である。これに対して、奴隷的起源の「悪い(böse)」は、ルサンチマンに基づく。その対象は貴族道徳における「よい者」つまり賤民にとっては「悪い者」である。貴族道徳における「よいと悪い」、奴隷道徳における「善と悪」の二対の対立した価値は、幾千年の間闘いをつづけている。ローマ対ユダヤ、ルネサンス対宗教改革、ナポレオン対フランス革命——

ここで持ち出されているschlechtというドイツ語は、böse(道徳的に悪い)ともübel(不快な)とも違って「出来の悪い、下手な、劣った、病気の」といった意味合いである。

ニーチェ自身についてはのちに詳しく論じるが、ここで論及されている「よい・悪い」についての言語的な起源と、のちの歴史におけるその転倒過程についての指摘は、実証的な意味において正しいか間違っているかが問題なのではない。「よい・悪い」の概念を道徳的な意味の「善悪」にだけ限定させようとする（まさにカント的な）道徳至上主義を、別の価値概念の媒介によって相対化しようとする、その思想的態度こそが鮮烈なのだ。

カントにとっては、道徳的な「善悪」と、個人の感情や運命としての「快・不快」「幸・不幸」との二元的な対立関係だけが問題であり、前者が後者に優先する（価値として高い）ことをひたすら主張すればよかった。だがそれは何ら「証明」ではなく、ニーチェの先の指摘のとおり、どこまで行ってもただの「信仰告白」である。それをあたかも「証明」であるかのように見せているのは、「理性批判」という近代的な叙述の形式によるのである。

**◉総体としての人間学的視点の欠落**

そこで、繰り返しになるが、見落としてはならないのは、カントの倫理学には人間存在をそのあらゆる特性から総体としてつかむ人間学的な視点が前提とされていないという点である。これはただ、徳と福、善と快とを非妥協的な対立命題として立てて人間をとらえるという単純素朴な**方法**から帰結する必然的な欠陥なのだ。

なお彼は、この非妥協的な対立関係が、前者（道徳的な善）の絶対的な優位さえ承認されるなら、必ずしも両立不可能ではないことを、次のように論じている。

《（前略）最高善の概念には**私自身の幸福**もともに含まれているにしても、しかし最高善を促進するように指示されるところの意志の規定根拠となるものは、幸福ではなくて道徳的法則である

（それどころか道徳的法則は、幸福を追求しようとする私の無制限の要求を厳格な制約によって制限するのである）。

それ故にまた道徳は本来、いかにしてわれわれはわれわれを幸福になすべきかという教えではなくて、いかにしてわれわれは幸福に値するようにならなければならないかという教えである。

（中略）

人が或る事物あるいは或る状態を所有するに値するのは、これを所有していることが最高善と一致するときのことである。今やわれわれはおよそ値するということは道徳的行為に関係するということを容易に看破しうる。この行為は、最高善の概念において他のもの（中略）すなわち幸福に与かることの条件を構成するからである。さてこのことから当然生じてくることは、人は道徳そのものを幸福説として、すなわち幸福に与かることの指示として決して取り扱ってはならないということである。》（『実践』第二編・第二章・五）

これを読むと、カントがいかに徹底して、最高善のために道徳律を遵守すること、道徳的態度を貫くことが結果的に（道徳的であるがゆえに）人を幸福に導くことはあっても、けっして道徳が幸福のためにあるのではないと考えていたかがよくわかる。だがもちろんこんな人間理解は、途方もなく現実離れしている。

およそ道徳だけでなく科学も宗教も芸術も、人間が作り出してきた文化的アイテムは、その目指すところは「幸福」という一点にかかっている。もっとも、科学者や宗教家や芸術家本人たちの主体的情熱のありかが人類の幸福に置かれているかどうかはまったく疑わしいし、またそれらの成果が幸福を生み出してきたかどうかもはなはだ疑問である。しかしなぜ人類がそのような文化的営みに踏み込もうとするのかという基本的な動機が、「こうした方がよい（みんなにとって幸せな）のではないか」というところに置かれていることは明らかである。

その点で、カントが条件づきで退けているストア派もエピクロス派も、互いに立場は違っても、カントほど間違ってはいなかった。とはいえ、「幸福」という概念ほど哲学が扱いにくい概念はない。後述するように、カント自身もその個体主義的な人間把握によって、この概念をただ「自愛」の概念に直結させるという根本的な誤りを犯している。

たとえば先の引用でカントは、「われわれはおよそ値するということは道徳的行為に関係するということを容易に看破しうる」と述べているが、なんという教条主義的断定だろうか。この断定の狭隘さは、先に指摘した「よい・悪い」という価値概念についての徳福二元論のやせた窮屈な構図からまっすぐつながっている。

言うまでもなく、**「値する」という概念には、さまざまな質の異なる価値が参加していることを「容易に看破しうる」**。美しい音楽は感動に「値する」し、学問の優れた業績は学位授与に「値する」し、強健で立派な体はスポーツ選手や兵士などの職業に「値する」し、若い魅力的な女性の裸体は男性の性的興奮を呼び起こすに「値する」。これらはどれも道徳的態度とは何の関係もない。しかもこれらの価値はみな、それ自身において、提供する側と受け取る側との両方にとっての「幸福」の行方に深く関与している。カントの決めつけは、「よい・悪い」の概念から「優劣」の概念を引き去ってしまったために起きた視線欠落なのである。

カントはここで、道徳的であることだけが、まさにそのことによって幸福に結びつくと強弁しているが、残念ながら世の中はそんなふうにできていない。伝統的なキリスト教道徳を近代の啓蒙的理想主義で変奏してみせたカントは、たとえばヨブ記のような神義論的テーマ（悪人が栄え、何の罪も犯していない人が苦しむようなこの世の不条理な現実を、神はどのように解決してくださるのかというテーマ）についてどう考えていたのであろうか。彼自身にぜひ聞いてみたいものである。

### ◉「徳」と「福」とは一致することが多い

以上みてきたように、カントは「徳」と「福」との原理的な不一致に固執した上で前者の価値の絶対的な優位を説いているが、いま挙げたような道徳に直接かかわらない価値がいくつも存在するという問題とは別に、次のような洞察もまた重要である。

それは、**私たちの生活の現実の中には「善」と「快」、「徳」と「福」とは、事実上一致している場合が非常に多い**という点である。両者はけっしていつもぶつかり合うわけではないのだ。

たとえば、困っている人を助けると相手が喜ぶのはもちろん、自分もいい気持になる。我を通さずに譲る気持ちをもつと、自分のなかに余裕のある心が確認できて満足感を抱く。

これはなぜだろうか。

エゴイズムだけの観点からこの現象を分析すれば、自分が優位に立てたからだとか、相手に感謝されることが自分の価値を高め、自己愛を満たすように感じられるからだといった指摘以上に出ることはないだろう。だがこれは間違いとは言えないにしても、同義反復の思考停止というべきである。

なぜ優位に立てると感じたり、自己愛が満たされるのか？

それはひとえに、**共同体の人倫が「よい」として認め、勧めていることを実行したので、自分が共同体のメンバーであることが実感できたからである。**人と通じ合えたことがうれしいのである。そもそも他から孤立した純粋な「自己愛」というようなものはあり得ない。この場合の「自己」とは、自己を振り返る自己であり、その振り返りの作用そのものの中に、すでに他者（共同性）のまなざしが組み込まれている。ナルキッソスでさえ、他者のまなざしの象徴としての「みずかがみ」を必要としたのである。

またたとえば、母親がかわいい子どもを深い愛情（これは別に無条件に「善」であるわけではない）をもって育てることに幸福感を見出し、その実践が、そのまま子どもの人格を立派なものにすることにつながる。

持続する夫婦愛は、人間の性愛感情の乱脈さをなだめるので、社会秩序を維持する基盤となるし、友情に伴う幸福と充実の感情が結束を生み出し、正義にかなった行動を促進させることもある。

さらに、本当の商売繁盛を目指す精神のなかには、自分の提供する品によって客に喜んでもらうことを心から願う気持ちが不可欠のものとして含まれている。この気持ちがなく、ただ儲けることの快だけを追求してもかえってうまくいかないというのは、ほとんどの成功した実業家が口にすることである。

同じように、いい品を作ろうと魂を込める職人の努力とその欲求がかなった時の満足感（快）とは、それを使う他の人たちの満足（すなわち職人にとっての善）にそのまま重なり合っている等々。

**カントは道徳的な善と幸福とを原理が異なるものとして切り離し、前者を幸福実現の「手段」と考えることを絶対的に拒否するために、こういう現実面にあえて目をふさいでいるのである。**

さて、彼は、なぜこれほど徳と福との不一致の原則にこだわるのだろうか。

この疑問は簡単に解ける。次の引用を見よう。

《確かにわれわれの幸と不幸とはわれわれの実践理性の判定においてきわめて重大な意義を有するものである。

もしわれわれの幸福が、理性のとくに要求するように、一時的の感覚によってではなく、この偶然事がわれわれの全存在ならびにこの存在に対する満足に対して有する影響如何によって判定されるとするならば、感覚的存在者としてのわれわれの本性に関する限りにおいて、われわれの幸福は唯一の重要事であろう。けれどもそれのみが絶対的に唯一の重要事なのではない。（中略）

もちろん人間は、とにかく彼に対してつくられたこのような自然的体制に従って彼の幸不幸を常に考慮するために理性を必要とする。けれども彼はそのほかにより高い使用のためにも理性を有するのである。

すなわちそれ自体善でありあるいは悪であるところのもの――これについては純粋な、感性にまったく左右されない理性のみが判断しうるのであるが、――をも考量するのみならず、この判定と彼の判定（引用者注――幸福実現のための実践理性の判定）とを全然区別して、この判定を前の判定の最高の制約とするために、理性を有するのである。》（『実践』「実践理性の分析論・第二章」）

引用部前半では、理性が幸福追求のために使われることを部分的には容認して、いかにも寛容さを示しているかのように読める。しかし、読み違えてはならない。カントが本当に言いたいことは、引用部終末の「すなわち」以下数行にある。

これでわかるように、カントは人間の理性のはたらきが、単に幸福追求の知恵として与えられているのではなく、また「それ自体として善もしくは悪である」ものを正しく判定するために与えられているだけなのでもない、さらに進んで道徳的な善悪の判定そのものによって**幸福追求の判定を絶対的に制限してしまうところにこそ**、その本来のはたらきがあるのだと力説している。つまり理性の本領は、ただ道徳的価値の実現にのみあるのではなく、幸福追求のために知恵をはたらかせるその力が独り歩きしないように抑え込んでしまうところにあると言っているのである。

言うまでもなく、こういう考え方は、人間の理性は、ただ動物の本能と同じように感覚に奉仕するものであってはならず、幸福追求を目的として用いられてもならず、また、ただ善悪の判断のためにだけ用いられてもならず、これらの理性の働きそれ自身を統制するいっそう高い使命をもっているという道徳観が基礎になっている。**きわめて抑圧的な道徳至上主義**である。

このロジックの背景にあるのは、「幸福＝感覚的満足＝動物にも共通する、より低い価値しか持たないもの」、「道徳＝理性の行使＝人間にのみ可能なより高い価値をもつもの」という、単純きわまる図式的な断定である。

もう少し言うと、ここでイメージされている「幸福」とはあくまで主観的レベルにとどまる「よきもの」の概念であり、これに対して「道徳」は、あくまで客観的な視点を確保した上での「よきもの」の概念ということになろう。

なんという単純な図式的断定だろうか！　しかし、この単純な図式こそが、じつにプラトン以来の西洋哲学の核心部分を支配してきた当のものなのだ。なぜ西洋の哲学史は、デカルトやハイデガーも含めて、かくも執拗に感性、感覚、感情、情緒、欲望などの概念を、より低いもの、主観に限定されたものとして見下し、これに対して感覚界を超えたイデア、主観的関心に惑わされない知性、欲望に支配されない理性、快楽追求におぼれない道徳性、日常性に堕落しない本来的な自己、などの概念を、ほとんど痙攣的と形容したくなるほど、懸命になって打ち立てようとしてきたのか。

## ◉情緒、感覚の軽蔑という西洋哲学の伝統

すでに本稿でしつこく扱ったように、はじめに、物事の抽象へ抽象へと向かう力学をもっている言語の特性を巧みに利用したプラトンの壮大な詐欺があったのである。その詐欺は、見事に西洋の哲学界を長く支配する力を示した。それは要するに、公的な秩序を維持するためであった。つまり自分た

ちが抑えきれずに駆り立てられてきた強い欲望（特に情欲）を何とかコントロールして克服したいという隠れた動機が彼らのうちに共通に存在したからに他ならない。

しかし、ここにこそ、西洋哲学の欺瞞の根っこがある。なぜなら、**哲学とは、「学の学」として、あらゆる偏見から自由に、普遍的な真理を追究するという体裁を伴っているのに、じつはその体裁の陰で、初めから「感覚＝低いもの、理性＝高いもの」という価値審級を当然のこととして密輸入している**からである。

なぜ感覚や情緒が「より低いもの」であると断定できるのか。この問いに西洋哲学はきちんと答えたことがあっただろうか。それはニーチェが登場してこの欺瞞を暴くまではほとんどなかったといってよい。わずかにデカルトが認識論の範囲内で、感覚は誤りやすいという例を示しているくらいなものだが、それとても大いに批判の余地がある（大森荘蔵『知の構築とその呪縛』ちくま学芸文庫参照）。つまり、西洋哲学は、長い間、自分の本懐とするところとは裏腹に、もともとカントに代表されるような「道徳的（宗教的）拘束」の鎖につながれていたのである。

この欺瞞はまた、感覚や情緒をパッシヴ（受け身的）なものとしてとらえる西洋の言語的慣習のなかによく象徴されている。パッションは受苦であり受動であると同時に、情熱でもあるのだという。この矛盾した言語的把握を私たちは素直に受け取れるだろうか。おそらく彼らの言語的慣習のもとでは、つぎのようなロジックがはたらいてきたのだと考えられる。

その強さ激しさにおいて、情緒や情動や情欲は、抑えがたく内から沸き起こる「情熱」的なものと考えざるを得ないが、それを、自分たちを構成する欠くことのできない要素と認めてしまっては、公共の秩序を維持することができない。そこで、それらは外からやってくるもの、主体が受けとめるものとして、その責任を「より価値の低い」他者（たとえば対象化された動物的な自然や、女の誘惑）に押しつけなければならなかった。

聖書の創世記では、まず蛇が女であるイヴをそそのかし、イヴが男アダムをそそのかすという順序になっている。理性の代表者を僭称してきた男たちは、自分の欲望を、自分を構成する要素として肯定せずに克服の対象とみなし、初めからその原因や責任を外部になすりつけたのだ。誘惑と戦って禁欲を貫こうとする修道院の童貞僧侶たちの大まじめな姿が目に浮かんでくる。カントの道徳論は、まさにその近代ヴァージョンである。

日本思想や仏教でもそれは同じではないかといわれるかもしれない。しかし日本古来の思想は、よく知られるように、自然を自分にとって外的な客体として対象化する感性とは無縁である。たとえば優れた短歌の自然詠によくあらわされているように、景物の描写が同時に主情の表現にもなり得ている。また神道の精神は、自然を、生活に直結した親しいものではあるがしかし時には暴威を振るって生活を根こそぎにするものとしてとらえる。それゆえ伝統的な日本人の感覚では、自然は常に、その姿のままに畏怖尊敬すべきものである。

ここには、そもそも**欲望を肯定するか否定するかといったような過度な倫理的選択の問題は発生する余地がない。**内部と外部とは明瞭に区別されず、情緒は逆らいえない流れ、自分もそこに乗っているものとして受け止められる。これは、公共的秩序への関心がもともと薄いことと表裏をなしていて、政治的統制術があまり得意ではなく、そういうものが必要なときには、外来の思想を借りてきたのである。だらしないと言えばだらしないのだが、少なくともここには西洋哲学的な欺瞞を創出する必然性がない。学としての倫理学が内部からは発達しなかったゆえんでもある。

また、仏教にも修行僧はおり、彼らは選ばれた者たちとして厳しい戒律を守ることを強いられはした。しかしもともと仏教では、欲望を、この世にあるかぎりはけっして逃れられない「煩悩」としてとらえるので、それは必ずしも、すべての衆生にとって克服しなくてはならない主題ではないのである。ユダヤ教やキリスト教（カトリック）のように、割礼や懺悔告解や聖体拝受のような慣習が一般大衆の生活に根づいたことはなかった。

伝統的な西洋哲学における感覚、肉体、情緒、感情、欲望への骨がらみの蔑視は、人間や自然のあらゆる事象を公平に取り上げて真剣に考える哲学や倫理学本来のあるべき姿をたいへん歪めたというべきである。それは、超越的な一者への帰依をひたすら勧めるという意味で、**現実に対する一種のニヒリズム**を含んでいる。カントの倫理学はその極みといっても過言ではない。

いったい、これらのアイテムがただ社会的人格の完成の邪魔になるとか、公共性を養わせなくさせる危険があるという道徳的・教育的な理由だけで、あるがままにそのあり方を受け止めて探求しようとする哲学の心を捨ててもよいものだろうか？

私は人間の身体性や情緒性を哲学的な探求の標的としてとらえることは、倫理学的にも重要な意味をもつと考えている。しかし、その場合にそれらを、プラトンやカントのように倫理学を成り立たせるための否定的な媒介とみなすのではなく、共同存在・人倫存在としての人間の本質構造を担うものとしてとらえるべきだと思うのである。なぜならば**人間の身体性や情緒性は、一見そう見えるように、ある個体に固有な閉じられたものとしてあるのではなく、もともと共同性をかたちづくる本質的な要件だからである。**

このことは、次のような事例を思い浮かべるとわかりやすい。すなわち、芸術への共通の感動、おいしい（まずい）食事はほぼ誰にとってもおいしい（まずい）と感じられ、しかもどのようにおいしい（まずい）かについて細かな点まで言葉で共有できる事実、親しい者どうしの無言の気持ちの通じ合い、表情や身振りの模倣可能性やその意味の直感的な共通理解、ある感情の集団的発生と伝播など（身体や情緒についての私自身の言及については、『エロス身体論』平凡社新書、『人はなぜ働かなくてはならないのか』洋泉社新書、既出『日本語は哲学する言語である』などを参照）。

### ◉自愛と他愛の二分法の誤り

最後に、繰り返しになるが、このことに関連して、先に触れたとおりカントが幸福の原理をすべて無前提に「自愛」の原理に直結させている点の誤りを指摘しておこう。

《理性的存在者の全存在に不断に伴なうところの生の快適に関する意識は幸福であり、またこれを意志の最高の規定根拠とするところの原理は自愛の原理である。したがって、意志の規定根拠を、なんらかの或る対象の現実から感じられる快あるいは不快に置くところのあらゆる実質的原理は、これらの原理がすべて自愛すなわち自己幸福の原理に属するかぎりにおいて、**全然同一種類のもの**である。》（『実践』第一篇・第一章・第三節）

生の快さについての意識が「幸福」であることには異論はないが、問題は、その生の快さの意識が、すべて自愛を原理とするところから生まれてくるという論理である。

見落としてはならないのは、生の快さの意識、すなわち幸福感が、果たしてカントが同一視したがっているように、いつも「自愛」を原因とするものであるかどうかという点である。私たちが快や幸福を感じるとき、それはほんとうに他者と切り離された限りでの「自己」への執着に由来するだろうか。ちなみにカントがそう考えていたことは、次の引用によって明らかである。

《あらゆる傾向性（このような傾向性は、かなり統一のある体系に纏められうる、その場合にその満足は自己幸福と呼ばれる）は相ともに**我欲**を構成する。我欲は自分自身に対する極度の**好意**である自愛の我欲か、そうでなければ自分自身に対する**満足**の我欲かである。前者は特に**私愛**といわれ、後者は**自負**といわれる。》（同・第一篇・第三章）

ここで「傾向性」とは、理性的な意志の自由に従わず自然の法則に服従することを意味する。感情や欲望や衝動などに動かされて何か行為することは、すべて「傾向性」のなかに分類される。傾向性を満足させることがすなわち「自己の幸福」であり「利己心」であり「自愛」であり「自己愛」または「自負」であるというのである。

たしかに、おいしい食事をして幸福感を味わうというような単純な個人的欲求満足の場合、それは「自愛」の原理にもとづくと考えてよいだろう。しかし、その幸福感さえも、ひとりでおいしさを味わう時よりは、気の合う仲間と楽しく食事したほうが、ずっと大きくなるのではないか。家族で行楽に出かけて子どもたちが喜んでいるのを見て、親が幸福感に浸る場合、それは「自愛」だろうか。

またたとえば、先に挙げた例のように、人は困った人を助けることができると幸福感を味わうし、よい商品や作品を提供して人に喜んでもらうと、自分だけでその品物に満足しているのに比べて幸福感が倍加する。多少とも長く仲良くつきあってきた人が何かの栄誉を受ければ、わがことのようにうれしくなるというのも、しばしば経験することである。

こうした「幸福」の事例を、他者と区別される限りでの「自愛」の原理によってどのように説明できるというのか。カントの頭の中には、**分断された個人としての自己と他者との区別に重なり合う「自愛」と「他愛」の二分法の原理しかなく、**それをまたそのまま「幸福」と「道徳」の非妥協的な対立原理に適用しているのである。

こういう考え方は、近世から近代初期の西欧における知的社会を支配した思想図式として通り相場だったのかもしれない。たとえば17世紀フランスのモラリストとして名高いラ・ロシュフーコーは、その著『箴言と考察』の冒頭を「われわれの美徳は、ほとんど常に、仮装した悪徳にすぎない」というシニカルな一句で飾っている。彼は、友愛や博愛や謙遜や貞節や勇敢などの美徳を、すべて自己愛の変形であり虚栄心の屈折した表現であるとみなした。これはこれで鋭い人間洞察として大いに評価できる部分があるが、しかしいっぽう、この種の「人間通」的なものの見方にあまりに淫するのもどうかと思われる。それは、つまるところ、カント的な道徳至上主義（他愛原理主義）の反転した鏡にすぎないともいえるからだ。すべて美徳とされているものは、その化けの皮をはがせば虚栄であり自己愛であるという人間認識こそ、まさにその対極としてのカント的な道徳的絶対理想を要請するのである。なぜなら、論理的に言って、こういう把握の仕方（言語の用い方）そのものに中間項は考えられないからだ。

しかし人間は、自愛精神か他愛精神かのどちらかに徹して生きることはできない。だれしも自愛を通しての他愛、他愛を通しての自愛、両者のあいまいな混淆状態を行きつ戻りつしながら生きるのである。これを幸福と道徳というカント好みの二元論的な用語につなげて言い換えるなら、**人間は幸福になろうとすることを通して道徳の意義を理解し、徳を身につけることをめざすことを通して幸福の可能性をつかむ**のである。両者は言語によって截然と分かたれるような非妥協的な要素ではない。それは、不幸に陥ったものがしばしばそのことで不徳を犯し、不徳を行ったものがしばしばそのことで不幸になるのを見てもわかる。

ソクラテスやプラトンの時代には、ここでカントが行っているような「善」と「快」、「他愛」と「自愛」の妥協不可能な分節は明瞭ではなかった。「善」という概念は道徳的なそれに特化されず、「幸福」概念とも折り合いが悪くなかった。彼らの時代には、公的正義と私的快楽とを鋭く対立させる意識はあったが、「よきこと（アガトン）」という場合は、「善」「快」「優」のすべてを未分化な形で包含していた。だからこそ、プラトン自身は、その言語使用の実態を利用しながら、本当の「よき」生き方とは何かという問題を提起し、それを正義や徳や道徳的な善の概念の方に思いきり引っ張っていくことができたのである（『ゴルギアス』他参照）。

以上のことは、人間がもともと、互いに孤立した個人としてあるのではなく、ひとりひとりが共同存在・関係存在としての本質的な存在構造をもっているところに理由が求められる。人は人とともにあることによってはじめて「人間」となるのであり、その場所にこそ幸福の源泉があり、人倫の要請もその場所においてこそ立ち上がるのである。

第六章
# ニーチェの道徳批判

## 1. ニーチェの選民思想

### ◉ニーチェ思想とつきあうには

カントの倫理学を批判したあとでは、どうしてもニーチェ思想を批判的に検討しなくてはならない。まず言っておきたいこと。**ニーチェはひとりでたくさんである**。こんな矯激で誇大妄想的で狂人に近い思想家は、あとにも先にも存在しない。事実彼は発狂したのだが、処女作『悲劇の誕生』およびその前後の論稿から、すでにその兆候はうかがい知れる。皮肉なタイトルである。この著作はまさに彼の人生にとって「悲劇の誕生」であった。1889年1月3日の路上での昏倒前後、コジマ・ワーグナー夫人はじめ何人かに送った書簡は、不意の精神錯乱の証拠として有名だが、逆に私はそう思わない。そこには、彼の年来の類を絶したこだわりが、ある連続性のもとに刻印されており、ここで突然おかしくなったなどとは言えないのである。

いまそれを追うことはしばらく措くが、ここで言いたいのは、以下の三点である。

第一。この思想家の悲劇が、彼の育った精神風土、文化的背景、彼の生きた時代に深く結びついたものであること。

そこで第二。その精神風土や文化的背景や時代の特殊性に想像力を馳せずに、ある抽象レベルで(たとえば「哲学」という名のターミノロジーによって)切り取られた彼の言葉群だけをとらえて合理的な解釈の枠組みの中に安置しようとする試みは、この思想家の体質がもともとはらんでいた獅子身中の虫(自分や周囲を苛む猛毒)に目を塞ぐ以外のなにものでもないこと。

したがって第三。ニーチェ思想とできるだけ公正につきあうには、彼自身の独特の体臭、踊るようなその文体、大仰で極端な言葉の所作、矛盾も顧みずにやたら繰り出される語彙の驚くべき量とスピード感といったもの、要するに彼固有の思想体質そのものを常に感じとりながら、それに対してお前はどう思うのかとたえず自問するのでなくてはならないこと。

### ◉認識論哲学への貢献はさほどでもない

ちなみに右の第二点目に関して一言しておきたい。

一般に、ニーチェは、カントによって暗々裏に用意された認識論上の押さえをさらに一歩進めた哲学者として位置づけられている。カントによれば、世界はもともと現象の多様であり、それをとらえる感性的直観、カテゴリーによる悟性的な把握、さらに進んで純粋理性の統覚によって統合されることで初めて一定の仕方で認識されうる――カントはこの考え方をみずからコペルニクス的転回と呼んだ――が、「物自体」はけっして認識されえないとした。

これは理性の限界を画定する彼の試みの一つで、これによって人間理性は絶対的な真理そのものには到達しえず、ただそれに向かっての要請のみをもつという立場であるから、一種の相対主義を呼び込むものである。彼自身は人間の認識作用の基礎づけを行ったのだから、もちろん相対主義者ではない。人間の理論理性の限界設定を施したということは、それを超えるものの存在（神あるいは物自体）は実践理性によって承認するほかないと宣告したことでもあり、この承認の絶対感情はカント自身のなかでは、疑い得ないものだった。だがそれでも、このような思考様式が、相対主義を忍び込ませる木戸口を開いていたことは否めない。神や自然や道徳に対する敬虔感情の希薄化がその忍び込みを呼び起こすだろう。

ニーチェは、この相対主義的把握をもっと徹底化して、世界についての客観的真理なるものはそもそも存在せず、それぞれの主体、種族のもつ「遠近法」によるさまざまな解釈が存在するだけだと強調した。「真理」とは捏造でありでっち上げであり虚妄であるという表現は、彼が書き散らした断片のいたるところに散見される。

この相対主義的把握はやがてポストモダン哲学に継承されるのだが、ニーチェ自身は自分のこの相対主義的な把握に満足していたわけではなかった。世界の究極原理としての「力への意志」というアイデアを何とか普遍化させようとしたのである。しかしこの概念は、現代の洗練された哲学的感性から見れば、ショーペンハウアーの「意志」概念と同じで、一種の「古き良き」形而上学臭を免れていないように思われる。

ところで私は、こういうニーチェの考え方を認識論哲学史上の「一大事件」として位置づけることにさほど大きな意味を認めない。というのは、ニーチェがこういう問題意識に哲学的にとらわれていたのは、彼の生きた十九世紀ヨーロッパの知的風土を考えれば、別にそれほど珍しいことではないからである。十九世紀ヨーロッパは、ダーウィンの登場に象徴されるように、前世紀から続く自然科学の大きな成果を踏まえて、生物や生命の不思議な展開の仕方、その力の秘密と驚くべき多様性という問題に大きな関心が寄せられた時代である。たとえばスペンサーの社会進化論などは、明らかに有機体の生命力の秘密は何かというこの時代の関心を直接に社会構造の解明に適用しようとした産物である（ダーウィンの『種の起源』よりは早かったが）。

ニーチェも例外ではない。彼はよく最新の自然科学を勉強していたし、その影響を強く受けていた。その枠内では、彼は、生命論的、生気論的な唯物主義者の一員であったといっても過言ではない。客観的・絶対的な真理というようなものはなく、世界は、それぞれの個体、種族、民族、人類、生命体などの「力への意志」の伸長のために、それぞれのかたちでそのつど解釈されるものにすぎない――現にこの考え方は、生物学という枠内では、後に生物学者のユクスキュルの篤実な研究によって「実証」されることになる。ユクスキュルは、生物種によって、この世界の見え方、感じ取られ方がいかに違うか、それがその生物の行動パターン（生きる必要）といかに密接な関係を持っているかを指し示したのであった。

ニーチェの場合には、そこに生命体の生き抜く力による世界解釈の変更という力動論的な要因が付け加えられる。さまざまな力の作用によって解釈そのものが変更されてゆく。力のより強いものの解釈がより弱い者の解釈を踏み潰し圧服してゆくのである。すぐ連想されるように、これは俗流ダーウィニズムの「生存競争・適者生存」の考え方にきわめて近い（ダーウィン自身の生物学思想は、これとは違っている）。ニーチェはその方法論を人間世界に援用したのだ。

こうして彼はいわば、当時のヨーロッパの学問的流行現象の一つであったダイナミックな生命力理論を、**自分の思想的動機の表明のために利用した**にすぎないのである。その動機とは、これまでのキリスト教的、プラトニズム的な道徳主義の固定した歴史が、生、肉体、欲望、エロス、芸術といった、この地上において創造的な展開をしてゆく運動の否定と軽蔑と抑圧の上に成り立ってきた事態に我慢がならず、それを根底からひっくり返してやろうとする動機である。ちなみに前章で『道徳の系譜』の一節――「よい・悪い」の貴族的起源と奴隷的起源の対立関係を紹介したが、そこでは、ルネサンスは前者に属し、宗教改革は後者に属するとされていた（201ページ）。

自分は、いわくありげに高尚ぶったキリスト教の道徳的権威主義の最大の犠牲者であるという自意識に、彼は終生縛られていた。彼がしばしば、キリスト教道徳や学者たちの青ざめた禁欲主義を、単なる生理的、心理的な、治癒不能の「病気」としてしつこく論難しているのはそのゆえである。

じつはこの点が一番大事なのだ。だから先に述べたように、彼の言葉を、抽象的に整理された認識論哲学史の棚のなかに画期的な転回点として収めることは、**彼の思想の核心を理解することにとってさほど意味がない**、と私は思う。それよりもなぜ彼が、ヨーロッパはプラトニズムやキリスト教によって二千年もの長い間ペテンにかけられていたとあれほど激しく告発し続けたか、という生々しい声を聞き取ることの方が重要である。そして、この生々しさは、じつは私たち日本人にとっては、さほど文化的・心理的なリアリティを感じられないはずのものなのである。

### ◉日本におけるニーチェ人気のおかしさ

ところがおかしなことに、哲学好きの日本人読者、特に戦後の読者の間では、ニーチェは一番人気である。大いなる皮肉を込めて言いたいのだが、私には長い間、なぜこんな微温的で「民主主義」的で「八百万の神々」に親しみ「和」の精神を尊ぶこの国で、しかも敗戦によってかつてなく戦闘精神を去勢された時代に、それと全く反対と言っても過言ではないこの思想家に人気が集まるのか、さっぱり理解できなかった。想像するに、それには次の二つの理由が考えられる。第一のものは、ニーチェ思想に対する半端な理解であり、第二のものはほとんどニーチェ誤解である。

①日本型世間のムラ社会的な精神構造に同調できない不適応者、孤独者、インテリたちにとって、ニーチェの極端な個人主義、貴族主義精神による同時代嫌悪の感覚表出が、自分を代弁してくれるように感じられること。つまり日本でのニーチェ人気は、一部のインテリ読者たちが自分の生きている社会の空気に対して抱く被抑圧感の反動形成によって支えられていること。

②ニーチェ思想には、生き方に悩む一人ひとりの個人を勇気づけ、生きる意欲を与えてくれるようにみえる要素があるため、彼の言葉が、**誰にとっても当てはまる**癒しの哲学であると受け取られやすいこと。

なぜ①のような形で彼の思想が支持されるのか。それは次のような事情にもとづいている。

この日本社会のだらけた空気、蔓延の度を深める大衆社会（ミーハー社会）の支配、目先の私利私欲の追求や権威への卑屈な媚びへつらいにだけ走って、物事をきちんと考えて勇敢に行動しようとしない百姓根性。こうした傾向に対して我慢がならない感性や知性の持ち主が、ニーチェというとびきり反時代的な思想を貫いた哲人の権威を借りることによって、自分の社会批判の主張が正当性をもつように感じられ、結果的にアイデンティティがかろうじて自分のなかで保証されることになるからである。

しかし、こういう「利用」の仕方は、すでにニーチェ自身の遠近法によって「力への意志」の一形態として相対化されているし、また『ツァラトゥストラ』のなかで、「ツァラトゥストラの猿」として戯画化されている。

ニーチェはキリスト教奴隷道徳がもたらしたルサンチマンの正当化としての民主主義的風潮の支配をただ批判しただけではなく、それを乗り越えるための新しい価値観をいかに創造するかという問題意識に異常な熱意を持って終生こだわり続けた。資質のすぐれた人間をえりすぐって訓育と鍛錬を施すという教育的課題にしばしば言及しているのはその証である。

彼は、ソクラテス登場以前の古代ギリシア人の芸術精神と古代ローマ人の戦闘精神こそがそのお手本であり、あとの文化はすべて堕落である（ルネサンスだけは別）と決めつけ、古代ギリシアや古代ローマにその夢を託した。しかし結局それは見果てぬ夢に終わった。その点では、ルソーやD・H・ロレンスにもつながる。

彼は自分の孤独な性癖や貴族趣味から、同情や憐みや相互扶助の徳にとびきりの嫌悪を示したが、事実、常識的に考えて、こんな極端な自己投影がそのまま受け入れられるはずはない。ヨーロッパ古代社会の支配層においても、同情や憐みや相互扶助の徳が生きていたに違いないのである。ちなみにこの点では、人間には「憐れみの感情」が自然に備わっているとしたルソーとは異なる。

しかしいずれにしても、近代ヨーロッパの知識人たちにとって、古代社会があこがれの的であり、自分たちはそこから堕落の一途をたどってきたという自己否定的な受け止めはわりあい共通しており、だからこそニーチェのような思想も受け入れられる素地があった。たとえば現代人の退屈な一日をそのまま綴ったことで有名なジェームス・ジョイスの『ユリシーズ』は、ホーマーの雄大な叙事詩『オデュッセイア』の冒険物語のパロディであり、現代人の自己批評にほかならない。ユリシーズとは、この叙事詩の主人公オデュッセウス（ウリクセス）の英語読みである。

近代ヨーロッパ知識人のこの自己否定的な心理を文化的な素地として、ニーチェ独特の大衆蔑視感覚と過激な通俗道徳批判、その底にある彼自身の根深いルサンチマンとを継ぎ足せば、彼の思想の骨格は概略その出所が明らかとなる。こうした歴史的文化的な背景を深く考えずに、彼の言葉そのものを、それだけで現代日本の大衆社会になじめない感性・知性の持ち主が自分の自己保存にとって有効な道具として利用する態度は、浅薄のそしりを免れない。再び言うが、ニーチェはひとりでたくさんである。ツァラトゥストラの猿は要らない。

## ◉運命愛思想はキリスト教的ニヒリズムへの対抗

次に「②ニーチェ思想には、生き方に悩む一人ひとりの個人を勇気づけ、生きる意欲を与えてくれるようにみえる要素があるため、彼の言葉が、誰にとっても当てはまる癒しの哲学であると受け取られやすいこと」について。

現代日本のニーチェ論者・研究者・紹介者の一部には、こういう立場をとる人が多い。その要因として第一に考えられるのは、日本が豊かな先進社会になってから、多くの人が明日の食物の心配からとりあえず解放されたために、人々の関心が個人的な人間関係の問題に集中しがちになった点である。もともと繊細だった日本人の精神はさらに繊細化し、少しのことに傷つく人が増えている。精神科医やカウンセリングや人生相談が大はやりである。

どうすれば落ち込みから回復できるのか。どうすれば他人とのかかわりで自信を持って生きられるのか。周りから自分の価値を認めてもらうにはどうすればいいのか。多少ともデリケートな人たちは、こういう問題で深刻に悩んでいる。

そこでニーチェの役割である。彼は、自分よりも強い人にルサンチマンを抱かず、与えられた条件を恨まず、運命を引き受け、かつて一度でも幸福な瞬間があったのなら、この理不尽で無意味に感じられる生をあるがままに肯定して生きよ、と力強く説いている――ように見える。このことが、人間関係が傷ついて落ち込みやすくなった人々に、いっとき癒しの効果をもたらすと受け取られているのではないか。

しかしニーチェの運命愛の思想は、もっと徹底的なニヒリズムをくぐり抜けた果てに到達した独特の境地である。凡人のよく馴染みうるものではない。その現世肯定思想の極限形式が例の「永遠回帰」である。

さてその「永遠回帰」であるが、これがまた実に奇妙な着想である。こんな着想が、本当に**私たち近代人の普通の時間感覚**にフィットするだろうか。ニーチェ自身が『力への意志』のなかで、この奇妙な着想に合理的な根拠を与えようと苦心しているが、それは成功しているようには思えない(中島義道『ニーチェ　ニヒリズムを生きる』河出書房新社)。日本でも萩原朔太郎などが、あまり論理的な明晰さの持ち合わせがないのに、この思想の論理的な解釈の試みを行っているが、これも説得力がない。

要するに、いずれの場合も、この世界を作っているすべての要素(アトム)の結合関係は、要素が有限個であるかぎり、一度作られた組み合わせの系列は、無限の時間の中で、いつかはまた同じ結合関係を作るに至るだろうというのである。しかし、これは何重にも無理な想定である。要素が無限個であったらどうなのか。ある結合関係が解体した後に、世界が突然終焉して「無」になってしまい、それ以上どんな生成も起きないということもありうるのではないか。そもそも世界をどうして分解された要素の集合と見なすことができるのか。要素とは、人間自身の世界把握のうちの一つの方法にすぎないではないか等々。

私も若いころニーチェにかなりかぶれたことがあり、この永遠回帰という奇妙な着想を何とか体感的に納得しようと苦しんだことがある。しかしそれは無駄だった。実感できない時間感覚を理解しろと言われても無理である。

かくするうち、これはキリスト教救済思想を支えている終末論的な歴史感覚に対するアンチテーゼであろうと考えるようになった。

キリスト教の救済思想（ニーチェが口を極めて罵ったパウロによる）は、まず全能の神による天地創造を前提とする。その上で、われわれは、神のひとり子が十字架にかかることで人間たちの罪を贖ってくれたという一回的な事績を信じることで、終末において最後の審判を受けて救われるという直線的な歴史物語を提供する。こういう物語が成立するためには、時間が世界の始まりから直線的に流れてゆくという形式的な条件が必要である。ニーチェは、この救済思想の欺瞞性を根柢から指摘するために、直線的な時間意識そのものに抗わなくてはならないと考えた（感じた）のではないか。

ニーチェは自分の文化環境を心から呪い、キリスト教文明に見られるユートピア主義を、あの世でなら必ず支払うという偽の借用証書ばかり振り出し続けるニヒリズムと規定した。またキリスト教道徳を、弱者がルサンチマン解消のために編み出した奴隷道徳であると生涯断罪し続けた思想家である。

この反逆意志の文脈の中においてみるとき、「永遠回帰」という奇妙な着想は、かろうじて（ほとんどニーチェ自身の気違いじみた執着と情熱にとってのみ）意味を持つ何かである。

なるほどキリスト教の救済思想をニヒリズムとして規定し、その道徳を畜群や賤民のために用意された奴隷道徳として徹底的に否定するためには、個体の生命時間をはるかに超えた創造から救済（審判）へという直線的な時間進行の物語そのものにどこかでストップをかけなくてはならない。

ちなみにこの着想に至ったニーチェの頭の中には、ショーペンハウアーなどによって触発された仏教的な世界観が（半ば否定的に）媒介されていると想像される。仏教では、煩悩から永遠に解脱できない生類の輪廻転生の考え方を基礎として、そこから仏の慈悲による救済思想を導き出すからである。この世界観のなかには、一部に、過去は未来であり未来は過去であって、世界ははじめも終わりもなく循環し、生類はその循環を永遠にさまよい続けるという発想がたしかに見受けられる。じっさいニーチェは、キリスト教に比べて仏教を「成熟した宗教」として一定程度評価していた。

いずれにしても、ニーチェにとって「永遠回帰」は、キリスト教全体をニヒリズムと決めつけ、その道徳を賤民道徳として頭ごなしに否定するためにぜひとも必要な道具立てだった。しかし彼は、この着想自体もまた、ニヒリズムの表現であり、むしろその徹底化であると自覚していた。これは納得がいく。生のすべては、空手形ばかり振り出す救済思想によってごまかされようと、ただ同じことが永遠に繰り返されるのが実相であろうと、いずれにしても無意味、無価値であることには変わりがないからだ。

だが彼は、この事態を何とか独力で克服したいと無理なことを考えた。人類が骨の髄までやられているニヒリズムの病を一人で背負って治癒したいと気負ったのである。凡人の幸福に甘んじることは奴隷への屈従と等しい。科学的な合理主義も解決にならない。政治や経済によってできるだけ多くの人に幸福や快楽を配ることも許せない。もし克服できるとすれば、唯一、天才や超人、すなわち特別に選ばれた者だけがそれを可能とするはずだ。ほかに出口はあり得ない。

その実現（ニヒリズムの克服）のためには、凡庸な者、賤民、出来損ないの者ども、畜群、奴隷などは、どんどん犠牲に供されてしかるべきである。そしてニーチェは自分もその選ばれし者の一員になりたい、その一員に違いないと思い込むようになった。ここまでくれば、彼の誇大妄想は完成する。だが世界の様相は絶望的で、ほとんど誰も自分の声に耳を貸そうとしない。かくして彼は狂ったのである。

ニーチェは、貴族道徳と奴隷道徳との間に妥協不可能な境界線を引いた。これは一見、人間には「賤民」ばかりでなく、高貴な民もいるという実体的な差別を強調しているかに見える。しかし一方では彼は、「人間全体」を出来損ないとみなしていたフシが多分にある。彼のアフォリズムに「人間は神が創った失敗作なのか。それとも神が人間の創った失敗作なのか」というのがある。だからこそ彼は、「超人」というイメージを定着させようと必死になったのである。

ちなみに炯眼な読者はすでにお気づきのことと思うが、ここまでくると、彼のこの思考過程は、一見キリスト教を根柢から批判しているようにみえて、じつはメシアとしてのキリスト像を立てる救済物語とその構造において相似形であることが見えてくる。

キリスト教はイエスだけを神のひとり子とし、人類の罪（普遍的欠陥、どうしようもなさ）を一人で身代わりとして背負って十字架にかけられた。この（私たち日本人にとっては）異様にしか見えない物語によってナザレのイエスというひとりの男は、唯一の至高存在（神人）として特権化された。

十字架にかけた者たちはみな神を冒涜した自覚なき賤民であり、そうであるゆえに彼らはイエスひとりを神の子としてあがめなくては救いようがない。みな、イエス・キリストの奴隷になりなさい。お前たちの命などは、神と神の子の前では、吹けば飛ぶような意味のないものにすぎない。せめてそのことを自覚しなさい。そうすれば神と神の子は、愛と憐れみによってお前たちを救ってくださるだろう。そこから絶対者への信仰がようやく始まるのだ……。この物語の原型を編み出したのは、もちろんイエスその人ではなく、使徒パウロである。

ところでニーチェは、自分の生まれ育ったキリスト教文化環境を生涯呪いつづけたが、だからこそ自分は、その文化環境の住民である「賤民」によって十字架にかけられる運命にあるのだ、と考えるようになった。あのナザレのイエスがユダヤの賤民どもの手にかかって殺されたように。しかり、私はイエス・キリストの生まれ変わりなのだ！

昏倒前後の書簡二つ。

《私が人間であるということは、一つの偏見です。……私はまた十字架にかかってしまったのだ……》（コジマ・ヴーグナー夫人宛）

《わが巨匠ピエトロに。わがために新しき歌をうたえ。――世は明るく輝けり、天はこぞりて悦

べり。十字架にかけられし者。》(ペーター・ガスト宛)
ミイラ取りがミイラになってしまった。いや、文化としての「キリスト」を殺そうとした者が、自ら「神の子」を演じてしまった!

## ◉ニーチェ思想は新たな価値創造をなしえなかった

さてこう見てくると、ニーチェ思想を、「生き方に悩む一人ひとりの個人を勇気づけ、生きる意欲を与えてくれる癒しの哲学」などと安易に受け取るわけにはいかないことが呑み込めるだろう。少なくとも、彼は「誰にとっても当てはまる」ことなど言ってはいないのであり、逆に、「特別に選ばれた者たち」を設定し、彼らのためにだけ語ろうとしたのだ。『ツァラトゥストラ』の冒頭には、「万人に与える書、何人にも与えぬ書」という謎めいた有名な一句がある。あえて解読すれば、万人とは人間すべてである。この書は、人間すべてが神の子を殺してしまう「賤民」であると宣告しており、したがって私(ニーチェ)の言わんとすることはだれにも伝わるはずはないのだ……。

だから、普通の人間世界のあり方に対して怨念と毒をまき散らしつづけたこの落魄と敗残の「貴族」が、現代日本の大衆社会を生きる、悩める「ひとりのあなた」のためになぞ語りかけてくれるはずがないのである。そこで私は、この種のニーチェ解釈がまかり通っている日本の哲学研究・哲学紹介とは、いったい何なのだ、とあえて問いかけたい。私たち普通の日本人に、この異様な思想家の内部にとぐろを巻いていたどす黒い情念に気安く共感を示すことなどできるはずがないのである。

ニーチェの思想は、キリスト教文明という強烈な背景を抜きにしては、その性格をいささかも感知することができない。彼は、キリスト教をニヒリズムと規定したが、彼自身はニヒリズムの克服者であったのではなく、その事実の忠実な告知者、被害報告者であったにすぎない。それ以上のことを彼はなしえていない。彼にとっては、啓蒙的理性主義、科学的合理主義、道徳原理としての功利主義、民主主義、社会主義、自由平等主義など、すべてがキリスト教的ニヒリズムの延長であり、よって主観的には、すべてが敵であった。しかし敵を呪い敵と戦い敵を克服しようとする言葉を延々と吐き出し続けながら、彼が実際に（思想として）なしえたことは、これらすべてが畜群思想の産物であり、あるべき価値を抹殺するものだという一つのきわめて興味深い反措定を提出したことだけである。

### ◉ニーチェとどう向き合うべきか

そこで、倫理問題を扱っている本書において、この怪物とどのようにつきあうのかという問いを、私たち自身にまず突きつけよう。

第一に、少なくとも私はこの局面では、ツァラトゥストラの猿になるわけにはいかない。もちろん私は平等主義的道徳やイデオロギーとしての民主主義に対して大いに批判的だが、いっぽうでは、生活の中で普通の民衆（といっても色々だが）と対等に会話したり酒を飲んだりするのがとても身に合っている。そしておおむね相手からも好意を持って迎えられる。ニーチェほど孤高を気取って大衆社会風潮を頭ごなしに罵倒する気にはなれないのである。民衆を集団として括ってそれが醸す空気や風潮やイデオロギーに異を唱えることと、一人ひとりの民衆の存在を尊重して対等に接することとは、論理的には矛盾しているかもしれないが、私はその両面を矛盾のままに抱えて現に生きている。欺瞞的なイデオロギーと闘う気は十分にあるが、この共同社会から見放されること、人から嫌われることを心底恐れてもいる。そういう自分であってみれば、彼の猿真似をすることはできない。

ちなみに発狂直前のニーチェの自伝『この人を見よ』のなかに、散歩中に出会う八百屋のおばさんと仲良くなった経験談が出てくる。ニーチェは、「哲学者になるためにはこれくらいでなくては駄目だ」などという自慢の文句を付け加えているが、こんな文句はまことに滑稽である。彼は付近の子どもたちにあの偏屈オヤジをからかってやろうと石をぶつけられているからだ。

八百屋のおばさんとの会話は、哲学者としての自慢に値するのではない。もしそういう話をしたければ、めったに民衆との気さくな会話などできず、女にもてなかった彼自身が、はげしい孤独感を慰められた一エピソードとして、その時のうれしさを素直に表出すべきなのだ。

だから私はこんな時のニーチェに言ってやりたい――おいおい君、何もそんなに意地を張ってエキセントリックにならなくてもいいじゃないか。八百屋のおばさんと話ができてよかったじゃないか。君もひとりの寂しい人間だね、君はふだんから字面の上では同情や共感の徳をあんなに否定していながら、その赤子のような人恋しげな目つきは何なのだ？　と。

第二に、では彼のエキセントリックなところに蓋をして、彼の教説が、普通の現代人の生き方にまつわる個人的な苦しみや悩みや問いに答えてくれるような力づけの効用を持っていると私自身がみなせるかと言えば、それもとんだお門違いである。彼の思想は、そういう普遍的・一般的な「活用」が可能なようにはできていない。なぜなら普通の現代人はほとんどすべて、彼によって、骨の髄まで救いようのない奴隷根性の持ち主であり、畜群道徳の体現者であるとされているからだ。

したがって、彼の思想的情念の核心であるこの一般世間嫌悪の呪いと毒とを水で薄めて解毒した上で、「あなたも読んでごらん。生きることに肯定感が持てるよ」などとおススメするような、日本的生ぬるさによる欺瞞的解釈に加担するわけにもいかないのである。ニーチェの文体と思想はある特殊な人、とりわけ孤独で知的プライドの高い人、選ばれた存在（と同時にはじかれた存在）としての自意識の強い人に対してのみ昂揚感を与えるので、一般読者には適合しない。特に女性読者には勧められない。事実、女性でニーチェに心底から共感を示す人に私は出会ったことがない。

こういったからと言って、私は何も、この特異な思想家を特権的な領域に囲い込んで神棚に祭り上げ、とりあえず敬遠しておこうというわけではない。逆に、そういう特異性をごまかさずに見極めたうえで、この人が倫理思想として何を言い、それが通俗的な道徳意識にどういうショックを与えたかを応分に評価したいと思うのである。

それだけではない。その先が重要である。私は彼の倫理思想に全面的に同調するわけにはいかないが、かといって、彼が自分の反対物と考えていた畜群道徳の新たな代表者を買って出ようというわけでもない。彼に対する違和をきちんと整理して批判にまで鍛え上げ、これまで書いてきたことを踏まえて、こういうふうに考えたほうがいいのではないかという対案を提示したいのである。

つまり、いささか口幅ったい話だが、ニーチェの人間把握と自分のそれとを突き合わせてまっとうに対決したいのである。それをやらないと、彼のよって立つ貴族道徳と、現代の大衆民主主義社会における「思いやりとやさしさと憐れみ」道徳（ニーチェの言う奴隷道徳）とが、永遠に平行線のままに終わるだろう。一方はただ相手を畜群、出来損ないとののしりつづけ、他方はそんな偏屈哲学者など目にもくれない。ナイーヴな「民主主義」信奉者は、衆を恃《たの》んだ善意という名の「力への意志」による同情主義を押し広げてゆくだけだろう。あとは、それぞれの生き方の問題、才能や感受性の違いの問題、体質の問題に還元されておしまいである。倫理思想は発展しない。

## 2. 強弱・優劣の原理

### ◉隣人愛道徳の否定

繰り返しを含むが、ニーチェの倫理思想で特筆すべき点を簡単にまとめておこう。この考え方は主として絶頂期に書かれた『善悪の彼岸』および『道徳の系譜』に顕著にあらわれている。

彼によれば、古代で徳とされたものは、本質的に集団の保持のための戦闘者、貴族のためのものであり、勇敢、自尊心、率先して危険に立ち向かう意志、人を率いる指導力、自己犠牲をいとわない精神、苦難に不平を言わず堪える力、劣弱な存在を堂々と軽蔑する心といったものであり、逆に、同情、やさしさ、柔和、利他、憐れみ、隣人愛、平等、女性的な心遣い、万人に分配される自由といった道徳項目はあまり問題にされなかった。たとえば、彼にしては比較的穏健な調子で書かれている次の二つの引用を見よう。

《(前略) たとえ、そこにすでに思いやり、同情、公正、柔和、助け合いなどが些少ながら絶えず行なわれているとしても、また、こうした社会状態において、やがては〈徳〉という敬称をもって呼ばれ、ついには〈道徳性〉という概念とほとんど一致してしまうような衝動のすべてが、すでにもう活動しているとしても、こんな状態の時期ではそれらはまだぜんぜん道徳的価値評価の範囲には入らない、――それらはまだ**道徳外**のものである。たとえば同情的な行為は、ローマの最盛期においては善とも悪ともいわれなかったし、道徳的とも不道徳的ともいわれなかった。そういう行為が賞賛されることがあっても、ひとたびそれが社会全体の振興、〈国家公共のことがら〉に役立つ何らかの行為と比較されるやいなや、その賞賛には上々のときといえども一種の不満げな軽侮の念がまつわりついた。結局のところ〈隣人愛〉は、**隣人に対する恐怖**に比べれば常に何らか副次的なものであり、いくぶんか慣習的な、気ままな見せかけのものである。》(『善悪の彼岸』二〇一)

《侵害、暴力、搾取を互いに抑制し、自己の意志と他者の意志とを同等に扱うこと、このことは、もしそのための条件が与えられてさえいるならば (すなわち、各人の力量や価値尺度が実際に似たりよったりで、しかも彼らが同一の団体のうちに共に属しているとすれば)、ある大ざっぱな意味において個人間の良俗となりうるであろう。だがこの原則を広くとって、できるならそのまま**社会の根本**

原則とみなそうとするやいなや、ただちにそれは生否定への意志であり解体と頽落の原則であるというその正体を暴露するであろう。このことの理由についてわれわれは徹底的に考えすすめ、あらゆる感傷的な女々しさを寄せつけぬようにしなくてはならない。生そのものは**本質において**他者や弱者をわがものにすること、侵害すること、圧服することであり、抑圧すること、厳酷なることであり、おのれ自身の形式を他に押しつけること、摂取同化することであり、すくなくとも——ごく穏やかに言っても搾取することである。（中略）先に仮定されたように、その内部でも各個人が平等にふるまっている——これはすべての健全な貴族体制に見られるところだが——ような団体にしても、（中略）他の団体に対しては、おのが内部では各個人とも抑制しあっている一切のことを進んで行なわなければならない。その団体は権力への意志の化身であらねばならない。それは生長しようと欲し、周りのものへとつかみかかり、これをおのれの方へ引きよせ、圧服しようと欲するであろう。——これは何らかの道徳性や背徳性から出ることではなくて、それが**生きている**からこそであり、生こそは権力への意志だからである。》（同二五九）

お分かりのように、ここでは概略次のようなことが言われている。

古典時代には、ある共同体の内部の統治者、支配者どうしの間では、互いに多少の自己抑制をはたらかせて、同情、公正、柔和、助け合いなどの感情や行動を示しはするが、それは特に「道徳」とはみなされず、それぞれが均衡を維持する必要からとられたやむを得ない手段にすぎなかった。彼らはじつは同情を軽蔑していた。ひとたび共同体の外部と相対するときには、または敵対者を倒すときには、それらはかなぐり捨てられて、本音がむき出しとなる。その本音とは生の本能的な拡張欲求であり、「力への意志」である。

ここには一応、利他的な道徳心が発動する以前の人間の生に対する現実主義的な視線が生きてはいる。ニーチェは、自己拡張欲求を人間をも含む生命体本来のものとみていた。だから利他的な道徳は、あくまで人間だけが作り出したものであり、しかもそれは弱者の自己保存欲求から編み出されたものであると考えた。彼は、荒々しく暴力的な生の本能を表わすのに、「獅子」とか「猛獣」とか「金毛獣」といった比喩を好んで用いる。そしてこの比喩はまた、この世に支配者として君臨してきた戦士階級、貴族階級の精神にも適用される。これに対して道徳によって馴致され惰弱化した人間どもは、「畜群」であり「羊」であり「奴隷」である。

ニーチェにとって一番我慢がならなかったのは、世界が力と力のぶつかり合いであるという現実を、同情道徳や隣人愛道徳によって隠蔽しようとするその欺瞞性であろう。

ちなみにこの道徳批判の意志は、ちょうど「お互いの思いやりや信頼」に過度に依存するわが日本の戦後社会、特に国際外交のだらしない姿勢に適用するとき、見事に当てはまると言える。まさしく現在の国際社会は、やくざ化した力と力のぶつかり合いにほかならないのに、お人好しの日本人の多くは、相変わらずそのことを実感しようとしないからである。こうした意味では、彼のこだわりには、一定の妥当性があると認めざるを得ない。

## ◉ニーチェの「心理学」は粗雑である

すでに述べたように、ニーチェは、カントが「善と快、徳と福」の二項対立原理で倫理や道徳の問題を押さえようとしたのに対して、「優と劣、強と弱」の対立原理を対置した。この対置は、倫理学の発展史という観点からすれば、落とすことのできない重要な相対化の試みだった。キリスト教道徳に限らず、「よい」の概念を道徳的な「善」の概念にのみ限定して理想化することは、私たちの現世における自己充実と幸福感情と矜持、優れたものへの正しい評価やそれに向かっての実現の意欲といったものに対する抑圧に帰着するからである。

しかし、ニーチェのこの考え方には、いくつかの論理的な欠陥がある。そしてそれらの欠陥は、彼の人間把握の仕方そのものに根本的な誤りがあることにもとづいている。結論を先回りして言うと、彼はカントの道徳主義を激しく批判しているが、その批判に見られる人間把握の仕方は、じつは**カントとも共通する極度に個人主義的、個体主義的な方法**なのである。

先の引用で、彼は、一共同体の内部では、互いの間で同情や寛容や柔和や助け合いなどが一定の良俗として機能することを認めている。しかるに外部に向かうときには、「侵害すること、圧服すること、抑圧すること、厳酷なること、おのれ自身の形式を他に押しつけること、摂取同化すること」なる弱肉強食原理が露出するというのである。だが本当にそれだけだろうか。

たしかに戦闘状態や弱者を征服しようとしているその時点では、敵や被征服者に対してこうした容赦ない攻撃性を示さなくてはならない局面があるだろう。しかし人間のかかわりは、たとえ戦闘状態や征服の最中であっても、いつも単純に、そうした一個体から他の一個体への、一集団から他の一集団への侵害や圧服や押しつけといった一方的な作用だけで成り立っているだろうか。私は、こういうものの捉え方は、二重の意味で間違っていると思う。

第一に、他の個体や、異族に接する時、たとえ相手を力に任せてこちらの意のままにしてやろうと心の中で企んでいた場合でも、その目論みを目論みどおりにうまく実現させるためにこそ、まずその他者や異族が何を望み、どんな性質の存在であるのかを理解しなくてはならない。そしてそのためには、最低限度の意志の疎通が必要となる。また、こちらの積極的な意思表示や行動が、相手の望みや性質にかなうものであると思わせるか、あるいは少なくとも我慢するのはやむを得ないと思わせる必要がある。人間と人間、集団と集団とのかかわりでは、むしろこういう心理的なさぐり合いと駆け引きと友好的な態度の表示が主要なはたらきを占めているのであって、いきなりの暴力的な侵害などは、むしろ例外的な事態に属する。長期にわたる賢明な征服者は、必ずこのことを心得ているものである。戦争の真っ最中である敵国どうしの首脳も、会談が成立すれば握手して抱擁するだろう。

第二に、戦闘状態や征服の最中であっても、同じ共同体の成員どうしの間では、同情（共感や友情や同志愛）、公正、柔和、助け合いなどの徳が現に作用している。たとえそれが演技であってもだ。いや、ともに戦うためにこそ意志や感情の結束が求められるのであり、内部における相互の同情や助け合いや信頼の精神に亀裂が走れば、その共同体はたちまち崩壊の憂き目にあうだろう。内部の秩序維持から外部への攻撃に関心が移るとき、ただ「同情と助け合いと信頼」の道徳から、戦士の征服本能へと一方的な転換が起きるのではない。**前者を内部でより強く維持しつつ、まさにその力を活用して外部に対する後者の共同意思を構成する**のである。じっさいにこのようにしなければ、内紛の危機に見舞われ、異族の征服という対外的な戦略自体がうまく機能しない。こういう人間力学を緻密に考えようとしないニーチェは、道徳否定の感情を性急に表現したいがために論理的な破綻をきたしているというべきである。

さてこれに続いてニーチェは『道徳の系譜』のなかで、この強弱、優劣の原理を軸にして、良心の疚しさや負い目の意識がどのようにして発生したかという「心理学」を語っている。要するに、本来は外に向かうべき力への意志が、現実世界で敗北し挫折したがゆえに（古代ユダヤ民族がその典型としてイメージされている）、その攻撃の矛先を自己自身の内部に向けたのが起源だというのである。

この「心理学」は、フロイトにも大きな影響を与えたようである。フロイトの「心的外傷による神経症」という発想は、圧倒的な外力（主として子どものエロス発動に対する親の立ちはだかり）による自己抑圧という力動的な心の過程に焦点を合わせている。これは、ニーチェが、良心に過度にさいなまれる人々を「神経病者」「精神の肺病病み」と呼んだこととよく符合する。

こういう心理メカニズムはたしかに一部に存在する。しかしこの考え方は人間関係一般をとらえる経路として適切だろうか。ここではフロイトには言及しない（私なりのフロイト批判は、『方法としての子ども』ポット出版、『無意識はどこにあるのか』洋泉社、などを参照していただければさいわいである）が、ニーチェの良心発生論は、人間の複雑な心の成り立ちを考えるにあたって、やはりある種の単純さ、粗雑さを免れていないように私には思える。というのは、彼の良心発生論は、ちょうど自然界にエネルギーの存在を仮定するのと同じように、「力への意志」の普遍的な先在をはじめから仮定しているため、その伸長のベクトルが抵抗や暴力に出会って折れ曲がるという物理的な比喩以上のものを出ていないからである。

### ◉別離の自覚こそが良心の生みの親

私たちが良心の疚しさとか負い目の意識を持つとかいうとき、それは、具体的な人間関係への配慮に支えられている。本書の第一章で記したように、私たちのうちに道徳的な意識が根付く根拠は、個人的には、愛の喪失に対する不安や、共同体から追放される恐怖に求められる。これは誰もが共通に持つ根拠であるために、いわば相互規定的である。だれもが相手（複数が作っている雰囲気でもよい）の気持ちを配慮しながら「なるべく嫌われたくない。できれば仲良くしたいものだ」と案じつつ接する。そこには、うまくいけば、相手からの永続的な承認や愛が得られるかもしれないという未来への期待感情も常に含まれている。これは幼児が親と関係する場合でも同じである。

つまり個の力（エネルギー）、生命力を伸長させていこうとする意志というような疑似実体的なものがはじめにあるのではなく、はじめにあるのは、どうやって関係づくりをしていこうかという配慮なのだ。そしてこの配慮ははじめにだけあるのではなく、よく親しんだ関係世界のただなかを生きていても、知り尽くした相手と日常的に接するときにも、新しい集団に参加しようとするときにも、自分が属している集団に異分子が加わってくるときにも、大なり小なり絶えず私たちにつきまとうのである。

そして、このいわば存在論的な意識に私たちは常につきまとわれているために、実際の生活において、借りを作ってしまったとか、きちんと支払えるかどうかわからないという感覚をどこかに伴わせて生きている。もちろん、この「借り」とか「支払い」という言葉を、実際の借金や決済の意味にとってもかまわないし、純粋に心理的な関係の磁場にはたらく作用と考えてもかまわない。いずれにしても、そういう日常的な配慮（不安）がまずあって、それが「良心」という関係対応のパターン（心の姿勢）を形成させる基盤となるのである。しかしこのことは必要条件であって十分条件ではない。「良心」や「負い目の意識」が確固たるものとして根付くために要請されるのは、これもすでに述べたことだが、私たちがやがてばらばらに別離していく存在であることを自覚しているという事実である。私たちは人と関係を取り結ぶことによって、喜びを得たり苦しみを味わったりするが、この喜びはやがて終わってしまうことを知っているし、この苦しみは完全に贖ってはもらえないこともどこかでわきまえている。なぜなら行きがかりによって永久に別れてしまうかもしれないし、やがてはどちらかが先に死んでしまうからである。

つまり私たちは、少なくとも共生している間は、永遠に返済できないかもしれない借財をなるべく背負い込まないようにしようと互いに感じ合っているのである。**この「死すべき存在」であることの自覚をまって、「良心」という心構えがようやく完成する。**動物は自分がいつか必ず死ぬという自覚をもっていない。したがって動物には「良心」は存在しない。

　我が国には「世間体」という面白い観念がある。個人主義の立場から見れば、こういう観念を気にするのはくだらないこととして軽蔑に値するのかもしれない。しかし、「世間」とは人間が関係しあう世界を端的に抽象した言葉であって、「体」とは、それぞれの実存を規定する基本的な形式のことである。どうあがこうと自分もまた「世間」の一員なのであり、その基本的な形式としての「体」を身に帯びざるを得ない。関係への配慮と無縁な「自由な個人」など存在しないからである。よって、「世間体」とは、まさに「良心」の主体的なあり方を客体化した表現なのである。馬鹿にすべきではない。

　そして多くの人間づきあいを重ねていくうちに、この「良心」あるいは「負い目の意識」をだれもが抱えていることがほぼ確信できるようになったとき、そこに「信頼」という人倫の基本形式が生まれる。「良心」「負い目の意識」の遍在（ふだんは顕在化しないで潜在している）は、人間関係において「信頼」が成立していることの、個人的な表現なのである。

### ◉「強さ」と「善さ」とは互いに包み合う

　道徳に対して極度の反抗意識を持っていたニーチェは、「良心の疚しさ」や「負い目の意識」を、外に伸長すべき「力への意志」がより強い力に出会って挫折し、その攻撃性を自虐の方向に向けかえられたところに成立すると捉えた。これは「良心」そのものをたいへんネガティヴに見ていたことを意味する。たしかに、過度な疚しさや不必要な負い目を抱えることは、自己の生きる力そのものを殺ぐので、よいことではない。しかし、ニーチェの捉え方は必ずしも当たっていない。

古今東西を通して、「信頼」のないところに人間関係は存在せず、人間関係が存在しなければそもそも人間は存在することができない。そして、その「信頼」とは、個人における「良心」や「負い目の意識」という概念を、関係存在としての人間という把握から照らし出した概念である。両者は同じことの別様の表現に他ならない。ある人が良心や誠実さをもっているということは、すなわちその人がだれかを信頼していることなのである。たとえその「だれか」が、彼にとって具体的なあれこれの人間を指すのではなく、さしあたり抽象的な他者一般という観念にすぎないとしても。

ニーチェほどの孤絶者といえども、みずからの著作意図をわかってほしい（承認してほしい、信頼してほしい）と痛切に思っていた。そもそも著作を世に問うという行為自体、他者からの承認や信頼を期待している証拠である。彼は実際、ごく少数の友人との付き合いや理解者（信頼者）の出現を子どものように喜んでいたではないか。

以上「信頼」について述べたのとほぼ重なることを、和辻哲郎が『倫理学』のなかでニーチェを批判してもっと詳細に書いている。以下、その一部を引いておこう。

《が、ニーツシェ（引用者注——『倫理学』執筆当時の表記）の立場からはさらに次のごとく言い得るであろう。**本来の**価値秩序とは歴史的に原始の秩序であるという意味ではなく、宇宙の原理としての権力意志に基づく価値秩序なのである。権力意志の強弱がこの秩序を定める。歴史的にあらわれた道徳はこの本来の秩序に対する人間の解釈に他ならない。古代ギリシアの道徳は階級による正しい解釈であり、ユダヤ人の道徳は反感による逆倒的解釈である。現代ヨーロッパを支配せる道徳は後者であるゆえに、特に**この**道徳の系譜を洗い立てねばならなかった。要するところは権力意志に基づく本来の価値秩序を回復するにある。そうしてこの秩序は、信頼関係というごときものに関わることなく、一人格の**意志の強さ**、**生の豊かさ**によって定まって来るであろう。

（中略）

この反駁は一応もっともなように見える。が、実は信頼関係の中で起こる評価を個人意識の視点から見ているに過ぎぬのである。権力意志の強弱は、あくまでも強弱であって善悪ではない。意志の堅固というごときことも、もし単に一人格についてのみ言われるとすれば、単に意志の堅固であって善ではない。（中略）

冒険的態度のごときも、もしそれが信頼に答える意義を持たなければ、いわゆる暴虎《ぼうこ》馮河《ひょうが》に過ぎぬ。勇気の意義は己れの持ち場を死守するところに存する。そうして持ち場は信頼の表現である。かく見れば、自己の意志の強さや生の豊かさのみから自己が尊敬すべきものとして感ぜられるという見方は当たらない。信頼に答えようとするものが意志の強さや生の豊かさによってこの応答をなしうる時、その意志の強さや生の豊かさが価値あるものになるのである。だからこれらのものが信頼への応答を妨げるときには、逆にそれらは捨離せらるべきものになる。》

和辻のこのニーチェ批判は、経験と照らし合わせるとき、まことに的確なものというべきである。

人々がある人の行為を「勇気がある」と言って褒めたたえるとき、その賞賛は、単に常人がなしえないことをなしたということそれ自体に向けられているのではなく（それだけなら、人前で裸になって見せることも賞賛に値することになる）、すでに特定の状況文脈の中で、周囲の人々によって共同的に期待される行為であるという了解を前提としている。みんなを一様に侵害してくる相手に対して他に先駆けて立ち向かうというように。

ニーチェは、道徳的な善悪の原理（gut と böse の関係）を自然秩序としての強弱や優劣の原理（gut と schlecht の関係）にそっくり置き換えようとしたが、いま見たとおり、これは論理的に破綻している。**両原理は互いに対立しあうのではなく、もともとまったく質の異なる秩序原理であって、それゆえ、かえって両原理の一方が他方を相互に包み込む関係にある。**道徳的な善として認められる意志や行為のなかに、勇敢さを示すことのように「強い、優れた」あり方が包含されるし、逆に、共通の敵を見事に倒すこと、仲間・手下に寛大さを示すこと、けちけちせず豪勢にふるまうこと、鋭い理解力を開陳することなど、総じて強く優れた力を示すことのなかに、信頼を勝ち得て道徳的に善であるとみなされるあり方が包含されるのである。

### ◉カリクレスの反論と失敗

この点で問題にしてみるに値するのが、プラトンの『ゴルギアス』である。この作品は、はじめの方で、弁論術の大家・ゴルギアス（および弟子のポロス）が、人を説得することの価値を前面に押し出すのに対し、ソクラテスがそれを、真理の探究や本当によきことを求める営みと縁のない「おべっかの術」であると決めつけるという体裁をとっている。ソクラテスがゴルギアスをやりこめる論法は、例によって彼一流で、惑わされないように読んでいくと、至る所にゴルギアスやポロスの返答の仕方のまずさが現われていて、そんなふうに丸め込まれずに、ここはこう答えるべきだと茶々を入れたくなる部分がいくつもある。すでに検討した、プラトン得意の「言葉の抽象作用」、特に身体にかかわる事柄の、魂にかかわる事柄への比喩・転用を巧みに用いた詐術である。

しかし、私たちがこの作品に大きな関心を引きよせられるのは、むしろ後半部分、カリクレスの登場によって、善（よきこと）や正義というテーマがいっそう重大で深刻な議題として再構成される部分である。ところがソクラテスの強敵として現われたカリクレスは、はじめは威勢がよかったのだが、やがてソクラテスの執拗な論及の前に疲れてしまい、しぶしぶその言い分に従うようになるという流れになっている。ここでも、カリクレスのふがいなさに対して、そんなふうに妥協すべきではない、ソクラテスの論理にも逆襲できるほころびがあるではないか、と言ってやりたい気がする。しかし作者プラトンにとって、ソクラテスの勝利（真理を追究する哲学者の価値）は絶対に勝ち取らなくてはならない第一要請だから、作品構成上、そうせざるを得なかったのだろう。ただ私としては、新たな読者はこういう詐術に丸め込まれませんようにと願うばかりである。

いずれにしても、ここで注目すべきなのは、ニーチェが提供した「強弱、優劣」の価値観に基づく主人道徳と奴隷道徳との決定的相違という問題が、早くもソクラテスに対するカリクレスの異議申し立てというかたちで鮮やかに先取りされていることである。その意味ではプラトンの偉大さを認めなくてはならない。

カリクレスは言う。ソクラテスは実用に役立たない哲学的な屁理屈ばかりこねて相手をやり込めているが、実際にこの世で権力を掌握して民衆を統治しているのは、強者であり、優れた者たちである。それが自然本来の姿であり、法律習慣の世界では、「不正」と規定されるかもしれないが、自然の世界では、それこそが「正義」なのである。

《すなわち、すぐれた者は劣った者よりも、また有能な者は無能な者よりも、多くを持つことこそが正しいのだと。

これがそのとおりだということを明示する事実は、いたるところにある。動物たちの世界においてもそうだし、人間たちのつくりなす全体としての国と国、種族と種族との関係においてもそうだ。いずれにおいても明らかなのは、正義とは常にそのようにして強者が弱者を支配し、強者は弱者よりも多くを持つという仕方で判定されてきたということである。》

しかしカリクレスは、道徳や法律の正しさなど追求せずに弱肉強食の現実をそのまま肯定しろと言っているわけではない。先の引用は、ともかくもそういう世の現実を事実として認めた上でなければ話にならないという文脈で言われている。また、彼も国家公共の仕事にかかわるひとりだから、統治が功を奏するために、統治者にとってどんなすぐれた資質を持つべきかということに関しては、次のように、きわめてまともなことを言っている。

《いや、私のほうに関するかぎり、もうずっと前から言っているはずだ。まず、人よりもたちまさった人間とはどのような人たちかと言えば、それは、靴屋でもなければ肉屋でもなく（引用者注――これはソクラテスが理屈のためにしつこく例示したことへの苛立ちから言われている）、国家公共《ポリス》のことがらに関して思慮をもち、いかにすれば一国をよく治めることができるかをわきまえた人たちのことだ。またさらに、ただ思慮においてすぐれているだけでなく勇気をもあわせそなえた人たち、自分の思いついた構想を何でも最後までなしとげるだけの実行力をもち、精神の柔弱さのために途中でくじけてしまうようなことのない、男らしい人たちのことだ。》

ここまでは、貴族主義者のプラトン自身も認めていたはずである。ところが、ソクラテスはここから論題を逸らし、「自分自身の魂への配慮をいかにすべきか」という問いを唐突に設定する。戸惑うカリクレスに対して、すぐれた者は欲望を抑えて節制の徳をわきまえる必要があるかと聞く。じつに巧みな誘導である。カリクレスは、「すぐれた支配者」はその有能さに応じて多くを取るのが当然であるという価値観を持っているから、そんな徳はけちくさい奴隷の徳であり、支配力のある人たちは、欲望にブレーキなどかけずに、放埒にふるまってかまわないのだと答えてしまう。その方が味方に多くを分けてやることができるではないか、と。

ここがまさにソクラテス（プラトン）の攻めどころである。支配者がいくらでも「多く取る」ことが許されるなら、それはまさに人民を搾取する「不正」に結びつく。つまり独裁権力の悪い面が大手を振ってまかり通ることをそのまま認めてしまうことになる。「有能な者は無能な者よりも、多くを持つことこそが正しい」とカリクレス自身が言っているではないか。

ちなみに、プラトンは『国家』に明らかなように、すぐれた「哲人」が統治することを最もよしとしていたのだから、私たちの時代の多数者が正しいと認めているような「民主主義者」ではない。『ゴルギアス』でも、アテナイ民主制の普及者として名高いペリクレスを、国民に媚びる「おべっか政治家」（今のことばでいえばポピュリスト）として批判している。したがってここで彼がソクラテスに説かせようとしているのは、「すぐれた統治者」は、よく社会秩序を維持して国家の繁栄と国民の安寧を保障する使命と責任のために、**自分自身**に対して節制の徳を修めなくてはいけないということである。これはこれで納得できる話である。

ところが、カリクレスがうっかり「放埒こそすぐれた者の正義にかなう」と答えてしまったことによって、形勢はソクラテスに断然有利になる。カリクレスは、こう答えるべきだったのだ――「もちろん、統治者個人の取り分に関しては適切な程度にしておくべきだろう。だが、そのことと、国家が繁栄するために自分の持てる力を大いに発揮したり、金を惜しまずに使うということとは、別問題だ」。そうすればソクラテスにつけ込まれることはなかった。

### ◉言語の抽象水準固守による屁理屈

プラトンは、「節制――放埒」という言葉の二項対立原理を、「だれにとっての」という具体的な条件づけ抜きに設定して、「何がより正しいことか」という抽象命題へと結びつけていくのである。彼はいつもそういう論理の運びにしたがって議論を進める。つまり私的問題と公的問題とを意識的に混同させるのである。そのことによって、「こういう場合にはそれは当てはまるが、それとは違った条件のもとでは必ずしも当てはまらない」という現実感覚を追放し、柔軟な思考の可能性を意識的に封じるのである。イデア原理主義者であるゆえんである。

一つだけソクラテスの屁理屈の例を挙げておこう。

彼はカリクレスが「善＝快」という図式によって思考しているのに対して、それをひっくり返すために、かくかくの理由で善と快とは同じではないという議論を持ち出す。この「弁論術」は、少し怜悧に頭をはたらかせればすぐにインチキを見破れるような代物である。

ソクラテスの理屈はこうだ。

快と不快とは、同時に進行する。それはたとえば疥癬病みが、かゆいという不快を感じつつ、常に掻きつづけることによってその不快を脱して快を得るような具合だ。これに対して、あることが善であると同時に悪でもあるというようなことはない。その点で善と快とは違っているというのである。すでに述べた『パイドン』でさんざん駆使された偽の「証明」と同じような論法である。まことにソクラテスこそは、ゴルギアス以上に「弁論家」である。

ある人にとっての快と不快とはじつは同時に進行しはしない。不快や欲望の高まりがあるからそこに克服の意志が生じ、その意志にふさわしいような処置がとられる。それによって快という状態に達する。どんなに短い時間内における快と不快の関係においても、こうしたプロセスが存在する。

また逆に、あること（特定の意志や行為）が善であると同時に悪でもあるということはあり得る。すでに引いたカントのウソ論文の例のように、「ウソをつく」という「悪」は、同時に妻子や友人の命を救うという「善」につながることがあり得る。孔丘の『論語』では、同じようなテーマが、まったく逆の文脈で語られている。

《葉公《しょうこう》孔子に語《つ》げて曰く、吾が党に直躬《ちょっきゅう》なる者有り。其の父、羊を盗みて、子之を証せり、と。孔子曰く、吾が党の直なる者は、是に異なり。父は子の為に隠し、子は父の為に隠す。直は其の中に在り、と。》（「子路」18）

このように、「善」とか「悪」という概念は、特定の意志や行為のうちにその判断の適否を求めるかぎり、だれにとって、どういう条件下において、という但し書きをつけなければ、判断不可能である。だがカリクレスは、ソクラテスのこの屁理屈に反論できなかった。

それでは、逆の意味で「善」と「快」とは違うと言えるではないか、という反論があり得よう。「善」と「悪」とが同居しうるのと反対に、「快」と「不快」とは同居しえないという論理によって。しかしそれに対しては、いや、「快」だって、ある人にとっては快適な行為であっても、それを受ける相手にとっては不快であることがあり得ると切り返すこともできるのである。言語のある抽象的な水準で論理の正しさを競っている限り、ことの決着はいつまでたってもつかない。どういう具体的な条件下でこちらの議論のほうがより適正と言えるのか、ということを常に問わなくてはならないのだ。

ここで行われているやりとりには、そもそも「善」とか「快」とかいう言葉で、君はどういうことをイメージしているのか、という共通了解に達するための議論が不在である。だがプラトンは、これらの抽象語をイデアとして固定化しているために、そういう議論の必要を無視している。すでに述べたように、「快」を「幸福」という概念にまで拡張し、「善」とは、そこにかかわりあう人々にとってのお互いの幸福が実現している状態である、と表現し直すなら、両者（「善」と「快」）は必ず一致するのである。

だがプラトンについては、もうこれ以上あまり深追いしないことにしよう。

ニーチェに話を戻すと、彼もまた、この時のカリクレスと同じように、禁欲とか節制とかけち臭さいといったあり方を、生の欲望の展開や芸術文化の開花にとって抑圧的なものと考えたがゆえに、激しく否定しようとした。しかしお分かりのように、節制と放胆とではどちらが徳一般にかなうかというような抽象的な対立命題の土俵でこの問題に答えてはならないのである。彼が現代の大衆社会を批判するために、「奴隷道徳」に「主人道徳」を対置した気持ちはわからないではない。しかしニーチェは近代人なのだから、アルカイックな時代の哲学の論理構成にはまり込まずに、もっと冷静かつ柔軟にプラトン（ソクラテス）批判を展開すべきだったろう。それをさせなくさせていたものは、後発近代国家ドイツの民族性を背景とした彼自身の激情的な体質であったにちがいない。

## 3. 信頼の原理と道徳

### ◉「信頼」の原理は簡単には崩れない

さて私は、道徳というものが、互いがみじめにならないように共同関係を維持しようと考えた人間が、仕方なしに編み出した方便であり世間知であり術策に他ならないことを認める。別にそれはプラトニズムの遺骨を引き取ったカントが信じたがっているように、崇高でア・プリオリな理性的精神を根拠にしているなどと思わない。しかし、そうであればこそ、かえって**そうした方便や世間知や術策によって作られた「信頼」の原理が、長きにわたる生活慣習の蓄積の中で、現実により良い方向に作用するのである。**どうしてそれでいけないことがあろうか。なぜ善意志は、カントが考えたように、崇高でア・プリオリでなくてはならないのか。またニーチェがこだわったように、なぜ、ある道徳原理が方便や知恵や術策にすぎないことそのもののうちに、腐臭や欺瞞や虚偽を嗅ぎつけて告発しなくてはいけないのか。

繰り返し述べてきたように、「善」とは、何か常人にはよくなしえない特別な意志や行為を指すのではなく、この現実社会が相互の信頼関係を軸としてうまく循環しているということ、日常の中で暗黙のうちに人倫精神が共有されてお互いに快適な関係が築かれているということ、そのことである。そしてこの「信頼」の原理が現実に作用して効果を発揮するのは、人間が孤立した個人存在ではなく、互いに関係しあうことをその本質としているからこそである。

この場合、主観的な意図としては自己利益だけを追求するつもりであっても、そこには互いに関係しあうことを通してそれを実現するということからくる力学的な必然がはたらく。したがって、物事がふつうに運ぶならば、その相互行為は相手の利益をおもんばからざるを得ない形でしか成り立たないのである。

物事がふつうに運ぶとは、双方に信頼関係がある程度あり、どちらかが明白な悪意をもって相手をだましてやろうとか傷つけてやろうというようなことを考えない場合である。仮にそのような悪意を一方（Aとする）が抱いている場合には、相互行為の結果として考えられるパターンは、ほぼ次の四つに絞られるだろう。

①相手（Bとする）が完全にだまされて、そのことにいつまでも気づかず（あるいは殺されてしまい）、Aは「うまいことをした」と考えて、さらにそのやり口をほかにも適用し続けようとする。

②Bが気づかない場合でも、Aは信頼を裏切ったと反省して、Bに謝罪・補償をするか、Bには打ち明けなくても、今後B、C、D…に対してそういうことをしないように慎む。

③Bがだまされたことに気づき、Aに対するなんらかの処置をとる（返済要求、契約破棄、関係断絶、告発訴訟など）。

④Bがだまされたことに気づき、Aがそんなことをするなら、自分もやってやろうと考えて、Aに復讐したり、C、D…に対しても悪意（信頼の裏切り）をもってふるまうようになる。

①の場合、多数者の相互信頼で成り立っている共同態の構造に、Aは少数者として反逆するわけだ

から、そのまま最後まで「悪人」として生きおおせるか、どこかで「悪事」が露見して社会的制裁を受けるかどちらかだろう。

前者の場合は、Aは、生涯たいへんな孤独を強いられることになる。それは、四六時中、剣を突きつけられている権力者ダモクレスや、不安を克服しようとするマクベスの心に似ている。孤立に耐える強い人間にしか可能でないことは確かだが、彼が生涯幸福感を維持できるかどうかは、かなり疑わしい。また後者の場合は、普通の犯罪者の例に一致するので、信頼に基づく共同態の構造そのものには致命的な傷がつかないことになる。

②の場合、Aは共同態の構造の軍門に下って、改めてそれを承認し直すことになるのだから、この場合も、信頼の構造に致命的な傷はつかない。

③の場合、Bは、「正義」として多数者に受け入れられている信頼の構造に依拠して、Aと戦うわけであるから、Bが勝つなら、信頼の構造は再確認される。Bが勝つ公算は十分高いだろう。反対にAが勝つ場合には、信頼の構造そのものが揺らいでいることが予想される（たとえば取り締まりや裁きに与かる権威筋が自己利益のためにAに加担してしまう、など）。

④の場合は、③の後者の場合よりも、さらに信頼の構造自体が破綻しつつあることを表わしている。これは、一人ひとりの精神が堕落したというよりも、現実の社会構造が、平和と秩序と繁栄を維持するための条件を失って、だれも社会を信用しなくなり、他人のことなどかまわずにエゴイズムを追求する以外生き延びる道はないと考えざるを得なくなった状態を意味している。一人ひとりの精神なぞ

は、現実の社会構造や歴史の蓄積しだいで気高くもなれば堕落もするのである。

**◉感覚美（芸術）という現世的価値を肯定しながら現世道徳を否定するのは虫がよい**

以上四つの場合、いずれも、共同態の平和と秩序、すなわち人倫を支えているものが相互信頼の構造であることを示しているだろう。ただし、後に和辻哲郎について述べるように、単に「信頼」という概念に無条件に依拠しただけでは、人倫精神の維持・必要を解明したことにはならない。

とまれ、平和と秩序と繁栄とが日常的に保たれている状態こそは、「善」の実現なのである。いくら形而上学的なレベルで、理性的存在は最高善を目指すべきだとか、奴隷道徳の代わりに貴族道徳を置き換えよ、などと説いても、崇高な道徳が実現されるわけではない。

功利主義的な原理をともに軽蔑したカントもニーチェも、どうしてもこのことがわからなかったようだ。前者は「善」と「快」を対立命題であると固執し、後者は「優」と「善」（民衆的な意味での）とを妥協不可能な二項選択命題と考えていたからである。

ここには、一見、道徳への態度において反対であるかのようにみえる二人が、ある意味で頑固な共通点をもっていることがうかがわれる。それが、徹底性・原理性（極端と言い換えても同じだが）を追求せずにはいられないドイツ文化の特徴であること、そしてそれは、そのすさまじい迫力と同時に、大きな弊害もはらんでいることが、文化圏の異なるこちらからはよく見えるのである。カントが永久平和の空想に走って実現不可能なコスモポリタニズムの原型を作ったこと、ヒトラー・ナチスドイツが明らかにニーチェと親縁性のある思想傾向を示していること、両極端は相接すると言われるが、カントとニーチェは、この言い回しの好例である。

倫理学的な観点からの、カントとニーチェの相違点と共通点とを簡単に確認しておこう。

相違点は、カントが徳福二元論に固執したのに対し、ニーチェは貴賤二元論に固執したこと。カントは道徳的な善と個人の幸福や快楽とが絶対的に矛盾すると考え、この図式以外には、「よい」という概念を満たすものはないと考えた。彼の選択は当然、前者を優先すべしとはじめから決まっていたのである。しかしこれは、常識的な人間理解を著しく逸脱した捉え方である。

そこにニーチェが、「よい」の本来の意義は「優」「強」ということであるという鋭いアンチテーゼを持ち込んだ。これを堂々と認めることは、あのカリクレスが果たしたように、この世の現実を曇りなく見つめるという強力な視線変更をもたらした。じっさい、「よい」という言葉の本来の意義のなかには、ニーチェの指摘するような要素が不可欠のものとして含まれていることは事実である。

しかしニーチェはニーチェで、既成道徳を批判したいあまりに、貴賤二元論にこだわりすぎたと言えよう。というよりも、徳福二元論と貴賤二元論とが単純に反対命題であり、両者は互いに全く相いれないという論理に固執し続けたのだ。だから彼は、高貴な者、強い者は世俗的な道徳を気にしないし、生の苦悩を進んで引き受けるものだと考え、個人的な幸福やささやかな満足、またそれを支える大多数の「善人」に対してはあらわな軽蔑を示した。だが一方で彼は、人々を陶酔に誘う芸術の美的快楽、健康でおおらかに自分の力を現実の中に伸ばしていこうとする傾向を積極的に肯定しようともした。僧侶的、禁欲的な道徳理想の病理を覆すためにである。

このように、ニーチェは、奴隷道徳への嫌悪から主人道徳の支配を求める一方で、弱者救済の手段としての「あの世における勝利と幸福」という宗教的な空手形や慰藉や麻酔剤を否定する。現世における生そのもの、そのもっとも高められた表現としての芸術、文化を丸ごと肯定したいという欲求を強く押し出すのである。現実にこの二つの願いを果たそうとすれば、どうしても自己分裂の危機を免れがたいことになる。

というのは、芸術や文化の価値は、最終的には現世を生きる多数者、日常的な生を日々実践している多数者の感性によって承認されるのであり（より高い文化的価値も、その「高い」ということを承認するのは多数者である）、こちらを選ぶなら、その同じ多数者が従っている通俗道徳観を我慢して受け入れざるを得ないからである。通俗道徳を根底から否定しながら、同時に芸術が真に根付く土壌であるこの現世を肯定するというのは虫のいい話だ。

譬え話をすればこんなことになろうか。すばらしい演奏をすることで知られるオーケストラがコンサートを開く予定になっていたが、当日ホールの一部が故障して使えなくなってしまった。このオーケストラのファンだった聴衆がこれを嘆き、みんなで一致協力して扶け合い、故障を修復してコンサートを実現させた。この場合、修復に力を貸した人たちの意思は通俗道徳のそれである。ニーチェ一人の貴族道徳ではこのオーケストラの「芸術」表現は実現しなかっただろう。

また彼は、僧侶的な禁欲主義や同情・受苦・共感のポーズをせせら笑う一方で、人が引き受けない苦悩を積極的に背負うことを来るべき超人の条件としてヒロイックに追求した。この文脈では、積極的な受苦という点で、僧侶と超人とは大きな共通点を持ってしまう。こうした**自己分裂を極度に誠実に生きた**ために、彼は、結局、現世否定の象徴として選ばれたたったひとりの「十字架に架けられし者」のほうに自らを重ね合わせざるを得なかったのである。

つまりニーチェは、価値の問題を考える際に、道徳、芸術いずれの方面においても、徹底性、原理性を極端に強調せずにはいられない体質の持ち主だった。かくてその論述はいつも矛盾を内包する結果になったのだ。

だがまさにこの**徹底性、原理性への固執という点で、倫理問題に関しては、じつはカントのそれと意外にも共通している**のである。なぜなら、二人とも、道徳の原理をそのつどの功利、幸福、快の満足、普通の「善」や「徳」の実現など、俗世間的なものに求めることを激しく否定し、何かそれらを超えた最高の道徳的価値が存在するはずだという観念に頼っていた。彼らは二人とも、たとえばイギリス流功利主義（カントの場合はベンサム、ニーチェの場合はJ・S・ミル）を頭から軽蔑していたからである。

第七章

# J・S・ミルの功利主義

## 1. 個人の幸福と共同性

### ◉功利主義についての大いなる誤解

これまで書いてきたことから容易に想像されるように、私自身は、道徳の原理としての功利主義を高く評価したいと思っている。すでに述べたように、カントもニーチェもこのイギリス産の思想に対してひどく偏見と軽蔑心を抱いていた。しかし私たちはむしろここに、大英帝国の伸長期と最盛期に発達した現実主義的思想に対する、当時のヨーロッパ後進国・ドイツのコンプレックスを嗅ぎつける。世俗性に対する嫌悪、超越性や絶対性への固執、禁止と自己抑圧と犠牲的精神あってこその道徳的高邁さ、ドイツ観念主義のこれらの傾向には、多分にこのコンプレックスが作用していると思わざるを得ない(ただし同じドイツ観念論でも、ヘーゲルのそれは、功利主義思潮のよいところをきちんと取り込んでいる)。

そこで次に、J・S・ミルの『功利主義論』がもつ可能性についてやや詳しく検討してみよう。

言うまでもなく、功利主義は、人類の幸福を道徳の第一原理とする。その究極目的も、幸福の追求という一点におかれる。もちろん、幸福というとき、不快（不幸）や苦痛をできるだけ避けるというエピクロス的な原理がその重要部分として含まれている。

ところが、まさにこの理由から、哲学上の主義主張の中で、「功利主義」という言葉ほど誤解にさらされてきた概念も少ないであろう。それはあるときには、利己主義と同じだとみなされ、またあるときには、効率だけを追求して人間性に反する冷たい考え方だとみなされた。ミルは、この両方に対してそれらを明らかな誤解として退け、この主義の世界観を画定しようと試みる。彼はこう述べている（以下、引用はすべて『功利主義論』から）。

《功利主義が正しい行為の基準とするのは、行為者個人の幸福ではなく、関係者全部の幸福なのである。自分の幸福か他人の幸福かを選ぶときに功利主義が行為者に要求するのは、利害関係をもたない善意の第三者のように厳正中立であれ、ということである。（中略）この理想に近づく手段として、功利はこう命ずるであろう。

第一に、法律と社会の仕組みが、各人の幸福や〔もっと実際的にいえば〕利益を、できるだけ全体の利益と調和するように組み立てられていること。

第二に、教育と世論が人間の性格に対してもつ絶大な力を利用して、各個人に、自分の幸福と社会全体の善とは切っても切れない関係があると思わせるようにすること。とくに、社会全体の幸福を願うならば当然行なうべきだと思われる行動様式（中略）を実行することが、自分の幸福と切りはなせない関係にあることを教えるべきである。》

ちなみに、もともと、この主義に対する誤解のひとつの種は、ミルよりも粗野な形でその道徳原理を提出したベンサムにある。ベンサムはかの有名な「最大多数の最大幸福」というキャッチ・フレーズを打ち出し、人々の幸福は、個々の快楽を積み上げていくことによって、その量の多少を「計算」できると主張した。この主張が批判にさらされやすい理由は三つある。

一つは、よく言われるように、最大多数という言い方をするなら、その多数者が共通に認める幸福のあり方を幸福と感じなかったり、むしろそれを不幸と感じる少数者の問題をどうしたらよいのか、という批判である。たしかにこれにはうまく答えられない。おそらくベンサムがこの言葉を思いついた時、「全員の幸福」などというあり得ない理想を謳うことに現実的な意味を感じなかったのであろう。そのための苦肉の策なのだろうが、ことは「原理」であるから、ただ「道徳が最終的に目指すところは各人の幸福にこそある」とだけ言っておけばよかったのである。

もう一つは、そもそも「幸福（happiness）」という言葉のニュアンスが、道徳感情と相反するような個人的快楽への惑溺や個人的欲望の追求のイメージを呼び起こしやすいところにある。プラトニズムの悪しき禁欲精神をそのまま受け継いだカントがこういう傾向を体質的に受けつけないであろうことはすでに見た。またニーチェは、その骨がらみの貴族主義からして、低俗な輩の快楽主義や畜群道徳を軽蔑しながら、現世の肯定というテーマにとっては、芸術美への陶酔（最高の境地としての快楽）

や力の支配といった観念にもとづく新しい道徳類型が必要であると考えざるを得なかった。その「引き裂かれ」の状態についてもすでに見た。

しかし、じつは、この二人のドイツ人にしたところで、「あなた方はなぜそんなに倫理道徳問題にこだわって自説を発表しようとするのか」と端的に問われたら、「それは人類がよりよくなるべきだからだ」と答えるほかなかったろう。また進んで、「ではその『よりよい』とはどういう状態か」と問われたら、「人間として気高くなることだ」と答えるほかなかったろう。さらに進んで、「気高いとなぜよいのか」と問われたら、「その方が充実した生を送ることができるからだ」と答えるに違いない。ところで「充実した生」と「幸福な生」とどれほど違いがあるのだろうか。

哲学の本質問題を「人はいかに生きるべきか」というテーマに視線変更したソクラテス以降のギリシア古典時代においては、プラトン、エピクロス、ストア派のゼノンなど、いずれも「幸福」であることを人間の最高の境地であるとする点では共通していた。ただ、何を「幸福」と考えるかで諸説に分かれただけである。

ことにプラトンは、『ゴルギアス』でソクラテスにはっきり語らせているとおり、不正を加える方が不正を受けるよりも醜い、つまり不幸である、すなわち幸福とは、死の辱めを受けてもなお正しくあることなのだという、「幸福＝正義」原則論を打ち立てている。これがプラトニズム特有の「偉大な」詐欺であり、普通の感覚や感情を転倒させたものであることは、すでに詳しく見たとおりである。

私たちは、プラトンのように現世でみじめな目に合っても正義を貫くことこそが幸福であると考えるのでもなく、カントのように幸福が正義（善）と和解不可能に対立すると考えるのでもなく、さらにニーチェ（あるいはカリクレス）のように、強者の幸福こそが正義であると考えるのでもなく、むしろミルに倣って、正義の承認は幸福に至るための**必要不可欠な手段**であると考えるべきなのだ。

### ◉日本は功利主義でやってきた

ついでに付け加えると、日本でも功利主義思想は、きちんと検討されないままに、効率優先主義とか自己利益優先主義というニュアンスをもつものという誤解を受けている。その事情の一つに、「功利主義」という訳語の問題が一枚噛んでいると考えられる。

原語のutilitarianismは、有用主義、役立ち主義とでも訳すべき言葉である。たしかにこう言っただけでは、だれにとって、何について有用で役立つのか、という疑問に対する答えは浮かび上がってこないかもしれない。そのため、短時間ですぐ使えるとか、個人の利益にだけ資するといった意味に受け取られやすい。しかし、もとよりこれはみんなの幸福にとって有用で役立つという精神だから、ニーチェのような偏屈な貴族主義者を除いては、だれも異論の余地がない考え方のはずである。ヨーロッパ哲学の伝統の中でこの思想が出てきたのには、高邁で崇高に見えてもじつのところ何の役にも立たない哲学者たちの観念論議に対する強力なカウンターの意味が込められていたのである。

「功利主義」という訳語は誤解をいっそう助長させる。功利とは、行為の結果得られる名誉や利益のことである。この概念からは結果としての報酬という意味しか浮かび上がらず、人類にとって役立つという本来の意味が消えてしまっている。

ところがおかしなことに、普通の日本人の伝統的な生活感覚、商習慣、道徳心などのよいところを見ていると、近江商人の「三方よし」の精神のように、相手もしあわせ、自分もしあわせ、そして全体がうまく回っているという、まさに功利主義的な精神に貫かれているのである。「おかげさまで」「お役にたてれば」「少しばかりお手伝いさせていただきます」「お客様に喜んでいただけるのが何より」などのへりくだった言語感覚にもそれはよく現われている。

べつに私はナショナリズムを昂揚させようとしてこんなことを言っているのではない。事実として日本人は長い間、功利主義的な現実を生き、生活の中でその精神を育ててきたのである。そのことにもっと自信をもつべきだと思う。ただ日本には、この精神をしっかり根付かせるだけの思想言語が不足していた。

### ◉より高い幸福もより低い幸福もない

ところでミルは、道徳の第一原理は、科学におけるそれと同じように、証明不可能なのだとはっきり述べている。これはとても納得できることである。幾何学の精神に永く酔ってきた大陸系ヨーロッパ形而上学は、特にデカルトやスピノザに代表されるように、第一原理こそ、経験からの単なる帰納によらずに、純粋な論理そのものの必然的な帰結として「証明」されなければならないと考えてきた。

だが、ユークリッド幾何学でも、はじめの出発点は証明不可能な「公理」として認められている。

たとえば、「一直線上にない一点を通って、その直線に平行な直線はただ一つしか引けない」などがそのたぐいである。

道徳の問題を考えるにあたって、何が「公理」として認められるかは、私たちが人類史全体を見渡した時に、およそすべての人々の生の最大関心が、どういう概念によって括られるところを目指してきたか、という見通しのいかんにかかっているだろう。

道徳の場合、もし人々の生の最大関心の目指すところが「幸福」であることを度外視して、それ自身の第一原理を探し求めるとすれば、どういうことになるだろうか。

言うまでもなく、カントのように「普遍的法則への妥当」といった抽象命題を持ち出さざるを得ないだろう。ではそのうえで、ある法則が普遍的であるか否かをどのように判断するのか、と問われたならば、「歴史の中である法則は常にそうされてきた」とか、「人々は言葉にできなくても、生活上でその識別の目を備えている」といったように、経験の力によって説得するほかはないであろう。

なお、カントのこの定言命題については、ミル自身がその空虚さを完膚なきまでに批判している。後に触れることにしよう。

したがって、ベンサムやミルが幸福を道徳の第一原理としたことそれ自体はけっして間違っていず、「幸福」という主題は、依然として倫理学の枠内で最重要な案件なのである。

ベンサムのキャッチフレーズが批判を受けやすい第三の理由として、「幸福」を「計算可能」な概念としてしまった点が挙げられる。この点は、ミルによって、幸福とは単に量的な大小によって測られるものではなく、質的な相違もあるというかたちで批判されている。

ただしミルの言う「質的な相違」の概念は、ただちにさまざまな関心や欲望や行為の「価値の高低」という考え方を導きやすく、それはまた同時に、プラトニズム的な精神主義——目に見えない魂にかかわることほど崇高で、感覚で把握できる肉にかかわることほど下劣である——という考え方に取り込まれやすい。ミルは二千年以上ヨーロッパ哲学を支配したプラトニズムの枠内で「幸福」原理一般のために善戦しているが、私たちから見るとどうしても不徹底である。功利主義が反道徳的であるという非難に対する弁明のために、どこかでプラトニズム的な価値観にやや無理をしながらつきあおうとしている。

この点について彼は、次のような面白いことを述べている。

《それでは快楽の質の差とは何を意味するか。量が多いということでなく、快楽そのものとしてほかの快楽より価値が大きいとされるのは何によるのか。こうたずねられたら、こたえは一つしかない。二つの快楽のうち、両方を経験した人が全部またはほぼ全部、道徳的義務感と関係なく決然と選ぶほうが、より望ましい快楽である。両方をよく知っている人々が二つの快楽の一方をはるかに高く評価して、他方より大きい不満がともなうことを承知のうえで選び、他方の快楽を味わえるかぎりたっぷり与えられてももとの快楽を捨てようとしなければ、選ばれた快楽の享受が質的にすぐれていて量を圧倒しているため、比較するとき量をほとんど問題にしなくてよいと考えてさしつかえない。》

ここで言われていることは、たとえば、十億円やるからお前の愛する人をおれによこせと言われても、けっして譲らなかったというような場合であろう。だが、このように言っただけでは、価値の相対主義を論理的に免れることはできない。

ここでは、「両方をよく知っている人々」という言い回しがはさまれているのがミソである。この言い回しのなかに、いわゆる精神的な価値といわゆる物質的な価値との序列の意識がひそかに忍び込んでいる。智者、視野の広い人、思慮深い人はその価値の上下についてよくわきまえているというわけだ。しかし、たとえばどんなに視野が広く経験豊富で知的に優れた男でも、きっかけ次第で、酒池肉林やひとりのつまらぬ女に溺れこんでしまう、つまりそちらのほうを質的に高い快楽であると判断してしまうことがあり得るのだ。

たしかにさまざまな関心や欲望や行為による幸福の獲得には質的な相違があり、それらを抽象化して一律に「計算する」などできないことだが、質的な相違があるからといって、そのことは必ずしも、より高い幸福とより低い幸福といった、価値序列の確定には導かれない。

私は、楽しくおいしい飲食をすること、素敵な異性と出会えて相思相愛の恋に落ちること、美しい芸術に出会って感動を味わうこと、お金を儲けて好きなものが買えること、人々の間で名声を博すること、自分の思ったとおりの品物が産み出せたと実感できること、平穏無事に生きていると実感できること、これら、感覚をとおしてでなければ達成できない「幸福」感情を、それ自体で価値多きものとしてはっきり肯定する。これらを、たとえば、知りたいと思った知識を得ることができたこと、多くの人のためになったと実感できて満足したこと、自分の穢れた魂が信仰によって浄化されたと感じたこと、自分を超えた価値のために自らを犠牲に供して人間としての尊厳を示したこと、などに比べて、「幸福」の価値としてより低い序列に甘んじるべきだとはけっして考えない。

前者の一群が、とかくより低い価値をしかもたないと考えられがちなのには、理由がある。それは、次のように見なされているからだ。一つは、それらの幸福感が、転変常ないこの世の中で、束の間のものとして消えてしまいがちだということである。もう一つは、それらが利己的な動機にもとづいた自己満足の感情に終わっているように見えることである（実際はそうではないのだが）。そうして最後に、これらが、他者とのかかわりの中で生きる私たちにとって、しばしば人を傷つけ、結果的に自分を傷つける契機になりやすいことである。

しかしだからといって、それらの価値が後者に比べて道徳的な意味で低いということには論理上ならない。また、**後者の一群にしても、ただの思い込みの自己満足であったり、もっと大きな規模で人を傷つけたりすることがあり得ることを心得ていなければならない。**もし、前者の一群が、現実生活、世俗生活に直接かかわるという理由で、はかなく終わってしまったり他者を傷つけやすかったりするのだとすれば、そうなってしまう社会的な原因をできるだけ取り除くにはどうしたらよいかについて叡智をはたらかせればよいのである。道徳が一役買うことができるのも、この叡智の賜物なのである。

私がここで言いたいのは、ミルのように、快楽原理にもとづく功利主義道徳を説くために、「快楽」の質的な相違を持ち出して、「両方をよく知っている人」の選択によってより価値のある快楽とそうでない快楽を分けるというふうに、価値序列に結びつける必要はないということである。たとえば芸術美を味わうという快楽の内部において、審美的な意味での価値序列を考えることはできるし、それについて議論することもできる。しかし、そのことは、道徳的な価値序列とは関係がない。だから別に快楽を質的に区別して価値序列を施すことをしなくても、功利主義道徳は十分に成り立つのである。

## ◉均衡の原理

ではどうすればよいか。

いま述べたように、低劣と見なされている快楽も、高級と見なされている快楽も、それらが過度に追求されれば、必ず本人にとっても、周りの人々にとっても害悪をもたらす。つまり幸福の原理に背反してしまう。したがって、功利主義道徳をより確固たるものに仕上げるためには、そこに「**均衡の原理**」を持ち込めばよいのである。

快楽を質の違いによって序列化するのではなく、その快楽の度が過ぎるといかに自分や周りを傷つけるか、人生を長い目で見たときに自分にとっても周りにとってもいかに得にならないかという尺度によって切り分ければよいのである。この尺度にもとづく切り分け方によって、ある快楽の形式（たとえば美食や贅沢や性的欲望や金銭欲や権力欲）は、それ自体はけっして悪いものでも低劣なものでもないにもかかわらず、過度に追求すると自分や周りを傷つけやすい傾向をどうしてももちやすいという判断が成り立つはずである。

そもそもある個人の快楽ないし幸福というものは、たった一人で味わっていると考えられてはならない。人間は本質的に共同存在だから、ある人が幸福状態にあるというとき、そこには必ずその同じ幸福にあずかる他人が存在する。前に挙げた例のように、一人で飲み食いするよりは、その同じ飲み食いを親しい人と和気あいあいの楽しい気分で一緒にする方が、明らかに幸福感は倍加する。もちろん一人で飲み食いする方が気楽でいいというようなことはままあるが、それは、その人を取り巻く人間関係が、ある条件下ではかえって煩わしいというような場合である。つまりその時その人は、人間関係に疲れた過去を持っており、「孤独」という共同性の否定態のうちにあるのだ。

この単純な例は、幸福というものについて考える時、あらゆる他の場合にも応用できる。快楽が一定時間持続する状態を幸福と呼ぶとすれば、それをキープするためには必ず他者の関与が必要となってくる。だから、たった一人の満足感で終わらせるのではなく、いやしくも他者とのかかわりを通して得られる幸福感を維持しようと思うのだったら、そこでは相互に均衡の原理が守られなくてはならない。あるいはもっと本質的に言えば、**ある共同体のシステムが、そのような均衡を保証するようにうまく作られているの**でなくてはならない。

### ◉普通の道徳律はなぜ定着したか

ミルはまた、人類の長きにわたる経験がよき慣習（道徳律）のかたちで私たちの生活に根付いていることを指摘している。このことを強調することは、倫理学にとって大切な意味を持つ。

《たとえ人類の意見が功利を善悪の基準とすることで一致しても、何が有用であるかについてはなかなか一致が見られまいと考えたり、この問題に関する自分たちの考えを若い人たちに教え、法律や世論によって強制するような手段は使われまいと考えたりするのは、まことにこっけいな空想というほかはない。白痴の寄り集まりがいじくりまわすと仮定したのでは、どんな倫理基準でもうまくはたらくはずがないことを証明するのは、むずかしいことではない。しかし、こんな極端な仮説を立てないかぎり、人類はすでに、行為が幸福におよぼす影響についてはっきりした信念をもっているはずである。このようにして受け継がれてきた信念は、一般民衆にとって道徳律となる。哲学者にとっても、さらによいものを見つけだすまでは、やはりこれが道徳律なのである。》

カントもまた『実践』のなかで、一般民衆が道徳律についての知恵を積み重ねていること、彼らがその判断においておおむね誤ることがないことを説いている。しかし彼は、「哲学者」たるものの沽券と肩ひじ張った自負からして、そこにどうしても超越論的、絶対的な抽象原理が先立ってあるということを「証明」したくて仕方がなかった。だがそれは失敗しており、「信念」の繰り返しに過ぎなかったことは先述したとおりである。

人はあるいは、行為の幸福への寄与について一般民衆が体得している信念という考え方に、ミルの楽観主義を見るかもしれない。民衆というものは、状況次第でいくらでも残虐なことをしたり始末に負えない放縦《ほうしょう》に走ったり、愚昧さをさらすことがある存在だからだ。しかし彼は、その信念が一般民衆の生活のどの局面においても必ず自覚的にはたらくと言っているわけではない。普通に平穏に生活秩序が保たれているところでは、道徳律が暗黙知として彼らの幸福（＝善）を支えていると言いたいのだと思う。礼節、勤勉、他者の人格の尊重、約束の履行、信頼の情、生活向上の努力などがそれにあたるだろう。その事態を必要に応じて自覚化させたり言語化させたりするのが、すぐれた者の役割なのである。ミルは無原則な民主主義者でもなければ、大衆迎合主義者でもなく、人々の幸福への道を少しでも切り開くためにこそ、より優れた存在、より強い存在が必要だと考えていた。だからこそ「白痴の寄り集まり」では困るのである。

ではなぜミルの言うように、「人類はすでに、行為が幸福におよぼす影響についてはっきりした信念をも」つことができたのだろうか。私たちは、まさにそこにこそ、功利主義の原理が生きていることを見出すのである。

すなわち、本書でも再三説いてきたように、ひとりの幸福が、他者とのかかわり抜きにそれだけとして孤立して成立することはあり得ないのである。仮にあったとしてもそれは満腹感のようにほんの断片的な満足にすぎず、時間の持続に耐ええない。ミル自身も、満足と幸福とを区別している。

もちろんこう言うことで、私は、いつも自分の幸福が自分とかかわる他者のそれと一致していると言いたいのではない。逆にどうしようもない厄介者が死んでくれたり、憎んでいる相手が苦しんだり、物理的・心理的な闘争において相手が敗北すること、つまり他者の「消滅」や「不幸」や「惨めさ」

に接することによって自分が幸福感を感じるということはあり得る。私は、こういう場合も含めて、ひとりの幸福はいつも何らかの形で他者とかかわっていると言いたいのである。

ちなみにこうした場合でも、なぜその人がいっときの解放感・幸福感に浸れるのかといえば、それは、自分がこれまで抱いてきた自分自身に対するネガティヴな感情から解放されるからである。そしてもし厄介視や憎しみの感情や闘争の意義が正当なものとして共同性によって承認されるならば、それらから解放された彼は、自分の存在の本来のふるさとである共同性のうちに復帰できたことになる。だがもし彼の個人感情が共同性から承認されないならば、彼のいっときの解放感・幸福感は、孤独なものにとどまり、それだけはかないものとなり終わるだろう。

ところで、人類が、どんな脈絡の中でどういう行為をすればより「幸福」になったり、より「不幸」になったりするかについてほぼ誤ることのない信念（判断、道徳律）を抱くようになったのは、彼らが長い実践的な相互交流を通して、こういうことをしてはお互いが（共同性それ自体が、と言い換えてもよい）結局みじめになり、滅びの道を歩むだけだ、という知恵をしだいに学んできたからに他ならない。自分の存在のよりどころである共同性全体の共存共栄があってこそ、一個人としての自分の幸福も保障される。そのためにこそ道徳律は必要である。このように人びとは考えるようになったのである。この知恵は、人間存在を孤立した個人の集合としてとらえるのではなく、常に相互に交渉しあう関係存在そのものとして、つまり、個と全体とのダイナミックな運動（和辻）としてとらえる視点にまっすぐつながっている。

## ◉道徳心の育成についてのミルの考え

さてミルは、功利主義道徳がどこまで強制力（制裁の効果）をもちうるかという問題を立て、それを外的なそれと内的なそれとに分けている。義務に服する意識が何によって発生するかという分析であろう。

それによれば、外的な強制力とは、同胞や神によく思われたい、嫌われたくないという気持ちであり、同胞への共感と愛情、神への愛と畏敬の念である。また、内的な強制力とは、義務に反した時に感じる強弱さまざまな感情、すなわち良心（の呵責、負い目感情）である。しかしこの良心は、一見、単純な見かけをまとっているが、現実の複雑な生活現象の中では、さまざまな感情的要素の複合によって組み立てられている。共感、愛、恐怖、各種の宗教感情、幼年期からの思い出、自尊心、他人から尊敬されたいという欲求、時には自己卑下（謙遜あるいは謙抑と訳すべきだろう）など。

この指摘は現実主義者であり人間通であるミルの面目がじつによく出ている。しかし、ここまで言うならば、外的・内的の区別はあまり意味のないものとなろう。比べてみてすぐわかるように、両者は、互いにほとんど重なり合っている。

いずれにせよ、こういう一種の心理学的な分析をミルにさせている動機は、「良心」や「義務への服従」という概念を、何か超越的なところ、至高の場所からやってくる絶対命令にもとづくものというキリスト教道徳的な軛《くびき》から解き放ちたいという欲求にあるように思われる。

カントなどは、「近代理性」を打ち出の小槌のように振り回してはいても、その心情としては、「義務」の観念を、あくまで至高存在の有無を言わせぬ絶対命令としてとらえていた。それは『実践』の随所で確認できるが、とりわけ有名なのは、あの結末部で「輝く星空と内なる道徳律」に対する無条件な崇敬の念を吐露した部分である。しかしおそらく、ミルの時代、彼の生きた最先進国のイギリスという文化圏では、もはやそういう神がかり的な超越性を持ち出すだけでは、良心や義務の観念の由来を説明しえないと感じられたのだ。

ここで特に興味深いのは、義務の観念が個人に強いる拘束力の要素として、同胞に嫌われたくないという気持ち、同胞への共感と愛情、恐怖、生涯の思い出、自尊心、尊敬されたいという欲求、自己卑下（謙遜、謙抑の感情）などを挙げている点である。

本書をここまで読んでこられた読者にはお見通しだろうが、私は本書のはじめに、道徳心、良心が何をきっかけとして個人のなかに植えつけられるかについて説いた。それは直接には養育者の「愛」の喪失に対する「恐怖」であり、やがてそれがより多くの人々との交渉を重ねることによって、他者一般に対する被承認欲求へと一般化されてゆくというものだった。

被承認欲求とは、他者の承認によって自分の存在をみずから承認したいということであるから、「自尊心」「尊敬されたいという欲求」を維持することと同じである。「自己卑下」（謙遜、謙抑の徳）についても、内なる他者が自分の過去に対して審判を下すことであるから、この感情の中には、世間一般への配慮を通しての被承認欲求が組み込まれている。

本書ではまた、人類史の古層においても、共同体からの孤立、離反の「恐怖」こそが良心を形成させる最大の要因であると説いたのだった。

さらに私は和辻哲郎を援用しつつ、ハイデガーを批判して、人倫の基礎は、世人への「頽落」から本来的な個に還ることによるのではなくて、まさに世人として、世間の中を互いにあいかかわりながら日常性を生きることそのものの中から立ち上がるという意味のことを述べた。

### ◉ミルもまた関係論者だった

ここにおいて、ミルが義務の拘束力を規定する心理的な要因としていささか不用意に書き並べているいくつもの項目は、個人の発達論的な、また人類の発生史的な視点を導入することによって、ひとつの一貫した人間把握の方法との間に整合性を獲得することが確認できるだろう。その人間把握の方法とは、何度も繰り返すように、人間を徹底的に関係存在とみなすことである。ヘーゲル、マルクス、和辻哲郎など、人間をよく見ていたすぐれた思想家たちは、みなこの立場をとっている。

ミル自身はあまり意識していないようだが（彼もまたキリスト教文化圏の人だったので）、彼は、先の記述で、良心や道徳感情が、超越的な高みから個人のうちにやってくるものではなく、実生活を生きる交渉の経験の中から育まれるものだという経験論を展開しているのである。すぐ続くくだりで「この感情群は、おそらく**あとで**良心の呵責というかたちで姿をあらわすにちがいない。良心の本性や起源について何といおうと、この感情群こそ良心の本質を構成するものである」とはっきり述べている。

さらに、「共感の広がり」を良心や正義の条件として強調している点にも、彼が関係論的な視点を生かしていることが認められる。ミルは、西洋近代の理念である個人の自由を最も重視する個人主義者のように見えるが、次の引用によっても、彼がそう単純ではないことがわかる。なおこの指摘は、ある若い学徒に負っている。

《社会状態は、人間にとってまことに自然で、まことに必要で、またまことに慣習化しているから、普通でない状況下にあったり意識的に抽象を試みたりしない限り、人間は自分を団体の一員としか考えられない。そしてこの連想（引用者注——「連関」とすべきだろう）は、人類が野蛮な孤立状態から遠ざかるにつれて、ますます固く結合される。そこでだれもがますます強く、社会状態に不可欠な条件はどれも、自分がその中に生まれてきた、人間にとって宿命的な事態だと考えるようになる。そうなると明らかに人間の交わりは、主人と奴隷でないかぎり、すべての人の利益が考慮されるような関係のうえにしかなりたたない。》

「野蛮な孤立状態」という言葉は、ルソーの「自然人仮説」の影響を受けていると考えられるので——しかしその評価はルソーとは反対だが——、現在の文化人類学的な知見からは多少割り引いて受け取らなくてはならない。むしろ未開社会においても、人間が人間であり得た瞬間から彼は社会的動物だったのである。

しかしいずれにしても、ここでミルが言いたいことは、「社会的諸関係のアンサンブル」（マルクス）としての本性をもつ人間は、その社会的諸関係を時間的・空間的に拡大して自分の視野の中に収めるようになればなるほど、その全体の「幸福」に配慮せざるを得なくなるということである。できるだけ広範囲の人々の利益や幸福に気配りすることが、結局は身のためでもあることがわかってくる。文明がよりよく発展することは、健全な公共精神が育つための条件の一つである、ということであろう。

ミルは単に楽天的にそう言っているのではない。そこには一種の力学的な必然のようなものがはたらいていると言いたいのだと思う。これはわが日本近代勃興期の思想家・福沢諭吉（ミルよりも30年ほど遅れて出現している）が、「文明の発展」という言葉に託して語ろうとした思想ときわめてよく似ている。実際、福沢は、ミルの本をよく読んでいた。

もちろん、私たち現代人は、20世紀の悲惨な世界戦争やホロコーストの生々しい記憶から自由になれない。その記憶を情緒的に受け取る地点からすれば、ミルの言っていることは、ただの楽観的な理想主義にしか過ぎないようにも見える。だが20世紀の経験は、グローバルに全世界の民族や国家が深く接触し交渉しあったために起きた、いわば最初の巨大な失敗の経験なのである。そしてこれからもたびたびこの種の失敗の経験は繰り返されるにちがいない。私たちはだれしも当分の間、それぞれの国益や民族的意識を離れた向こう側の人々の「幸福」について、私たちの身近な同胞たちと同じように配慮することなどできはしない。それは人道思想の浸透が不十分であるという問題ではなくて、社会構造的にそうできないのである。

けれども、非常に長い目で見れば、これらの数多い失敗の経験こそが「相互にうまくやる」交渉の技術と叡智とをゆっくりと培っていくはずである。その技術と叡智は、２００もの大小の主権国家がしのぎ合い、人口、食糧、資源、環境、文化、宗教、経済など幾多の複雑な問題を抱えているいまの世界の現実をあくまで直視しながら、世界統治の構造をどのように構想していけばよいのかという方向で用いられるべきだろう。思い切り乱暴な言い方をすれば、そういう構想が多少とも意味を持つのには、1000年単位くらいの時間的スケールでものを考えるのでなくてはならない。ただ世界平和を祈るだけ、人道主義的理想を掲げるだけでは、何の力にもならない。

このように考えるとき、ミルが提出している「それぞれの幸福を拡大していくことこそが善の実現である」という功利主義の原理は、最終的にそれしかない形で、現実を動かしていく最も基本的な指針の意味を持つだろう。

## 2. J・Sミルによるカント批判

### ◉欲望と意志の連続性

ここで、ミル自身のカント批判に触れておこう。これは主として、次の二つの点において認められる。

一つは、カントが、他の心的要素から「意志」だけを特権化し、他の要素（感覚、感情、欲望など）をすべて「傾向性」にもとづくものとした点にかかわる。カントはそのうえで「自由な選択意志」を設定し、それをもって道徳の存在根拠とした。これについては私自身すでに批判を加えておいたが、ミルもまた、欲望と意志との連続性を強調している。

もう一つは、カントの定言命法（個人の意志の格率と普遍的法則との一致）が、人類全体の利益に役立つという功利主義的な原理をあらかじめ織り込んでいるのでなければ、無意味な命題だという指摘である。

第一の点については、次のように書かれている。

《以上のように理解された意志と欲望の区別は、確実できわめて重要な心理的事実である。しかしその事実は、もっぱらこういうことを意味する――意志は、われわれの身体を構成する他のあらゆる部分と同じように、習慣になじみやすいこと、さらに、われわれはもはやそれ自体のために求めなくなったものでも習慣にしたがって意志したり、意志するというだけの理由で欲求したりできること、である。だからといって、意志がはじめはまったく欲望から生まれたものだという真理が、少しでも否定されるわけではない。そして欲望ということばには、快楽を吸引する力とともに、苦痛を反発する力が含まれているのである。》

このくだりでは、カントを名指ししてはいないが、明らかに、意志だけを独立で特権的な心的要素として立てることの不当性が説かれている。それはただ習慣にしたがって発動するだけの場合があり、またある目的を果たす意志のために欲求を抱くことがあるという。

前者の例としては、通勤サラリーマンがちょうど到着した列車に駆け込み乗車をしようと意志する場合などが挙げられる。また後者の例としては、明日は仕事に出かけるために早起きしようと意志するとき、その意志を貫くために早く眠りたいと欲求する場合などが挙げられよう。いずれにしても日常的習慣の中では、ある心的要素が意志なのか欲望なのかはっきり分けられないケースがとても多い。

さらにミルは、欲望という概念はもともと快楽を求め苦痛を避けるという意味が含まれていて、しかもその欲望からこそ意志が生まれるのだと述べて、欲望から意志への連続性を説いている。

たしかに、すべての意志が欲望（快・不快原則）を源泉としているという考え方には疑問をさしはさむ余地も多い。いやいや強制に従うというような場合も、「意志」が存在したと認めさせられることがけっこうあるからである（第五章で述べたとおり、自由意志の存在は、責任が問われる時のフィクションなのだが）。

だがここでミルが言おうとしていることを、次のような例で解釈することができる。すなわち、幼児が意志の力（自己抑制の力）をしだいに身につけていくのは、養育者の強制にしたがっておかないと、これから先、養育者から見放される苦痛に耐えられないだろうという直感がはたらくからであって、それは結局、快楽原理にもとづいている、と。

### ◉カントの定言命法もじつは人類全体の幸福という目的を含んでいた

第二の点についていては次のように書かれている。

《カントが（中略）道徳の基本原理（引用者注——定言命法）として、「汝の行為の準則（引用者注——意志の格率）が、すべての理性的存在によって（引用者注——普遍的な）法則として採用されるように行為せよ」と提案したとき、実は、次のことを認めていたのである。それは、行為の善悪を良心的に決定するには、行為者は人類全体のためを、少なくともだれかれの区別なく人類のためを考えていなければならない、ということである。そうでないと、カントは無意味な言葉を並べたてたにすぎないことになる。なぜなら、理性的存在が全員そろって、極端な利己的準則を採用することはありえない——事物の本性の中にはこの採用をどこまでも妨げるものがある——などとは、どうこじつけても主張できないからである。カントの原理に意味を持たせるには、こう言わなければならない。われわれは、理性的存在が全員採用すれば、**彼ら全体の利益に役立つ**ような準則によって、行為を指導しなければならぬ、と。》

この指摘は、まことに鮮やかでスリリングである。もし「理性的存在」のすべてが、自愛の原理にもとづく利己的な法則を採用したらどうするのか。「理性的存在」ならそんなことを絶対しないはずだということをカントはどのように論理的に証明するのか。単なる「普遍的な法則」と言っただけでは、その可能性を排除できないではないか——このように批判することでミルは、結局はこの定言命法といえども、はじめから人類全体の幸福、福利という功利主義的な目的を織り込んでいたのだと喝破しているわけである。「普遍的法則」とはすなわち、人類全体の福利にかなうような規則のことなのである。

◉正義や道徳は歴史的に形成されてきた

またミルは、徳というものは、はじめは苦痛から逃れるための手段であったが、ちょうどお金が物を手にいれるための手段であったのにいつしか金儲けが目的そのものに変化するのと同じように、やがて手段から自立してその追求そのものが目的の一部になるとも説いている。これもたいへん現実的なものの見方で、私がこれまで述べてきたことと重なるところが多いと思う。それにかかわって、正義の感情ももとをただせば復讐の本能であると、次のような的確な指摘をしている。

《正義の心情は、その一要素である処罰の欲求から視ると、以上のように、人間に本来そなわる仕返しまたは復讐の感情だと私は思う。知性と共感によって、この復讐感情は次のような被害、つまり社会全体を通じ、また社会全体とともに、われわれを傷つける損害に適用されるようになるのである。この心情そのものは、道徳的でもなんでもない。道徳的なのは、この心情が社会的共感に全面的に服従してその要求につきしたがう場合である。

そこで正義の心情とは、自分または自分が共感をもつ人に対する損害または損傷に反撃し仕返ししようとする動物的欲望が、人類の共感能力の拡大と人間の賢明な利己心の考え方によって、すべての人間を包括するようにひろがったものと、私には思われる。この感情は、賢明な利己心によって道徳的となり、共感能力によって人を感動させ、自己主張を貫く力をもつようになる。》

正義の感情とはもと復讐の感情であり、それが共感の拡大によって多くの人たちの受け容れるところとなり、そこに「賢明な利己心」——この表現はいかにも真正の功利主義精神をあらわすものとしてふさわしい——が作用することで道徳としての位置を獲得する。

ミルは、道徳もまたその形成過程では、復讐や利己心が不可欠の要因としてはたらいていることを堂々と認めている。以上のような「道徳の系譜」についての分析は、事実それ自体の記述としては、ニーチェとそれほど変わっていないように見える。ただその違いは、ミルが「人間の共感能力の広がり」に対して肯定的であったのに対して、ニーチェにとっては同情や共感によって価値の平準化が起きることに高貴なるものの堕落を見出して、我慢がならなかったという点である。

ミルの『功利主義論』の魅力は、次の二つの点に集約される。

一つは、道徳という公的な文化形式を、超越的な高みから無条件に私たちの頭上に下ったものと考えずに、あくまでも人間の普通の感情や欲望を肯定しつつ、それを調整するために歴史的に形成されてきた機能としてとらえている点である。ここにはカントのような理論めかした「狂信」もなければ、プラトンのような転倒の「詐欺」もない。道徳の起源についての認識としてはニーチェと共通する部分をもちながら、彼のような「孤立貴族」の矯激さもない。

もう一つは、だからといってミルは、いわゆる自由な欲望や俗情の放恣《ほうし》な交錯に任せればよいと言っているのでもない。この世で道徳がうまく機能しているその価値を積極的に認め、それがどうして価値に値するのかをていねいに解きほぐしているのである。

こういうバランスある立場は、長きにわたる私たちの生活感覚や慣習にきわめてよく適合するし、殊に日本人の現実主義的な倫理観にマッチするのではないかと思う。私は、功利主義という概念を利己主義や効率主義と誤解して受け取っているすべての人々に、もう一度ミルの主張を詳しく検討してほしいと切に願う。

ただし、一言付け加えておきたい。

たしかにミルの言う通り、「正義の感情」の源は、復讐心だったろうし、それが公共的なものとなっていく過程を、「人類の共感能力の拡大と人間の賢明な利己心の考え方によって、すべての人間を包括するようにひろがったもの」と説明するのは適切だろう。しかし、いったん法による統治を基礎とした国家が確立するや、国家の行為としての正義の行使は、初めの「復讐」という動機を抹消するし、また、抹消しなければまともな国家とは言えない。というのは、国家は被害者の復讐感情に成り代わって処罰を施すのではないからである。

国家が正義の行使として処罰を施すのは、自分の統治下にある共同社会の秩序と安寧を維持するためである。国家は国民に対して、争いを調停し、犯罪を抑止する最終責任を負う唯一の機関、ヘーゲル風に言うなら、最高の人倫精神の表現としてそれを行うのである。

第Ⅲ部

# 人倫がもつ矛盾をどう克服するか

第八章

# 和辻哲郎の共同体主義

## 1. 和辻倫理学と西洋倫理学の相違点

### ◉第Ⅱ部の要約

プラトン、カント、ニーチェ、J・S・ミルと、ヨーロッパの哲学者たちの倫理学原理を探ってきた。もう一度端的にまとめておこう。

「イデア」という超越的な概念を柱に、感性的な現実をより低いものとして見下げるところに善や正しさの原理を立てるプラトン倫理学の方法は、言語というものが必然的な特性として持つ抽象化の運動を利用したものにすぎない（「より抽象的なものはより高いものである」）。彼の方法は、目で見、手で触れられ、日常の生活感情によって確かめられる現世の実践的な交流のなかから倫理の原理が立ち上がるという事実を無視した、偉大なる転倒の詐欺である。この方法原理は、二千数百年の間、ヨーロッパの精神を支配し続けた。

「意志」を他の心的な要素から特権化して、そこに道徳の基礎となるべき「自由」の唯一の可能性を見ようとしたカントは、この特権化を正当化できる論理的な根拠を見出すことに失敗した。そればかりではない。彼はア・プリオリ（超経験性）の原理の存在をア・プリオリに（証明抜きで）措定することによって、抽象的な「善」の普遍法則を定言命法のかたちで示したが、その法則がどんな具体的な規定をもつのかをいっさい提示することができなかった。善悪とは何かという問いに答える用意が彼には初めからない。なぜなら、彼にとっての「善」は、ただ個人の幸福や傾向性への堕落に単純に対立するものとしてしか理解されていないからである。その意味でカントはプラトンの近代個人主義ヴァージョンである。

支配者（強者）の道徳と奴隷（弱者）の道徳とを峻別し、ヨーロッパ道徳の歴史は後者が前者を駆逐してきた歴史だと決めつけたニーチェは、通俗的な「善」の観念に盲従する大多数の人々の死角を突く鋭い指摘を行った。道徳という名の「きれいごと」の背後にはルサンチマンにもとづく弱者の権力意志が潜んでいるという彼の心理学は、おおむね正しい（現代日本の「反体制サヨク」などはその好例である）。そこで彼は貴族道徳の復権を狙ったが、しかし奴隷道徳の一典型としてのキリスト教道徳の重圧を過敏に受け止めるあまり、人間が本質的に「共感」にもとづく関係存在としてしかあり得ない事実を認めようとしなかった。本質論としての人間把握が伴うのでなければ、「善悪」原理に「優劣」原理をただ対置するという論理的破綻に導かれてしまう。それは結局のところ、野蛮な弱肉強食を肯定する以外に活路を見出すことができず、批判するにせよ肯定するにせよ、現代文明社会のあり方に対する有効な提議たりえない。

カントの「道徳形而上学」を大いに意識して、その非現実的な方法を批判したミルは、「幸福」原理を柱とする功利（有用）主義道徳を説いた。有用とは、だれにとって、何にとって有用なのか。万人にとって、幸福な生活の実現にとってである。道徳の根拠として、万人の幸福という具体的な目的を示した彼は、カントのプラトニズム的な超越性・抽象性と、徳福不一致の二項対立原理に固執する頑迷さを克服しえている。また、幸福という概念が、常に「相互の幸福」を意味していて、深くかかわった者同士においていっぽうが不幸なのに他方がそれによって幸福になるというような事態を、少しもよい状態とは考えていなかったことも確かである。

快や幸福を倫理学上の原理としてはっきり打ち出した哲学者としてはエピクロスが有名である。しかしエピクロスの幸福観は、衝動や一時の欲望に心をかき乱されずに静かな隠遁生活を送るスタイルと切りはなせないから、一般の人間の幸福追求の感覚とは相いれないものを含んでいる。隠遁者の幸福は凡人のよく実現しうるところではない。これに対して、ミルのそれは、人間が、互いに交渉しあうことによって、より幸福な状態を実現させようとする動物であるという本質洞察が織り込まれているから、議論の射程がより広いのである。

だが思えば、これらヨーロッパの倫理思想史の展開過程は、二千数百年をかけてようやくここまで、という溜息の出るような過程である。それは皮肉な見方をすれば、壮大なエネルギーの濫費であったと言えなくもない。もちろん浪費とは言わない。彼らがその傑出した才能を駆使して倫理問題に心血を注いだことは確かだからである。

しかし私見によれば、肯定するにせよ対抗するにせよ、それらは総じてプラトンが古典時代に敷いた、「感覚では触れられない精神こそ価値が高い」という強固な図式に拘束され続けてきた。私たちが倫理問題について考察を進めるにあたっては、この西欧的思考のパターンを鵜呑みにせず、そういう性格のものとして適切に相対化しておくのでなくてはならない。

## ◉和辻倫理学の優れている点

翻って日本人は、倫理問題にかぎらず、概して人生における深い感得を論理的に（普遍的な装いのもとに）表現するのが苦手である。ために、西洋文明が大津波のように押し寄せてきたときに、その圧倒的な力に目を奪われて、これまでの自分たちの「よき慣習」を、古臭く役に立たないものとして見捨ててしまう傾向が目立った。同時に、プラトンやカントの説くところが、その輪郭の鮮やかさのために、何か深遠で新鮮な、すばらしいことを言っているかのような幻想を植え付けられたことも確かだ。福沢諭吉が批判してやまなかった、「西洋心酔者流」である。

だが考えてみれば、今まで論じてきた西洋哲学における倫理問題の帰結には、何となく私たち日本人にとって、「なにそれ、ミルの言ってることなんて、私たちの世間知からすれば当たり前じゃないの」と言いたくなるような部分が含まれている。すでに述べた近江商人の「三方よし」の精神、「情けは人のためならず」、「世間」という水平的な概念を人倫の成立・維持にとっての主軸とみなす感覚、

「絶対」「極端」「争い」を嫌い「相対（臨機応変、融通無碍）」「中庸（まあまあ程よく適当に）」「和（なるべく仲良く、妥協できるところは妥協して）」を尊ぶ心、などは、いわば一種の功利主義である。

そこで本書では、これから、日本人の日常生活のなかに生きている人倫感覚をなるべく論理的な言葉で掘り出すことを念頭に置きながら、その本来の意味について論じていきたいと思う。

すでに折々に触れてきたが、和辻哲郎の『倫理学』は、わが国が産んだ倫理思想の最高峰であり、世界的な偉業である。その関係論的な人間観の徹底性、記述の体系性、いたずらに形而上学に溺れず、たえず日常生活の実感を汲み上げつつ論理を構成していこうとする思考態度などにおいて比類がない。

私は、彼のこの仕事についてやや詳しく論じたことがある（『日本の七大思想家』幻冬舎新書）。そこでは、その創造性を大いに評価するとともに、疑問点についても指摘しておいた。細かいことはそちらを参照していただくとして、いま簡潔にその論点を整理しておくとともに、いくつかの点を付加しておきたい。

まず優れている点について。

①**人間を孤立した個人として捉えず、間柄的存在としてとらえ、その実践的行為的連関のうちに人間の本質を見る。**倫理とは、（筆者流に言い換えれば）「なかまとしていきるすじみちをあらわすことわり」であり、この定義は、彼の人間本質の捉え方から必然的に導かれる。

②彼は、人間を次のように規定する。人間世界（世間）は、社会と個人との二重性において成り立ち、個としての存在は、全体からの離脱、すなわち全体の否定であり、人間存在の本質的契機の

ひとつとして必ずその立脚点を認められなければならないものである。が、さらに進んで、その存在は再びみずからを否定し、その本来的在り処としての共同存在に自己還帰する。こうした無限につづく否定の否定としての弁証法的運動の全体が人間のあり方である。

③この規定からは、「悪」が次のように定義づけられる。「悪」とは一般に、共同性からの個の背反であるが、背反の事実それ自体は同時に共同性への還帰の契機ともなるので、それだけをもって「悪」と呼ぶことはできない。共同性への還帰の運動を伴わないような、背反の固定化、すなわち**個への「停滞」**こそが「悪」である。同時にまた、はじめからこの運動への契機をはらまないような**「共同体」への怠惰な眠り込み**（創造性の欠落）も「畜群」への転落として位置づけられる。

④**夫婦、家族、親族、地縁共同体、経済的組織、文化共同体、国家などの具体的な共同性のあり方の中に、それぞれ固有の人倫性を認める。**例えば経済的組織（企業など）は、単に、個人およびその集合体がみずからの利益だけを合理的に追求する「経済人」の集合なのではなく、もともとその組織に内在する人倫性があると主張される。

このように、具体的な共同体のあり方の中に人倫性を認めようとする方法論自体は、たいへん独創的で新鮮なものである。普遍から具体性へ、具体性から普遍へ、と思考を往復させる和辻倫理学ならではの生き生きとした特長が躍如としている。カントなどには到底望めない方法である。

しかし反面、このやり方に問題がないわけではない（後述）。

⑤和辻倫理学の特に独創的な点は、彼の言う「二人関係」、すなわち**男女の私的な関係のうちに、**

**内在的な人倫精神の出発点を見いだす**という、生活の具体相に即した発想である。この発想は、管見の及ぶ限りでは、西洋の倫理学にはけっして見られないものである。

### ◉性愛関係に深い人倫性を認める独創性

この⑤の点であるが、和辻倫理学と西洋倫理学の根本的な相違点について、もう少し解説しておこう。

なるほど西洋には、恋愛や結婚をまじめに、肯定的に論じた書物はたくさんあるし、また「我と汝」という関係のあり方の探求を通して、そこに基本的な人倫の原理を打ち立てようとした書物もある。しかし概して前者は、その美的側面や人生における重要性を強調しただけに終わっており（例：スタンダールやキルケゴール）、後者は、男女という「性愛」関係の特殊なあり方を捨象した抽象的な「自他関係」の記述に終始している（例：ジンメルやブーバー。なおジンメルについては、和辻自身が的確に批判している）。

またヘーゲルの『精神現象学』は、「家族」の人倫性について卓抜な展開を見せているが、その前段階、つまり性愛関係そのものに対しては深い関心を示していない。

西洋の倫理学（哲学）は、これまで見てきたように、「精神」や「理性」や「公共性」を「肉体」や「感性」や「私生活」に対して優位に立てるということが暗黙の前提になっているので、肉体の交わりを含み、感性的な歓びをめざし、私生活そのものの世界を開示するような性愛関係は、初めからネガティブなバイアスをもって見られる。だから性愛はそれ自体として倫理性を含むのではなく、肉の愛が宗教的な精神の媒介によって浄化された暁に、ようやく倫理性を獲得するという話になる。

ちなみに、明治時代に北村透谷が「恋愛は人生の秘鑰《ひやく》なり」として、政治社会にこれを対置し、男女関係の重要性を説いたのは、思想的な発想としては卓抜であった。

しかし透谷は、西洋由来の「恋愛」なる概念を、それまでの江戸情緒ふうな男女関係のあり方とは異質な、何かより崇高な精神的なものであるかのように印象づけた。これはその時点ではやむを得なかったとはいえ、いかにもインテリらしい勘違いであった。端的に言えば、透谷、藤村、花袋、光太郎ら、日本近代前期の「自然主義」文学者たちは、日本風の「至誠」「まごころ」「自分に忠実であること」などの倫理感覚の器に、キリスト教の宣教師たちが持ち込んできた欺瞞的、両義的な「愛」なる概念を注入されてたぶらかされたのである。

和辻倫理学は、西洋的な霊肉二元論そのものを退ける。しかもそのモチーフは、あくまでも日常茶飯の生活交流（実践的行為的連関）のなかに人倫の源を見いだすという徹底した方法によって貫かれていて、単なる形而上学的な対抗論理を提供しているのではない。したがって私たちの誰をも（もちろん西洋人をも）うなずかせるに足る普遍的な説得力を持つのである。だから、彼がまず、私生活を根底から規定している男女関係（エロス関係）のあり方そのもののうちに最初の人倫的契機を求めたというのは、きわめて必然的なことなのである。

和辻は、「肉体」をけっして軽蔑しないどころか、「肉体」こそは精神があらわれる唯一の座であると一貫して考えていた。たとえば次の引用を見よう。

《以上のごとき省察の下に我々は、抽象化せられた性衝動から出発することを斥けて、まず初めに具体的な性関係を把捉《はそく》し、そこに人間関係における根源的な「対偶」を見いだそうとするのである。日常的現実における性関係は、初めより人格や愛の契機を含み、心身の統一において男女が互いに相手の全体を取り、自己の全体を与えんとするものであって、何らかの浄化過程を経た後にかかる段階に達するのではない。心身分離の立場に立って、身体の側に性衝動を、心霊の側に愛を認めようとするごときは、抽象的思惟の作為にすぎない。ある女に性的に引かれ、あるいは結びつく男が、その女の身体、たとえばその女の「顔」を、単に身体的なるものとして愛の外に押しやるなどということがあり得るであろうか。愛するものの「顔」は単なる肉体などではない。そこに相手の人格があり心霊があり情緒がありまた個性がある。相手が頼もしい人物である場合には、その頼もしさは顔に現われている。相手が優しければその優しさも顔にある。相手が他の何人によっても置き換えられえぬ唯一回的な存在であるとすれば、その唯一性もまた顔にある。（中略）顔が情緒をあらわしているように、全身もまた情緒を現わし得る。顔に気品があり得るように、身体にもまた気品があり得る。してみれば、肉体全体は精神の座である。しかもそれは肉体であることをやめはしない。そうしてその点が男女関係においては欠くことのできない重大な契機なのである。》（『倫理学』第三章第二節）

このように、心身一如として人間をとらえるところから、先に述べた「二人関係＝男女の性愛関係」そのもののうちに人倫性を見いだすというユニークな視点が得られる。その人倫性は、ひとりの相手に己の心身のすべてを与えると同時に、その相手の心身のすべてを取るという全人格的な関係のあり方を根拠としている。この関係において、個人としての「私」は止揚されて、一体となった存在の共同が実現される。

じっさい、深い性愛関係以外に、こういう徹底的なあり方はあり得ない。そうして、それが他を排除するまったく特殊な存在の共同であるがゆえに、最も私的なものとして公共性からは秘匿される。公の立場から見れば、それは他人に共有されない情の交換や「犬も食わない」些末なやりとりに終始するという理由から、「どうでもよい」「より低い」ものとみなされがちだが、和辻は、そのことを認めつつ、次のように高らかに宣言するのである。

《もちろんそれは閉鎖的な私的存在であることを媒介として実現されるのであるから、「私」として貶められるべき性格を振り捨てることはできぬ。にもかかわらず、それは人間存在の理法を実現する最も端的な道としての意義を失わないのである。従って世界宗教がいかにこれを排撃しようとも、人間はこの道を捨てなかった。男女の道は**人倫の道**である。その権威は逆に世界宗教を感化して、さまざまの形においてこの性的存在共同を容認するに至らしめている。》（同前）

この宣言は、同時代の思想家・小林秀雄が『Xへの手紙』のなかで、「たとへ俺にとつて、この世に尊敬すべき男や女は一人もゐないとしても、彼等の交渉するこの場所だけは、近付き難い威厳を備えてゐるものの様に見える」と書いたことに正確に呼応している。

こうして、男女の深い性愛（恋愛）関係が、いかに第三者の介入を強く排除するものであるか、そうしてその介入が現に行われた時には、不倫による裏切りや三角関係の葛藤のように、いかに命さえかかった切実な苦悩を呼び起こすかについて、和辻は力説する。古来、文学が扱ってきたこの問題のうちに、彼は男女の結合に必然的に内在する人倫の如実な相を見いだすのである。

また、一対の男女関係が公的な承認（婚姻）を経ることによって、夫婦共同体となった時には、その人倫性は、共同性実現の第一段階を指し示しているにもかかわらず、同時に、**「信頼や信実のごとき根本的な人間の道を実現する場所としては決して初歩的な段階ではなくして最も深刻な要求の行われる段階」**として、次のように押さえられる。

《ここで和合が問題とせられるに当たっても、それは夫婦が**心身のことごとく**を含めての互いの全存在をあますところなく与えまた取るという和合でなくてはならぬのである。これは己れの全存在を相手に委せるという意味で絶対信頼に近いのであるが、特に「身を委せる」という言い現わしが示唆しているごとく、身体的な合一を含む点において他の共同存在よりも徹底的なのである。

この特徴をとらえて夫婦の和合はしばしば性愛の合一と同一視せられるが、しかし性愛の合一は夫婦の道の一部であって全部ではなく、また夫婦の道としてあらわに説かれてきたものでもない。（中略）宗教はむしろそれを否定的に取り扱い、哲学もまたそれに近い態度を取った。一般に行為の仕方を示している道徳思想においても性愛の仕方を立ち入って教えているものはない。

（中略）が、もしかかる知識が教えられるとすれば、それは秘密に、隠された仕方においてである。すなわち性愛の合一は最も閉鎖的な「私的存在」であり、従って隠さるべきものなのである。》（同前）

「夫婦の道」としての本来性が、まことに的確にとらえられている。先の引用にも見られたが、和辻はここで、既成の宗教、哲学、道徳が、絶対に落としてはならない「人の道」であるはずの男女や夫婦のあり方に対して、軽視のまなざしをしか投げてこなかった事実をやんわりと批判している。これは、私自身がこれまでさんざん述べてきたように、特にキリスト教文化圏で顕著である。しかしそういう一種の道学的な抑圧装置をいくら施しても、そのリアクションはかえって激しく開花し、西洋文学や西洋芸術は、性愛を見事な形で大いに肯定的に扱ってきたのである。ことに古典文学やルネサンス芸術においてそれが著しい。和辻自身もそのことを指摘しているが、こういう問題をきちんと拾い上げるところが、彼の人間観の幅の大きさとしなやかさとをあらわしている。

しかし、ここで一つだけ疑問を呈しておきたい。

彼はただ性愛の合一が最も閉鎖的で私的であるゆえに隠されるべきものであると述べているだけであるが、これは一種の同義反復であろう。「人の道、夫婦の道はこうなっている」という現象の記述としては、この通りと言うほかはないが、では、**なぜ性愛的な関係に限ってそのように厳重に秘匿されるのか、それが人倫の見地から見てなぜ正当なことなのか**という問いに答えていない。私的な行為にはたとえば食事や遊戯があるが、これらが人と共に行われても、別に隠されることはないのである。

これについては、後に私見を述べることにする。

## 2. 和辻倫理学への問題提起

◉和辻倫理学への疑問点

以上が和辻倫理学の優れている点であるが、次に疑問点を記す。

①和辻は、人倫の基礎原理を相互の「信頼」に置く。これは、一見、疑う余地のない正しい把握に思える。というのも、人間どうしの相互信頼関係こそが共同性を成り立たせる基盤であり、個々の人格の安定も、この関係によってこそ支えられるからである。

しかし、人間は時間の中でたえず新たな「決断」と「行為」をなしていく存在であり、そこには絶対的にその好結果を保証された決断や行為というものはありえない。ゆえに、人間の決断や行為には、必ずいくばくかの「不安」が伴う。最も安心してふるまっている日常的な行為のたぐい、たとえば、出社時に何時何分の電車に乗るために、何時何分に家を出る、といった行為は、交通システムへの「信頼」があればこそ可能な行為だが、しかしそれにしても、もしかしたら偶発事によって自分の行為は無駄になるかもしれない、という可能性の感覚がどこかに織り込まれているだろう。「不安」はほとんど意識されないにしても、絶無とは言えないのである。

「信頼」の成立は、過去の積み重ねという「既知性」を不可欠の条件としている。これがなければば、「あの人が私を裏切ることはけっしてない」という確信も、「何時にどこそこで取引する」という約束の遵守も、その確実性が保証されない。しかし「決断」や「行為」は、常に未来に向かっての投企であり、賭けである。したがって、「信頼」という概念のなかには、もともと（論理的に）「そうはいかないかもしれない」可能性が顧慮されているのであり、人々はそのことを承知のうえで、「信頼」に賭けるのである。これを要するに、**「信頼」概念は、「不安」や「不信」概念を不可避的に伴っており、前者が後者をその必要条件として含む**のである。

もし和辻の言うように、人倫の基礎原理が、ただひたすら不信とは無縁な「信頼」によるのだとしたら——それは一応形式的には正しいが——、「不信」や「不安」への顧慮は無用のものとなり、そうだとすると、これらを取り除くために、何かことさら道徳や法や人倫を説く営みには意味がないことになる。つまり、「信頼」だけに人倫の基礎原理を置くと、皮肉なことに、なぜ私たちが人倫精神を必要とするのか、その理由をかえって導き出せないことになりかねない。

人間相互の「決断」や「行為」には、過去から未来へ向かって自己を投企するというその特質上、必然的に不信や不安がつきものである。この不信や不安は、それらが実現してしまうこと、つまり約束や誓約や信頼の情が裏切られてしまうことを予定している。そしてその「裏切られること」は、究極的には「死」＝相互の別離に結びついている。だからこそ、私たちはその不信や不安を克服するために人倫精神を必要とするのである。

**②和辻倫理学には、「こうである」という、「存在」についての認識（ザイン）と、「こうあるべきで**

ある」という、「当為」についての認識（ゾレン）との区別が曖昧である。そのため、ゾレンを語っている文脈がいつの間にか、ザインを語るものとして固定化されてしまう傾向が強い。これは、人間の生の暗黒面に対する視点と視野とが不足しているからである。

二つばかり例を挙げよう。いずれも第三章「人倫的組織」のなかの記述である。

ひとつめ。第4節「地縁共同体」において、村落の日々の共同労働や祝祭における絆の深さについて書かれたくだりがあるが、これは、いいことづくめで彩られており、現実にはほとんど存在しない桃源郷の風景である。

二つ目。同じく第5節「経済的組織」において、その内在的な人倫精神の要を「奉仕」というキーワードで語っている。この「奉仕」の精神については、直接的に労働や交換を共にしている仲間や相手どうしの間では、実感不可能な感覚というわけではないが、資本主義社会においては、マルクスが「疎外された労働」という言葉で語ったように、一人ひとりの労働者の生活感覚に訴えかけることのできない無理な概念である。結果、和辻は、じつは近代資本主義社会においても個々人の経済活動を基礎づけているのは「奉仕の精神」であるという道徳主義的な強弁に陥っている。「奉仕」では、ボランティア活動や慈善活動と、普通の労働行為との区別がつかなくなる。また、圧政的な権力による強制労働なども正当化されかねない。

経済的組織における人倫精神の要は、むしろヘーゲルが説いたように、互いの人格を尊重し承認しあう、というところに求めるべきである。労働や商品に対して適正な対価を支払うとか、みんなで飲んだときには、料金を割り勘にする、などの習慣は、それぞれの人格を尊重し、他者を承認することを通して自分もまた対等な社会人の一人として承認される、という論理がはたらいている例である。

ただしヘーゲルの説いた人倫精神は、あくまで「ゾレン」として説かれるべき問題であって、資本主義社会の中にいつも「ザイン」として生きているわけではない。この人格の尊重と相互承認とが実感されない事態が多岐にわたって生じるとき、それは、**社会の構造そのものに問題がある**と考えるべきである。マルクスがヘーゲル哲学の観念性を批判した動機には、このことが強く関与していた。

以上、二点は、先に優れた点の④として掲げた項目で、「問題がないわけではない」と述べたことの実例である。詳しくは、前掲拙著参照。

## ◉人倫的組織の各項は調和よりもむしろ相剋する

さて以上のように考えてくると、和辻倫理学、とくに「人倫的組織」を論じた第三章の方法論は、果たして正しかったのかという疑問が生じてくる。

繰り返すが、この章は、ある共同体にはそれ固有の人倫性が宿っており、それは、その組織の構造から必然的に導かれるという叙述形式をとっている。しかしここには、ある重大な見落としがあるのではないだろうか。

この叙述形式は、次の三点について問題を含んでいると私は考える。

①質や水準の異なるそれぞれの共同体は、実際には孤立して成り立っているということはなく、相互に複雑に連関しあっている。しかし和辻の叙述方法に従うと、そのことがよく見えなくなる。私たちの生は、これらの「共同体」をそれぞれ固有の価値あるものとみなせるような構造をしていない。これらを現に生きる私たちは、それぞれが運んでくる価値が互いに矛盾する経験を強いられるが、和辻は、この事実に一言も言及していない。

例えば先に述べた「地縁共同体」では、実際にはその内部のより小さな共同体（たとえば家族や親族）どうしの陰湿な内訌があり得るし、それを超えたより大きな共同体からの上からの指示・命令などの作用があり得る。これらは、往々にして「地縁共同体」というまとまりを自足したままにしておくことを許さず、時には解体に至るまでに揺さぶることがある。

②和辻の叙述は、すべての共同体がそれぞれ実体として「いいもの」であるという前提に立っている。しかしそういうことが、無条件に言えるなどということはない。たとえば家族共同体は情の絡み方次第では、人心を荒廃させる原因ともなり得るし、国家共同体は、多くの生命を無意味に犠牲にしてしまうことがあり得る。

この点についての和辻の叙述には、やはり、「ザイン」と「ゾレン」との混同が見られるし、また、**生の暗黒面への視点・視野がなさすぎる**のである。倫理学は、生の暗黒面という現実を直視しつつ、しかも最終的には「ゾレン」を追究する学であるという姿勢を一貫するのでなくてはならない。

③和辻の叙述は、より小さな共同体からより大きな共同体へと直線的に向かう（あるいは同心円的に拡大してゆく）スタイルを取っている。このスタイルはそれ自体としては別に問題ないのだが、不用意に読むと、一見、上位のもの（あとから記述されるもの）ほど、下位のもの（先に記述されたもの）の矛盾を止揚して人倫性が高くなっているかのような錯覚を与える（この点は、ヘーゲルにも当てはまる）。

例えば、和辻は、国家共同体を「人倫組織の人倫組織」と呼ぶ。この規定そのものは、すべての組織が内在的な人倫性をもつという前提に立つ以上、誤りではない。しかし、だからと言って、たとえば家族のもつ人倫性に比べて、国家のそれがより「高い」と一般的に言えるわけではない。そのような価値観を和辻は直接展開しているわけではない。現に彼は、夫婦共同体の人倫性を、「初歩的な段階ではなくして最も深刻な要求の行われる段階」と規定していた。しかしそれにもかかわらず、記述の順序によって、あたかもより後のものがより先のものよりも高位にあると受け取られかねないのである。

それだけではなく、性愛や家族の人倫性と国家の人倫性とは、ある現実の側面では、激しく矛盾対立することがあるのであって、それは**より上位・より下位という形式的な序列化によってはけっして解決しない**のである。この問題をどう読み解くかは思想的に非常に重要なので、あらためて述べる。

### ◉和辻倫理学の難点を克服するには

　こうして、人倫精神を、具体的な共同体の現象形態に結びつける和辻の方法は、いくつかの難点をはらんでいる。そこで私は、この難点を少しでも克服するために、別の方法を提示したいと思う。まず人倫を形成している関係の**「基本モード」**をいくつかに分類し、それらの特性を述べる。その特性の記述とは、それぞれがどういう関係の原理にもとづいているかをあかすことである。和辻の言葉を援用するなら、「実践的行為的連関」の、その中身をひとつひとつ検討する試みである。

　次に、それら「基本モード」のそれぞれに**抵触する関係**は何であるかを述べる。さらに、それぞれのモードの**連関の仕方**についても論じる。

　以上の方法によって、人倫精神の複雑な絡み具合のさまが、広い視野のもとに見渡せるようになるはずである。またこれがうまくいけば、私たちの生が、何を守り、どこへ向かっていけばよいのかという方向性を示すヒントを提供できることにもなる。

　ちなみに、こうした方法を取るほうが、具体的な「共同体」のあり方のなかに人倫精神を見出す方法よりは永続的である。というのも、たとえば、和辻の説いている「親族共同体」や「地縁共同体（村落）」の人倫性は、彼の生きていた時代には現実性をもっていたかもしれないが、都市化や個人化が進んだ現代では、法的・儀式的な拘束力を持ちはするものの、生活上のリアリティを到底形成しえないからである。

　人倫性はそれだけとして自立的に成り立つのではなく、個人の実存がそれぞれの共同性にどれくらい規定されているかという度合いによって、その重みが測られる。それゆえある共同性が歴史の推移に従って解体あるいは衰弱すれば、それはもはやかつて示したような力を示しえないことになる。この事態を単に悲しんでノスタルジーに浸ったり、頭の中で復権を願ったりすることは、倫理学の新たな確立にとってほとんど意味を持たない。

第九章

# 人間関係の基本モード（1）

## 性愛・友情・家族

さて、以上を踏まえて、より永続性のある人倫精神を形作る人間関係の基本モードは何かと問うてみる。これにはさしあたり、次の六つが考えられる。これ以外にも別項を立てることは可能かもしれないが、いたずらに項目を増やすことは煩瑣な論述を免れないので、ぎりぎりここまでに限定しておく。

1. 性愛（エロス）
2. 友情（同志愛）
3. 家族
4. 職業

## 5. 個体生命

## 6. 公共性

なお、これらすべては、繰り返すが、みずからが属する共同性からの「離反」、すなわち互いに別離して裸の個人にされることの「恐怖と不安」からの防衛をその根底の動機としている。たとえば人がある「職業」に就くという現象も、単に個人としての生き方の選択の問題や得意技の活用や生計を立てる手段といった概念の内部だけで理解されるのではない。職業の本来的な意義は、共同性からその職に携わる人の人格を具体的に承認されるというところに求められるのである。したがって、「人は何らかの職業に就くべきである」という慣習的な了解のうちには、共同性への参加の意志、裏返して言えば、共同性から追放されることへの恐怖と不安とが、あらかじめ織り込まれている。

またこれらは、人の生きる道筋において、それぞれ並列的・個別的に求められるのではないし、より低次の段階からより高次の段階へと発展的に進むにしたがって先のものが後のものによって振り捨てられるのでもない。番号を付して並べたのは、この順序で倫理性が高まるとか、人倫感覚がこの順序で育っていくということを意味するものではなく、単なる記述上の便宜に過ぎない。じっさいには、これらすべてが個人のうちに絡み合い連関し、時には矛盾相剋しながら現われてくる。そのこと自体が大きな倫理的問題なのである。

それでは、それぞれの基本モードのもつ倫理的な意義と、相互の連関について述べていくことにしよう。

## 1．性愛（エロス）

### ◉人間の性愛の特質

一人の男と一人の女とが愛し合って心身が結ばれる場合、そこにはどんな倫理性もはたらいていないように見える。たしかに、性愛や恋愛を、単なる生理学的な抽象としての「性的欲望」の発現現象とみなすなら、そのこと自体に人倫の関与する余地はないと言えるかもしれない。

しかし、人間においては、異性を好きになるということには、種族保存に行き着くとか、よい子孫を残すことに行き着くといった生殖の過程からははみ出してしまう要因がもともと含まれている。人間の性愛は、けっしてただの「本能」（生得的・自然的な力の発揮）ではない。それは、当事者の心的な過程（情の交換、関係の持続、妄想の発展、相互の自己演出、葛藤、嫉妬、過剰な盛り上がり、一人よがり、幻滅、憎悪など）を必然的にはらむのである。論理的に言えば、まさにこのこと、人間の性愛や恋愛がただの「本能」ではないということ、つまりそれが反自然であるということそのものが、内在的な人倫性を要求するのである。では、それはどういうかたちであらわれるだろうか。

このことを明らかにするために、まず人間の性愛感情、性愛行動の特質を列挙してみよう。

第一に、**人間は発情期を喪失している**。同じことの裏側として、成熟した人間個体は、潜在的にはいつでもどこでも性行動が可能である。なぜそうなったのかはよくわからないが、おそらく自己意識の異常な発達に原因があるのだろう。あるいはこの因果関係は逆かもしれない。いずれにしても、人間は関係の状況の中で自分自身がたえずどのような位置を占めているか、どのような評価を受けているかということを気にする存在であるから、このことの裏返しとして、エロス的な欲望（満たされなさの感覚）をポテンシャルとして常に抱えるようになったと言い得るのではないか。

第二に、人間個体の性的な成熟には、他の動物に比べて異常に時間がかかる（約12〜15年）。犬は1年、馬は3年ほどで生殖可能な年齢になる。象の平均寿命は人間に近く約70年だが、それでも性成熟は10年ほどと言われている。これはたぶん、人間が未熟児として生まれてくることに関係があるだろう。

ところが人間はすでに複雑な社会関係（文化）を張り巡らしている。そのただなかに生まれてきた子どもは、早くからこの社会関係のなかに投げ込まれて、肉体的な成熟以前に、人と人とのかかわり方を学習する過程を強いられる。このため、**「エロス的なかかわりの心」**というべきものが、異様なほどに発達する。生殖が可能な年齢になっていないのに、「初恋は5歳の時」などというのはよく聞かれる話である。つまり、人間はみな多かれ少なかれ「耳年増」なのである。

このことは、人間の性愛のあり方を、まさに感情に彩られたものとして作り上げることに貢献する。簡単にいえば、動物に比べて「好き嫌い」の心をはるかに繊細に育てているのである。

第三に、以上二つから導かれるのだが、人間の性愛感情や性愛行動は、基本的に**「妄想的」なあり方**をしている。妄想的という意味は、二つあって、一つは、欲望の「対象」が多様に拡散していること、もう一つは、欲望の対象が同じでもその充足の「方法」がいろいろあること。

前者は、通常の異性愛以外に、同性愛、ペドフィリア、フェティシズム、ペットの愛玩、獣姦、ネクロフィリア、スカトロジーその他。後者は、サディズム、マゾヒズム、露出症、窃視症、近親姦、痴漢、自慰その他。

これらのことは、いずれも、人間の性愛感情、性愛行動が、自然の生殖のサイクルから、大きくはみ出していることを示している。こんな「性的」な動物はほかにいないと言ってもよい。

**◉性愛倫理の条件。双方向性と非対称性を踏まえて**

さて、そういう事態を背景として、性愛における倫理というものがどういうかたちで成り立ちうるかを考えてみよう。

基本的な条件はこうである。快楽の追及が、相手の人格を無視したかたちでは充足されないと当事者が感じること。言い換えれば、相手もまたこちらの存在と意志と行動によって快（歓び）を感じているにちがいない、とこちらが実感できること。そしてそうでなければ、自分の快楽も満たされないと思えること。相手の快や幸福が、自分のそれと重なっていると感じられること。

この条件が満たされるとき、そこに性愛に内在的な人倫性が成立する。

性愛において、人は特定の一者を選び他を排除する。その選択の行為のなかに、その人だけを特に大切にし、その人との関係だけを媒介として幸福を実現させようという意志がすでに含まれている。**一人の排他的な相手の運命（人格、生命、身体、生活）を丸ごと引き受けて、大切にしようと思うこと、自分自身の運命をそこに一致させたいと熱望すること、相手の不在や相手との別れを哀しい事実として真剣に捉え、それを克服しようとすること、**これらがその人倫性の内容である。

これはふつう、「愛」という言葉が真に肯定的な文脈で使われている時に実現している事態である。相手が自分を本気で好きになってくれていると感じるのでなければ、また逆に自分が相手のことを本気で好きになっていることを表現できるのでなければ、すべての恋は中絶する。現実的には、関係を維持するためにいくらでも妥協の余地がありうるが、それが妥協であることは、相手にも自分にもすぐに感知される。

だからこの場合に人倫性の成立に抵触し背反する状態・行為とは、強引な接触に及ぼうとすること、そりが合わないために一方または両方の熱が冷めること、浮気や不倫のように、他の相手に関心を移すこと、などであろう。

一般の性愛関係においては、相思相愛であることが互いに確認できるなら、そこにはすでに人倫性が存在する。相手を選ばれたひととして互いに尊重する心が不可避的に伴うからである。その心が欠落している場合には相思相愛は成り立たない。相思相愛が真に成り立つ場合、カントがこだわったような自愛、他愛の区別、自分のためか相手のためかといった言葉による境界づけや選択の意義は消滅している。言い換えれば、相手のためがすなわち自分のためであり、自分のためが相手のためなのである。

また片想いである場合には、強引な接触をせずに、相手の気を引くための手練手管をきちんと磨き、相手が喜んでくれるような手続きを踏むこと（ジェントルマンシップ）、そこに人倫性が認められる。気を引くための手練手管などといえば、いかにも狡猾に相手を籠絡するように聴こえるが、これは、たとえばオペラにおける口説きの歌に込められた情熱を見てもわかるように、一種の涙ぐましい努力なのである。そうしてその努力の意味は、相手の人格や意向を無視して欲望を満たそうとする道をけっして選ばす、あくまでも相手が心から自分の方を向いてくれることを目指しているところに求められる。それは、十分に人倫にかなったことである。

もう一つ考えるべきなのは、性愛行為において、男は女を孕ませる可能性をもち、女は妊娠する可能性をもつというほとんど絶対的な性差の問題である。もし性愛関係を結ぶことになった者同士が、お互いを大切に思う心を人倫の基本として納得するなら、男は女に負担をかけるこの片務性に大いに配慮すべきだろう。彼女が「この人の子どもがほしい」と心底望んでおり、経済的にも余裕がある場合ならさほど問題ないが、必ずしもそうではないことが多いからである。

また**売買春**は、性愛の人倫性が最低限に抑えられた状態と言えるが、まったく人倫性が認められないわけではない。売買春は一方が他方に金銭を支払うという経済行為としての共通了解のもとに成立する。ここでは、最もドライで情が絡まないその場限りの共通了解が成立しているように見える。しかし、まさに合意による経済行為が存在するというそのこと自体が、買われる人格と身体に対する一定の尊重の精神のはたらきを示しているのである。

このように言えば、一部の人は顔をしかめて、「愛がお金で買えるわけがない」とか、「売春を肯定したいための男の勝手な理屈だ」とか、「娼婦が賤業として軽蔑される事実をどう考えるのか」などの非難をさしむけてくるかもしれない。しかし私は、売春や買春は道徳的な行為であると言っているのではない。大部分の売買春が、当事者の社会人としての合意によって成立するという事実、それが一方から他方への暴力的な（強姦のような）行為ではなく対価を支払うという事実のうちに、人間が文化的動物であることの本性が象徴されていると言っているのである。これはよいか悪いかの問題ではない。

もちろん、合意とは言っても、買われる側には「半ば強いられてやむを得ず」とか「生きていくためにしかたなく」とか「手っ取り早くお金を貯めるために」などの事情が背景にあることは否めない。また、買う側には、欲望の過剰を生理的に処理したいという一方的な理由が存在することもたしかである。そこには明らかに男女のセクシュアリティの非対称性が関与している（逆パターンもあるが、それは「例外」であり、この非対称性に対する反証にはなりえない）。

さらに言えば、かつては管理売春が当たり前のシステムとして生きており、まだ幼い本人が知らないうちに身売りされていたなどの例にも事欠かなかった。「苦界」とか「地獄」などと呼ばれたゆえんである。

しかしそれにもかかわらず、「春を売る」という行為の継続のうちに、まったく主体性が認められないかといえば、そうとは言えない。それは言わば、あるようなないようなものである。一般に売買はその目標が人格にかかわるサービスであろうとなかろうと（じつはあらゆる売買行為は多少とも人格にかかわっている）、一つの関係を実現する行為なのであり、それは何かを得るために「代わりのもの」を提供するという、人間にしか可能でない行為である。買う人がいるから売るのであり、売る人がいるから買うのである。

ところで人間の性愛関係は、利那利那の生物的快楽の充足ではなく、必ずそこに互いのこれからの成り行きに対する「心」の交錯がいくぶんかは含まれている。一夜の売春の場合ですらそういうものが発酵しうる基盤を持っている。「公衆便所」などという蔑視に満ちたネガティヴな言葉が生まれるのも、人々が、この「心」の交錯が成立する可能性について理解しているからこそである。それは人々の期待と理想を逆説的に表現しており、つまりは人々は、時間に耐える「心」のありかたをいつも求めているのである。その求めこそ、「人倫」と称すべきなのだ。

さらに、遊郭のような世界の発達は、性関係を核としながら、その周辺にこの「心」の交錯が多様に展開する様を示してあまりある。遊郭は文字通り遊びの文化だが、ただの利那的な遊びではなく、まさに時間に耐える文化であることにおいて、義理人情、しきたり、黙契、格付け、タブー、遊女のプライドや階層意識など、人倫にかかわるテーマが必然的に入り込んでくるのである。

### ◉性愛の乱脈性と労働秩序とのぶつかり合い

次に、一般に性愛関係は、それ自体としては、閉じられた二人の関係であるから、その世界の外側との関係で、どういう倫理性が要求されるかということを考えておかなくてはならない。

すでに述べたように、人間の性愛意識は、多様に拡散しており、またいつでも発動できるポテンシャルを持っている。これを本質的な「乱脈性」と呼ぶことができる。この乱脈性は、人々が労働のために群れ集って社会集団をつくる場合、そこに必要とされる秩序とけっして相容れない。そこで、人類社会は、労働の共同性が実現される時と場所と、性的な共同性が実現される時と場所とを、厳密に区別する発想をもつに至った。したがって公開の場で、性愛意識や性愛行為を露出することは禁じ手であり、社会集団の側からすれば、「猥褻」とか「公序良俗に反する」とか「犯罪」とかとらえられることになる。

労働の共同性をつかさどっている秩序は、公共性倫理の基礎を形作るが、これは直接の性的な共同性と端的に対立するので、性的な共同性が公共性倫理との間に接点を見出すためには、その関係の社会的な承認の手続きを踏まなくてはならない。すなわち、婚姻や家族形成という媒介が必要とされるのである。

しかし労働の共同性と、性的な共同性とのこの区別は実際にはしばしば越境される。また、誰にとっても性愛は人生の重大事であり、大きな関心の的でもあるので、それについて語られるのを抑えることはできない。そこで、その話題は、ある程度心を許した者たちだけの間、あるいは特定の大人同士といった限定された空間のモードのなかで、秘密に、ひそかに、下ネタとして、笑いや羞恥心を伴って語られるのである。

このようにして、**性愛（エロス）倫理は、外側との関係では、その最も私的な部分、肉の交わりの部分をみだりに公開してはならないというかたちをとって現われる。**越境は現にしばしば起こっているし、宗教的な戒律が緩んだ近代以降は、かなり寛容（悪く言えばいい加減）になってはいる。しかしこの基本原則が崩壊したわけではないし、これからも崩壊しないだろう。これが崩壊するときには、人倫性はおしまいである。

### ◉なぜ性愛は隠されるのか

ところで、先に男女関係や夫婦関係における人倫性についての和辻哲郎の説を紹介した折、一つの疑問を呈しておいた。彼はただこの関係が閉鎖的で私的であるゆえに隠されるべきものであると述べているだけであるが、これは一種の同義反復であり、なぜ性愛的な関係に限ってそのように厳重に秘匿されるのかという問いに答えていない、と。

和辻の説では、ただ私的であるから隠されるとされているが、私的とは、もともと公的であることとの関係においてとらえられる概念である。したがって、なぜ性愛という私的なあり方に限ってこれほど明瞭な秘匿性が「人の道」として成立しているのかを説明するためには、他の人間関係のあり方や営みとの具体的で質的な相違を根拠にするのでなくてはならない。和辻は、指摘した箇所では残念ながらそれをなしえていないので、この領域の内部における人倫の、単なる「現象」の記述にとどまっているのである。

私見によれば、この問いに対する回答は次のようになる。

性愛の共同性は、それが単に閉鎖的で私的であるから公開に対するタブーが存在するのではない。これには性愛という営みに固有の理由が考えられる。

すでに述べたように、生殖のサイクルからはみ出した人間の性的関心や行為はもともと「乱脈性」を本質としている。この点がまず、労働を基礎とする一般的な共同性の秩序に抵触する。

さらに性愛行為の実態に即して次の事実を付け加えるべきだろう。

言うまでもなく、古来、神話や歌謡や文学にもうかがえるように、性愛はじつは人間の最大の関心事である。それはなぜかといえば、同じ「人間」でありながら異なる性の体現者の個別身体、個別人格の全体を目がける意志と行為だからであり、その当事者のみの心身の激しい集中と感動（魂魄《こんぱく》一体となったふるえ）を伴うからである。

こうして人間の性愛は、その個別身体と個別人格が持ちうる時間の総体（一つひとつの人生）に大きな影響を与える。人は、ある個人が性愛的な時間帯のなかに**いない**時にも、彼がその時間帯のなかに**いた**時の「事件」の成り行きをことさら気にせずにはおれないのである。この事実が、それぞれの人をして、他の人間関係や生活の営みに比べて性愛関係を特別のものとして観念させる大きな要因としてはたらいている。

本質的な乱脈性と個別的な魂魄のふるえ、この二つの点が、労働の協同を基礎とした一般的な共同性の秩序と相いれないのである。人々の入り混じる日常的な時間帯（象徴的に言えば昼の時間帯）のなかに、この乱脈性と個別的な魂魄のふるえを持ち込むことは許されない。それをやれば、たちまち一般的公共的な人倫の了解が破壊されるからである。

ロシアの民謡「ステンカ・ラージン」では、反乱軍の首領ラージンが、美しいペルシアの姫との愛に酔っている時、手下たちの陰口を小耳にはさむ。「一夜でボスまですっかり女になっちまいやがって」……ラージンはやにわに姫を抱えて「ヴォルガよ、この贈り物を受け取れ」と大河に投げ捨てる。自分の性愛への熱中が、一般的な社会集団の秩序を乱していることを悟り、即座にその秩序を回復するほうを選ぶのである。

象徴的に言えば、労働の営みは、静かに、淡々と、なるべく個人的な感動を伴わずに行われなくてはならない。それでなくてはその目的が果たせない。その場所では人々が入り混じるのだから、本来は、自我の動揺（情緒の波立ち）が不断に伴っているはずである。もちろん、事実それは伴っているが、なるべくそれを表に出さないようにしなくてはならない。これに対して、性愛の営みは、まったく逆に、感動を伴うことこそがその必須条件である。両者はそれぞれに固有の人倫性をそなえているのだが、その人倫性は互いに矛盾する。これを、多数者どうしの交わりと、特定の一者との交わりとが抱懐する矛盾ととらえてもよい。

性愛は、当事者にとって胸躍らせる陶酔的な営みだが、同時に、非当事者である一般社会のまなざしからすれば、それが公開され露出された時には、いやらしく許すまじきものととらえられる。猥褻な行為自体というものがあるのではなく、この営みが公開・露出されようとするその接触面、境界面で初めて「猥褻」が成立するのである。労働の営みと性愛の営みの守られるべき使い分けがそのとき破られるからである。

しかしすでに述べたように、この使い分けは、実際にはそううまくいかず、人々の性に対する関心と欲望はしばしば労働を基礎とする日常的な時間帯のなかに侵入しようとする。この傾向に回路と居場所を与えるために、人々は、「祭り」という特別の非日常的な時間帯を考案した。祭りは、一般的な共同性の象徴としての聖なる存在の再確認と強調の機能を持つとともに、他方では、性愛という特殊な情動を公共的な場において発散することを（多くの場合擬似的、暗示的に）互いに許容、黙認する場でもある。どんな祭りも多かれ少なかれこの両側面をそなえている。聖なる存在そのものが、まさに自分が祭られるその厳粛な日に、歌舞音曲、饗宴などを伴いつつ、日常からの飛躍としての幻想と蠱惑の世界を開くのである。

これは、世界中に散らばるさまざまな祭りの例を引くまでもなく、婚礼という、共同体にとって「厳粛な」はずの日が、同時に羽目を外した酔狂を許す日でもあるその両義性に注目するだけで明らかであろう。

第三章でプラトンの『饗宴』を扱った時、アリストパネスの演説について述べた。その際すでに紹介したのだが、古代ギリシアの伝承として名高い次の話は、この間の事情をよくあらわしていて、たいへん含蓄が深い。

人間はもともと男女一体であったが、その傲慢がゼウスの怒りに触れて引き裂かれてしまった。そのため互いに相方を求めることに明け暮れ、働くことも忘れて無為に過ごして死んでいくようになってしまった。そこでゼウスはこれを憐れんで、隠しどころを前に付け替え、時々は交わって子どもを産めるようにしてやった。これによって人間は、日々の秩序感覚を回復したというのである。

この神話は、人間自身が、己れの性愛感情の破壊的な激しさに対する自覚に基いて、婚姻などの厳粛な秩序を考案することによって、一般的共同性との間にうまい妥協点を見いだしたことを象徴している。「子どもを産めるようにした」というのも、個体の有限時間を超えた共同体の連続性（異世代間の継承）をどのように確保するかという倫理的な問いに答えたものである。

## 2. 友情（同志愛）

### ◉友情の特質とその人倫性

友情は、広い意味でエロスの一種である。それは性愛と類似した排他性をもち、したがって個と個との愛憎の関係に発展する可能性を常に秘めている。三人以上の関係では、恋愛によく似た嫉妬の情もバカにならない意味を持つ。

ことに、当事者が低年齢である場合、性愛が禁じられている閉鎖的な空間の場合、異性の混入を排する規範が強力である場合などにおいて、友情は性愛的な要素をはらみやすい。男子校、女子校、寄宿舎、修道院、刑務所、軍隊などでは、友人関係や先輩後輩関係が同性愛的な要素を持つことが多いという事実がこのことを証している。

また前に述べたように、古代アテナイ社会での自由市民（男子）の異世代間の文化継承が肉体的な同性愛を媒介としていた例などは、その典型である。わが国でも、武家社会では、信長と森蘭丸の関係のように、衆道が流行したし、女人禁制の仏寺では、同性愛は公然の秘密だった。これらは、もともと人間に具わっているエロス意識（他の個体を求める意識）の過剰さが表に出たもので、けっして異常とか変態とか呼ばれる現象ではない。

しかし男女のノーマルな性愛関係が広く認められている空間では、友情関係は、身体接触を必ずしも不可欠としていない。したがって、一般的に言って、その分だけ、情緒的に緩やかであるということができる。また、この関係は、ふつう四六時中生活を共有することはなく、むしろそれを避けた方が賢明であるという判断が成り立っている。「友情」という概念は、もともと、個人の全生活のうちのある制約されたモードにおける感情の交流を意味していて、そのモードをわきまえずに越境することは危険なのである。

もっとも思春期、青春期などの一時期、肝胆相照らした友人と片時も離れてはいられないという感情に支配されるような場合もある。しかしそれは多くの場合、いっぽうの過剰な思いに終わり、失敗に帰することが多い。盛岡高等農林学校時代以降の宮沢賢治の、保阪嘉内への熱い友情（恋情）は、その好例である。彼の片思いの挫折感情は、『銀河鉄道の夜』その他の作品にくっきりと反映されている（菅原千恵子著『宮沢賢治の青春』角川文庫参照）。

友情は、身体接触がなく、生活を四六時中共有するのではないほうが、長持ちするのである。「君子の交わりは淡きこと水のごとし」（荘子）。

友情形成のメカニズムの基本は、気質の調和、関心および価値観の共有であるが、以上述べてきたことからして、友情における人倫性は、第一に、**それが成立し維持されるための限定的なモードを互いがよくわきまえる**という点に求められる。この第一の点を踏まえた上で、第二に、**互いの生命と人格と意志とを尊重し合い、かつ、積極的に協力し扶助し合う**というところに友情倫理が成立する。

よく男女の間に友情は成り立つかということが問題とされるが、右の二点をお互いがよく守るなら、それは十分に成り立つ。しかし一方が恋心を募らせて他方がそれに引きずられるとか、一方が恋心を募らせることでかえって他方が相手の気持ちを「勘違い」とみなして引いてしまうとかいう場合には、「友情」としての関係は壊れて別物に変化すると言ってよい。いっぽうが恋心を募らせても相手がそれに応じないことを悟り、抑制を効かせて元のモードに収まるなら、友情は続くだろう。

### ◉友情は性愛と抵触しやすい

次に、友人関係とその外側との関係では以下のようなことが言える。

友情倫理は、家族倫理との間では住み分けがしやすい。もちろん、親子の「情」が友人関係を邪魔したり、友「情」がそれぞれの親子関係を無視したりすることは大いにあり得る。たとえば親は、息子や娘が「悪い」友だちとつきあっていると判断した場合は、悩んだり介入したりする。しかし、双方にそれぞれ健全な人倫関係が成り立っている場合には、一方の関係から他方の関係への理解と承認と尊重が得られやすいのである。たとえば、息子の友達が訪ねてきたときには、母親は一生懸命もてなそうとするし、ふつう人は、自分の友達の両親に対して礼儀をもって接するものである。

また友情倫理は、職業倫理、個体生命倫理との間には親和性が強い。ことに職業倫理は、友情を生む媒介となることが多い。たとえば同じ職業、同じ企業、同じ仕事についていることは、それだけ話題や関心や価値観を共有させやすいから、うまくはたらけば友人関係の生みの親となる。また逆に友情の交流が共通の社会観、職業観を育て、結果的に同じ道を目指すということもしばしばあることである。

個体生命倫理については、その特性について別項で述べるが、これは最も一般的・抽象的な倫理的原理なので、人間社会全体を憎むのでない限りはだれもが多少は持ち合わせている。そこで言うまでもなく、親しい仲である友人関係においては、この生命倫理がたえず作用していることになる。相手の命や健康のことを、遠い他人よりもより強く気遣うのは、ごく自然なことである。

しかし、以上二つに比べて、**友情倫理は、性愛倫理との間では背反しやすい**。その意味は二つある。一つは、すでに述べたように、友情と性愛とはどちらも広い意味でのエロス感情なので、類似点が多い。そのため、一人の人にとってしばしば両立を妨げることがある。たとえばある友人への忠誠が強すぎると、そのことがその人の性愛の対象（恋人や配偶者）に、自分のことを大切にしていないという嫉妬感情を抱かせることがある。昔の男はよく、同僚や友人と外で酒を飲んで、妻に断りなく自分の家に連れ込んできたものだが、これに対して妻が怒るのは、彼女にしてみれば、日常生活、家庭生活を乱されて迷惑だというだけではなく、男の勝手なふるまいが男友達のほうを優先して自分の存在を軽視しているという感じを与えるからである。

もう一つは、漱石の『こころ』に描かれたような、**三角関係**のケースである。

この作品に象徴的に表現されているような友情と恋愛との相容れなさは、ふつう読み解かれるように、「エゴイズム」と愛他精神との矛盾相克を表しているのではない。そういう捉え方は、悪い意味で観念的である。「先生」の言葉だけをたどれば、彼がいかにも自分の「エゴイズム」の醜さに打ちのめされているかのように読める。しかし彼は別に抽象的な愛他精神が不足していたことについて悩んでいるのではない。よく親しんだひとりの人間個体との関係を壊すきっかけを自ら生み出してしまったことについて悩んでいるのである。

この両者の相容れなさが露出するのは、まさに具体的なエロス関係の空間においてなのであって、しかもその生みの親は、性愛の牽引力の強さなのだ。友情と性愛、それぞれの関係様式の質的な違いがまさにこの葛藤を引き起こすのである。それは自愛か他愛かの違いの問題ではない。友人同士のそれぞれに好きな異性がいれば、こうした事態はけっして起こりえないし、その場合には友情も愛他精神も無傷で保存されるだろう。

◉公共性との矛盾相剋

友情倫理はまた、公共性倫理との間でしばしば矛盾相剋を生み出す。たとえば先に述べたカントのいわゆる「ウソ論文」では、刺客に追われて逃げてきた友人をかくまったが、刺客が来て「やつがここに来ただろう。隠すな」と迫られたとき、たとえ友人をかばうためでも嘘をついてはいけない、なぜなら嘘を場合によっては許されることと規定してしまったら、道徳的義務一般が成り立たなくなるからだと言われていた。カントの言い分は、「義務」の概念が普遍的に（理性の光の下に）成り立つためには、原則的に「ウソ」を許してはならないのであって、これを許すと、「義務」一般の根拠が崩れるというのである。

この、義を通すために友を裏切る、肉親を公共性のためにやむなく差し出す、などのテーマは、それぞれの倫理性の「原理」を表す命題の二項選択といった「論理言語」的な考え方をしているかぎり、解決不能である。最後の「公共性」の項で主力を注いで扱おうと思うが、ここではさしあたり、ただ、当事者の心情のあり方や、現世を生き抜ける智慧のあり方にゆだねるほかはない、とだけ言っておこう。

## 3. 家族

**◉家族成立の条件**

**家族とは、性愛的な共同性が、それにかかわる個体の生の時間に見合うだけの「ふくらみ」をもち、そのことによって、社会制度上の一単位としての意義・資格・権利を獲得するに至った共同性である。**

この意義・資格・権利を獲得することにとって、次世代（子ども）の誕生と生育という事実が大きな力を示すが、それは、ある性愛的な共同性が「家族」と名指されることにとって絶対の必要条件というわけではない。特定のカップルについて婚姻という形での社会的承認が成立すれば（これも必ずしも法律上の承認を不可欠とするわけではない）、そのとき、この婚姻という観念の中に、次世代を生み出すという可能性がすでに繰り入れられてある。言い換えると、子どもが実際に生まれない夫婦でも、それが周囲から夫婦として承認されていれば、その承認の観念のうちに、次世代を孕むという条件が潜在的に含まれているのである。というのは、次の理由による。

婚姻とは、一人の性愛の相手と生活を共にするという「心情の契約」のことであり、この「心情の契約」は当事者のみならず、その相互の身体の排他的な占有を周囲もまた認めるところに成り立つ。そこで、この契約のうちには、生活の長きにわたる共同から自然に生ずる事態がすべて織り込まれているのである。婚姻が認められたということは、「あなた方は子どもを産んでもいいですよ」と言われたことと等しい。

では、家族共同体の内在的な人倫性とはいったい何だろうか。これを考えるためには、「夫婦関係を軸とする家族の共同性」が、どういう条件のもとに維持されるかということを押さえておく必要がある。これには次の三つが考えられる。

**①夫婦を構成する男女が、相手を自分の妻、自分の夫として一定の時間認知し続けること。**

**②子どもが生まれた時、その養育の責任を両親が共通に担うこと。**

**③その家族の内部で、夫婦以外の肉体的な性関係が公式的に禁止されていること(インセスト・タブーの維持)。**

これらはすべて必要な条件であって、どれかひとつが破られた場合には、いずれの場合にもその家族は崩壊する。それぞれについて説明を加える。

①について。

この条件が成り立つために最も重要なのは、上に述べた、「心情の契約」としての排他的な身体の相互占有が守られることである。逆に言えば、不倫や浮気が発覚した時、夫婦関係は容易に破綻しうる。しかし不倫や浮気という「事実」そのものは、それだけとしては①の条件の破壊に必ず結びつくわけではない。発覚しなければ(よいと言っているわけではないが)、「知らぬが仏」で夫婦関係は維持されることがあるし、またたとえ発覚したり、配偶者が気づいていたとしても、他の条件しだいでは、「家族の崩壊」に結びつかないことがありうる。たとえば、子どもが幼かったり経済力がないので不倫された側が我慢するとか、心情的には破綻しているのに、社会的なメンツや利害などを考慮して形式的に夫婦関係を保ち続けるとか、「もう決してしない」と誓ったので許すとか……。

また逆に、不倫や浮気のような外部要因がなくとも、①の条件はいくらでも危機の可能性を含んでいる。性格や価値観の不一致、性の不一致、飽き、貧困など。

②について。

昔から「子はかすがい」と言われるように、子どもの養育は夫婦の共同事業である。家族の外側の社会は、この責任を当事者に課すことによって、それぞれ個体の生命の限界を超えた社会それ自身の連続性を確保する。子どもの養育は、両親の愛情によって支えられるが、この愛情の持続的な積み重ねが、結果的に子どもを一人前の社会人にまで育てる義務を果たすという親の人倫性を成就させるのである。

なお、夫婦関係が壊れて片親になっても、養育責任を果たすことはできるし、いっぽうがとんでもない親なら、別れた方が子どもにとってもよっぽど幸せだといったことはもちろんありうる。そういう場合は、「家族の崩壊」とは必ずしも言えない。しかし、先に断ったように、これは、「夫婦関係を軸とする家族の共同性」としてはいったん崩壊して、そののち別の形で再構築されているのである。

③について。

インセスト・タブーが守られることは、当然のように考えられているので、ふつうこの問題はあまり俎上に上らない。しかし、じつはこの条件は、家族共同体がその面目を維持することにとって核心をなしているのである。ソフォクレスの『オイディプス王』は、図らずもこのタブーを犯してしまった王の悲劇をテーマとしている。

そもそもあることが公式的にタブーとされるという事実は、現実にはそれが行われていることを意味している。そうして、人類がそれを公式的には禁圧しなくてはならなかった背景には、社会を維持するための何らかの知恵がはたらいていることを示している。

かつて1970年代から80年代、文化人類学で、なぜインセスト・タブーが成立したのかという問いが大きなテーマとされたことがあった。その折、構造主義人類学のレヴィ＝ストロースの説が流行した。それによれば、「部族間における交換財としての女」の価値をキープしておくために、部族内の女には手を付けないことにしたというのである。この説は、部族社会の族外婚ルールを説明するには適しているが、インセスト・タブーそのものを説明する説としては、いくつかの難点がある（拙著『可能性としての家族』ポット出版参照）。いまそれには触れないが、私はこれに自説を対置した。

私の説は単純である。インセスト・タブーが公然と破られるとどうなるかを考えてみればよい。そもそも家族とは、性愛関係と親子関係とを縦横の軸とした、相互の関係を社会的に認知する構造であって、それ以外ではない。誰それは私の父、誰それは私の妹、というように。

近親相姦がもし公認されれば、この縦横の軸のしくみは端的に壊れる。オイディプスの母・イオカステは、同時に彼の妻である。その間に子どもが生まれれば（事実神話では生まれたことになっているが）その子が女なら、イオカステという共通の母から見た場合、その子はオイディプスの妹であるが、同時に、彼はその妹の父でもあるのだから親子関係もそこに重ね合わされている。

こうした錯雑した認知の乱れが放置され、さらに拡張されていけば、「家族」関係（同時に親族関係）の共通了解そのものが成り立たないことになる。この共通了解が成り立たなければ、「世代」という概念自体が意味をなさず、物的精神的なあらゆるものを含めた世代から世代への「継承」ということが成り立たない。もちろん、①の夫婦関係の持続も壊れるし、②の養育責任の所在もわからなくなる。つまり文化秩序、社会秩序そのものが崩壊するのである。そのことが無意識に悟られていたために、人類社会では、タブーの範囲に差はあれ、どこでも必ず禁止規則が敷かれてきたのである。

以上のように、三つの基本条件がそろうことによってはじめて家族の共同性の維持が保証される。なお、ここで必須条件として挙げなかった点、たとえば、同居とか家計の共同などは、大切な条件ではあるが、必ずしも必須とは言えない。長期の単身赴任や遠洋航海などでメンバーがバラバラであっても家族関係は維持されうるし、一家族の中に働き手が複数いれば、家計を分けたからと言って関係が希薄化するとは限らず、その取り決めがメンバーにとって満足のいくものなら、十分に温かい家族関係を保つことができる。要は、相互認知の仕組みをどこまでキープできるかにかかっているのである。

このことは、そもそも家族という共同性が、血の同一性などという生物学的な類縁関係にもとづくものではなく、私たちの社会がどのように認知の構造を確定するかという、すぐれて人間的な「観念」に他ならないことを物語っている。

是枝裕和監督の映画『万引き家族』の一家は、だれひとり血縁関係を持たない「疑似家族」である。

しかしそのことは最後まで周囲に明かされないし、周囲もまた彼らを「家族」として認めている。そして前記三条件は、貧困生活の中でしっかりと維持されている。法的な規範に反する「万引き」という行為は、少年があるきっかけで社会規範の重要性に目覚めて結果的にこの家族を崩壊に導くまでは、かえってその絆を維持する役割を果たしている。この話は、家族解体の話ではなく、家族形成が成り立ちにくくなった現代社会のただ中における、家族再創造神話なのである。

### ◉家族関係に内在する倫理

さて、このような内的な秩序によって成り立っている家族的共同性に内在する倫理性とは何か。またそれは、他の共同性の倫理とどのような関係に置かれているか。

前者については、もはや多言を要しないだろう。先に挙げた家族成立の条件①②③のそれぞれ及びその複合が必然的に要請してくる倫理性を家族はそなえていなければならない。

①の条件の要請は、以下のようなものとなろう。

外の異性と性的関係をもたないこと、互いに仲よくすること（小さな不満は我慢すること）、その夫婦固有の「協業」の時間をなるべく多く持つこと。

この最後のものは「子育て」が最も重要で象徴的な意味をもつが、その他、家計の処理、家政運営の役割分担、家業を営んでいる場合には息の合った緊密な協力関係などが要請される。なおまた、この「協業」には、必ずしも「しなければならない仕事」というふうなことだけを意味するのではなく、

「ともに楽しむ」時間を確保する必要なども含まれる。

②の条件の要請は、言うまでもなく①の条件の要請が満たされることが前提となる。

思春期以前の子どもは、人間としての自分の非自立性を直感しているので、彼らの親に対する親愛の情や信頼の気持ちは、自分の存在の最終的な受け皿がこの人たちしかいないという感覚によって媒介されている。これは乳児期を脱して「物心」がついた幼児段階から、思春期に至るまでずっと一貫している。児童期になって行動半径が拡大し、交友範囲が広がっても、よほどのことがなければ彼らは「ウチ」に帰ろうとする。そこで逆に、親である夫婦に少しでも危機の兆候を見出すと、彼らは大変な不安に陥る。

私事を持ち出して恐縮だが、私の両親はあまり仲が良くなく、三日とあけずに夫婦げんかをしていた。父はもともと大酒のみであった上に人生の挫折感が重なり、家計も貧しかったため、私が物心ついたときには、もはや子育てに大きなエネルギーを割く余裕を持っていなかった。母は、生真面目な性格で日々の生活や子育てには真剣に取り組んでいたが、普通の主婦とは違って少々プライドの高すぎるところがあり、その分だけ傷つきやすく、飲んだくれ亭主をうまく操ることができないたちだった。こういう二人がけんかを始めると、怒鳴る親父と負けずに言い返すお袋、という構図になる。これが蜿蜒と続いている時間帯では、狭い屋根の下で子どもは、その嵐が去るまでおびえながらじっと押し黙っていなくてはならない。介入できるようになるにはある程度成長することが必要である。

夫婦の亀裂は、それが彼らにとってたとえ小さな日常茶飯事であっても、幼い子どもの心理にとっても暗い影を落とすものである。後年私は、自分が父親となった時、両親を反面教師として、夫婦の協和を心掛けたつもりだったが、やはり思った通りにはいかず、両親に比べてけんかの回数が少し減って、楽しい時間が少し増えたくらいのところだったろうか。夫婦の協和は子どもにとってとても大切だが、その円満な実現はじつに難しいと痛感した次第である。

### ◉子どもに対する親の人倫性

しかし、この夫婦の協和とは一応別に、親子関係という特殊な関係のあり方に焦点を合わせる時、子どもに対する親の人倫性（＝人間的な意味での「愛」）とは何か、それは父親と母親ではどう違っているかという問題が現れる。

子どもに対する両親の人倫性は、まず初めに、**自分たちの睦まじい時間の共有が新しい生命をこの世にもたらしたという感動**によって支えられる。それは、二人の性愛関係のこの上なく確実な、目に見え手で触れられる生きた証拠だからである。

もっとも、そう遠くまでさかのぼらない未開社会の一部では、女性の妊娠・出産が男性との性交によるものではないと考えられていたらしい（マリノウスキー『未開人の性生活』）。それは妖精のしわざであり、男性は性交によって女性の膣に妖精の通り道を開けるだけだというのである。しかしこうした非科学的な神秘性を担保した世界でも、**ある特定の男が、生まれてきた子どもの父親であるという社会的な認知作用自体は機能している。**その特定性は何によって保証されるのかといえば、一定期間、性愛的な空間を共有した（「あのふたりはできた」）という感知が自分たち及び周囲にはたらいたことによるのであって、まずそれ以外には考えられない。

ちなみにマリノウスキーが指摘した事実は和辻前掲書によってたびたび言及されている。和辻の意図は、家族の人倫性の成立にとって、性交という生物学的な「事実」よりも、婚姻という社会制度に基づく夫婦および親子の「存在の共同」こそが決定的であると強調するところにある。

和辻の指摘は、人間社会をただ生物学的自然から因果づけるのではなく、**まさに人間社会としてとらえることにとって**重要な意義を提供している。しかし「存在の共同」を当事者及び周囲が認知するその根拠は、一対の男女が性愛的・排他的な空間を構成している（あるいは構成することが承認されている）というところにしか求められないだろう。

もちろん、歴史上、両親が養育の主体となる近代家族のような形態が確立していたわけではなく、母系制氏族では養育は母方の親族によってなされるとか、男は自氏族から他氏族の女のもとにときおり通うだけだったといった形態が存在したであろう。そういう通い婚のような形態の残存は、平安時代の貴族社会などに明らかに認められ、そこでは男は権力に任せて産ませっぱなしで、ほとんど自分の子どもの養育に具体的にタッチしていない。しかしこのような場合でも、特定の男女がある一定期間、性愛の空間を共有したという事績が重視され、それにもとづいてこの子の父親はだれそれ、という認証が行われたことだけは確かである。これは、和辻の言うとおりであって、実際に父親の遺伝子（生殖細胞）が子どもに分与されているかどうかという生物学的事実とは必ずしも関わらない。

この性愛関係による生活時間の共有の感動はほとんどそのまま、子どもの出産における感動に連続する。そうしてこの感動の連続性が維持されることが、すなわち子どもに対する親の人倫性を形成するのである。そうでなければ、女性が妊娠してその父親が誰だかわからないようなとき、孕ませた男はだれだという非難や好奇心を伴った疑問、つまり関係の確認の欲求が、周囲にあれほど強く巻き起こるはずがない。

また、養子や連れ子の場合のように、性愛の時間を共有した結果としての子どもでなくても、親の人倫性は十分確保できるではないか、という反論が考えられる。もちろんその通りである。しかしこの場合は、一種の**擬制としての家族関係**が営まれているのであって、こういう代替機能が可能なのは、そもそも人間という生物が、基本的・自然的な成り行きを観念の力でそのまま引き写して自己演出できる生物だからに他ならない。養子や連れ子に実の子と同じような人倫性を施すことができるのは、「この子を自分たちの間に生まれた子どもと思うことにする」という**当事者自身の言い聞かせの力**によるのである。最近、少子化のせいか、ペットを家族と同一視する家庭が増えているが、これも同じである。

次に、子どもに対する親の人倫性を支える条件は、**子どもが未熟で自立できず、生きるためにまさにほかならぬこの自分たちの存在を必要としているという感覚**である。これは一般に「食べさせていく必要」として理解されているが、それだけで人倫性の概念を覆うことはできない。それ以外に、未熟で自立できない存在が可愛らしい風貌や立ち居振る舞いを示していつも手元にいるということそのものがいとおしさをかき立て、その感情が人倫性を育てるのである。

子どもに対するエロス的な感情は、人倫性にそのままではつながらないが、親の人倫性の概念が十分に満たされるためには、この感情の参加を不可欠とする。養育にかかわる責任感も、この感情が伴わなければ、時間や給料や役割によって規定づけられた単なる「仕事の責任」と変わりないものとなろう。

先に私の父親の、親としてあまりやる気のない疲れた様を描写したが、母が伝えてくれたところによれば、私が記憶に残らないほど幼いころ、父は、私を指して「こいつを見ていると、勇気百倍だな」と言ったそうである。彼は、母が私を孕んだとき、「俺には養っていく自信がないから、堕してくれ」と何度も頼んだということなのだが。

## ◉自然的性差とジェンダー

さてこのあたりから、「父性」的な人倫と、「母性」的な人倫との違いについて説いていくべきだろう。

ユング派の心理学者・林道義氏が『父性の復権』（中公新書）ですでに書いていることだが、「父性」とは、その言葉が示すように、実際の具体的な父親を指しているのではなく、多くの父親が父親としてこうあるべきと感じてふるまってきた態度の集成を抽象的にとらえた概念である。「母性」の場合も同じ。したがって、現実には母親が父性を体現している場合もあるし、逆もある。

しかしではいったい、父性、母性とは何かということになる。この問いに答えるには、男性性、女性性とは何かというところから話を始めなくてはならない。

そういう概念は作られたもので根拠がないという思想もありうる。だがこの問題は、それだけでゆうに一冊の本を書くに値するので、ここでは、親の人倫性というテーマに触れるかぎりで取り上げよう。ちなみに、この大きな問題に関心を持たれた方は、拙著『男はどこにいるのか』（ポット出版）、『男という不安』（PHP新書）などを参照していただければ幸いである。

男と女は何が違うか。もちろん体の構造や、それに即した生理現象の相違（たとえば女は子を孕むが男は孕まない）、性行動の様式の相違（たとえば男は性器を挿入するが女は挿入される）、性的欲望の表現の相違（たとえば、男は若い女の肉体一般に発情するが、女は慎重に性目標を選ぶ）などを指摘することができる。つまり一般にいわゆるオス、メスとして区分される違いがあるわけだが、ここではそうした自然的な相違だけが問題なのではない。

そうした自然的な相違に対して、**人類が太古からどのような観念を賦与してきたか、その観念の在り方がどれだけの普遍性を持つか**ということが重要なのである。つまり、ジェンダー（社会的・文化的性差）と呼ばれる概念のうちに、私たち自身が生活のなかでどれだけの重要性を認めているかが問題なのだ。

ちなみにジェンダーは歴史的に作られたものだから変わりうる、というのがフェミニズムの基本命題である。この基本命題は、女性は男性に比べて差別され抑圧されてきたという認識が通用する言論の土俵では、「変えなくてはならない」という政治的要求に理論的な根拠を与えることになる。もともとジェンダーという概念そのものが、こうした政治的要求から作られてきた概念である。なぜならば、男と女の違いを「自然性」として固定する立場に反対して、それは変わりうるという理論を根拠に置くことが、フェミニズムにとって「差別、抑圧」をはねのけるための不可欠な武器となるからである。

しかし私は、人間における男と女の違いは、単なる自然的・生物学的な違いに還元されるものでもなければ、逆に、それはある「政治的意図」にもとづいて、歴史的・社会的に形成されてきたのだから、社会思想の変換や意識的な変革行動によってなくすことができる（あるいは覆すことができる）というようなものでもない、と考える。

問題を次のように整理すべきである。

①歴史的・社会的に作られてきた性差が現に存在するとしたら（存在するのだが）、なぜそのような現象がみられることになったのかを考えなくてはならない。それは巨大な支配の意図がはたらいたからではない。どこまでが自然的な差異であり、どこからが非自然的な差異であるかを明瞭に区分する試みは水掛け論を呼ぶだけなので意味がない。しかし、ある社会的な性差が根を下ろすにあたっては、そのための基礎条件として、自然的な性差があるからこそだと考えなければ論理が通らない。社会的・文化的な性差は、自然的な性差を根拠としつつ、人間自身が（男女共同で）積み上げてきた観念様式の累積の結果なのである。

②その観念様式が、ある社会、ある時代においては、政治的、権力的に見て歪んだ非対称性（差別、抑圧）をとることがありうるし、現にあった。しかしこの非対称性は、反面、生活上の役割分担と考えることも可能であって、私的な領域（たとえば家庭）では、はっきりとは明示されない形で男性に対する女性の「実権」の存在をいくらでも確認することができる（女房の尻に敷かれる、財布はかあちゃんが握っている、惚れた女を女神のように崇める、彼女が支えたからこそ彼は出世した、アリストパネスの喜劇『女の平和』における男の屈服等々）。

③そこで、議論を混乱させないために、次のような押さえが必要となる。すなわち、男と女の関係のあり方を、「対立関係」とか、「権力関係」とかいった概念だけで把握できると考えないこと。抽象的な「人間」の集合である「一般社会」という概念の領域は、労働（戦争、政治なども含む）とそれによって生ずる富の分配という活動が、その基本的な形成要因となっている。この領域では、明らかに「対立関係」とか「権力関係」とかいった把握が可能である。男女の問題にこの把握をそのまま適用すれば、そこでは、男が長らく女を支配してきた、女は一般社会から排除されて「人間」扱いされてこなかったといった言い方がたしかに成り立つ。

しかし、個別の男女が渡り合う領域、すなわちエロスの領域では、これらの把握は必ずしも成り立たない。それは労働の領域ではなく、個別の男女が身体や情緒を直接に取り交わすことを本質とする領域だからである。和辻の言うとおり、性愛関係は相手の全体を取り、自分の全体を与える関係である。それは「対立関係」でもなければ「権力関係」でもない。あなたは、甘い恋のやりとりが行われている現場を、男と女の「対立関係」や「権力関係」とみなすことができるだろうか。

もちろん一般社会領域とエロスの領域とは、具体的な人間活動においては混じりあう。したがって、エロス的な領域での活動が社会集団としての意味をもつに至った「家族」という共同性においては、当該社会の「ならわし」にもとづいて、労働における役割分担、上下関係、子どもに向かい合う時の精神的な分業などが生じうる。最後のものが、父性、母性という区別である。

④より公的な領域を主として男が担い、より私的な領域を主として女が担うという「性別役割分業」は、人類史上ほぼ普遍的にみられる。これ自体は別に悪いことではない。また近代社会において公的な職業領域への女性の進出が進んだとしても、それ自体は別に「進歩」を意味しない。伝統的な農業社会では、そもそも家事労働と社会的生産労働とが未分化であったし、そこでは女性もきつい生産労働に従事していた。だから「女性の社会進出」と呼ばれる現象は、近代以降可能となった職住分離、仕事と家庭生活との分離をまず前提としている。しかし一方、これを可能とした近代資本主義市場は、マルクスが指摘したように、もともと資本家や金融投資家による労働力の搾取という構造を持っているので、情勢しだいで労働分配率の低下を招き、それが男女を問わず低賃金労働に駆りたてる状態を出現させることができるのである。こうして、「女性の社会進出」なる現象は、特に経済不況の情勢下では、かつて女性が従事していたきつい生産労働の状態への回帰と考えることもできる。

しかし、多少目を凝らしてみれば、現代のこの社会状態においても、男性向きの職業、女性向きの職業といったものがおのずと存在することが確認されるだろう（もちろん例外はある）。前者の代表として兵士や建設業者やトラック運転手、後者の代表として看護師や洋品店主や保育士などを挙げることができる。

この「ジェンダー」は、いったい男と女のどんな自然的差異に根差しているのか。近代社会の平等理念を性急に絶対正義として主張する前に、この事実を曇りなく見つめ、その理由を問い尋ねるのでなくてはならない。公的な職業領域への女性の進出度の高低、たとえば国会議員に女性が何割いるかによってその社会の優劣度を測るといった欧米由来のイデオロギーは、けっして正しい見方ではない。

こう言ったからといって、私は別に男女平等理念を否定しているわけではない。現に私は労働現場で、高給をとって安定した地位にいながら無能な男性、とても有能で過酷な労働をこなしながら低賃金と不安定な地位に甘んじている女性を何人も見ている。こういう差別は明らかになくすべきである。

だがここで繰り返し言っておきたいのは、平等理念を通用させて価値判断を下すべき人間領域はおのずから限られているということである。それは、一定の抽象レベル、すなわち**法的・社会的なレベルによって把握される「人間」概念の下で**、という条件付きなのである。日本近代最大の思想家・福沢諭吉は、「平等であるべきなのは、権理通義の領域に限られる」と主張してやまなかった。私の言い方では、男女が一対一で私的に交渉しあう領域、即ちエロスの領域では、情緒の交感がその主役を占めるので、そもそも「平等」という法的概念そのものが適用できないのである。

⑤そこで、先ほどの問いに答えを出す一つの方法は、まず、普通の平均的な男性と女性の興味関心がどのようなところに特化してあらわれるか、職業別の男女の偏差はどうか、学科における得意不得意の男女偏差はどうか、などの現象面を素直に洗い出してみることである。次に、単なる現象面の確認に終わらずに、それはなぜそうなるのかという理由、というよりもこれらの現象面の確認から、どういう総括が導かれるかを探ってみることである。

この方法によって浮かび上がってくる例には、じつに事欠かない。私は、いま挙げた職業適性のほかに、先に示した拙著『男はどこにいるのか』のなかで、凶悪犯罪者、哲学者、収集マニア、吃音者などが圧倒的に男に多いこと、また、私生活ゴシップや占いや美容など、女性週刊誌記事のマンネリズムのなかに、絶えず自分にとっての「物語」を求めようとする女性の無意識が如実に表れていること、などを例示しておいた。詳細はこの書に譲るとして、このほかにも、次のような事実を付け加えることができる。もちろんこれらはあくまで蓋然的に言えることにすぎない。しかし一方、これらの事実はみな、まがりなりにも自由平等が保障された社会における現象なので、特定の社会の偏った制度的バイアスが作用した結果とみなすことはできない。

・幼児期に、男の子は自動車などのように「モノ」として操作できる玩具に関心を示す傾向が強いが、女の子は人形やお料理セットなどのように生き生きと一緒に付き合える玩具に関心を示す傾向が強い。これについては、またしてもフェミニズム系のジェンダー論者から、それは親がそうなるように育てたからだという反論が出そうだが、この反論はほとんど当てはまらない。いま手元に信頼度の高い研究資料がなくて残念だが、私が年子の男女を育てた経験から言わせてもらうと、両方の玩具が均等に並べて置いてあっても、どちらに興味を示すかは、男女で明らかに差が認められた。別に誘導したわけではない。
・男の子は理科に興味を示し語学が苦手だが、女の子はその反対。
・自殺者の8割は男性である。
・女性は身の回りのこまごましたこと、たとえば対面している相手の身体や服装の特徴を直ちにつかむし、清潔好きであるし、もちろん、化粧したり着飾ったりに大きな関心を寄せるが、男性はえてしてそういうことにはあまり関心を寄せない。
・アキバ系はほとんど男性である。
・女性は一度歩いた道は男性よりもよく覚えていて確実にたどるが、頭の中にマップを描くことは苦手である。
・男性は車の運転などに顕著にみられるように、周囲の状況を把握するのが得意だが、相手の心を直感的に読むことは苦手である。女性はこの逆。

・男性は概して、自分の部屋を「寝食する場所」くらいにしか考えていないが、女性は、自分の身体の拡張としてとらえる傾向が強いので、家具調度、部屋の装飾などにたいへん気を遣う。
・歌手や演奏家は男女の間で差がないのに、作曲家は圧倒的に男が多い。
・私自身が最近体験している顕著な事実も付け加えておこう。私はいくつかの読書会に参加しており、また映画鑑賞会も主宰しているが、読書会で扱うテキストは、哲学、社会学、政治経済学、歴史などの系統のものが多い。これには女性参加者がほとんどゼロに近いが、映画鑑賞会のほうにはかろうじて女性が何人かやってくる。

委細は省くが、これらの現象を性差として意味のあるものと認めるかぎり、次のように総括できそうである。すなわち――

男性は一般に、身の周りの世界を「対象」として突き放すことによって自己を立てようとする。この傾向は、男性が「自然」からより強く追放（疎外）された性であることをあらわしている。彼はその疎外の事実を観念の過程によって補償しようとする。したがってそれは、客観主義的、構成主義的特性に通じることになる。

同じ特性が、他者とのかかわりにおいては、「対立」の相の下に現れることになり、対人関係での孤立傾向が強い。異族のメンバーは、彼にとって常にいくぶんかは「敵」である。同時に彼はいつも「母なる大地」「母なる自然」を憧憬している。

これに対して女性は一般に、身の周りの世界を「自分の身体にとってのもの」として引き寄せることによって自己を立てようとする。彼女にとって「自然」(これは人工物であってもよい)は常に親しい。この傾向は、日常生活において超越的な観念をさほど必要としないことを意味する。したがってそれは、主観主義的、現実主義的特性に通じることになる。

同じ特性が、他者とのかかわりにおいては、「融和・包容」の相の下に現れることになる。彼女は、「異族」のメンバーであっても自分にとって魅力的な個体であれば抵抗なく接触を許容しようとする。だが同時にそれは、嫉妬などの感情的要因によるトラブルを生みやすい。

以上は、両性の特性をあえてシンボリックに際立たせて表現したもので、もちろん、個々の個体はさまざまな偏差をもっている。しかし男性性とは何か、女性性とは何か、という問題について、それぞれのメンタリティを一応このように定義することによって、本題である父性的人倫と母性的人倫の問題に一歩近づくことができるだろう。

### ◉妊娠・出産が母性的人倫と父性的人倫に与える影響

さて父性、母性を考えるにあたっては、もう一つ、最も重要な自然的性差についても語らなくてはならない。それは女性が子を産む性であるという端的な事実である。

この事実は、古来、男性に一種の驚きと神秘の感覚をもたらしてきた。この感覚は、禁忌と崇拝と怖れと穢れとが複雑に絡み合った意識を構成する。オルフェウス神話でも古事記のイザナキ、イザナミ神話でも、死んで冥府に行くのは女性であり、それを慕って行った男性は、「後ろを振り返ってはならない」という禁を破ったために相方と別れなくてはならなくなる。木下順二の戯曲「夕鶴」の出典として名高い民話「鶴女房」でも、男が、機織りの場面を見てはいけないという禁を破ったために、女人は去ってしまう。

この「神話・民話」に共通してみられるパターンは、女が死んで穢れてしまっているか、死の瀬際にまで追いつめられるような過酷な体験をしていること、その期間から日常に帰るまでの間、男は女の姿を見ることを許されていないこと、そうして、その禁は必ず破られ、そのために男は女を失うこと、である。男の穢れを女が覗いてしまうといった逆のパターンはまず考えられない。

ここに象徴されているのは、明らかに、出産という、女性にとって命がけの行為（イザナミでは、じっさい火の神を生んだために女陰に火傷を負って死んでしまう）が、男性のエロス感情を致命的に傷つけるほど壮絶な（醜い、見にくい）光景であるために、その光景をお互いに共有してはならないという感覚である。女性は、その苦しくもあられもない姿を男の視線から遮断することによって、子を産んだ後も男に対する「女」としての価値を回復することができる。男もまた、この「畏れ多い」秘事が終わったのちも彼女が「女」として復帰してほしいと願っている。もっとも、女を孕ませて平気で捨ててしまう男もなかにはいるが、私がここで問題にしているのは、男性性一般が女性性一般に対してどういう傾きをもっているかという話である。

しかし同時に、女性が男にはけっして味わえない過酷さを通して「母」になるという事実は、「自分の子どもを得た」という感動が（妊娠期間も含めて）生々しい身体体験と地続きで発生することを示している。象徴的な言い方をすれば、女性は出産において、自分の生命の何分の一かを失うことによって、新しい生命を得るのである。この「分身性」こそが、母性的人倫の原型的な質を規定する。身一つであったものが二つに分かれたという体験を媒介として、その分身を「包容＝抱擁」せずにはいられないという情念が形成される。この情念が母性的人倫の原型となるのである。

そこに先に述べた女性性の特質が重ね描きされる。つまり、**母性的人倫は、「誰がなんと言おうと、何が降りかかろうと、私の産んだこの子（たち）だけを、命をかけて守り育てる」という特殊性、個別性において成立する。**母親である彼女にとって、客観的な状況への配慮は、あまり視野に入らないし、また入れる必要もない。

この特質が一般社会（たとえば教育機関）との関係であまりほめられないあらわれ方をすると、「母親のエゴイズム」と呼ばれる。しかし、それはそれぞれの母親の性格や置かれた環境条件などから出てくる形だから、それだけをあげつらって「母親エゴイズム」批判をしてもあまり意味はない。逆にその同じ特性が、逆境にあってもくじけずに、信じられないくらいの力を発揮して、立派に子どもを育て上げるという事例をも生むのである。

いっぽう男性は、女性の妊娠・出産の期間、多かれ少なかれ、相手との同一化の欲求から隔てられなくてはならない。そうして、彼が「父親」と呼ばれる存在となるのは、彼が自分との共同生活の延長上で相手が子を孕んだことを彼自身が承認する限りでのことである（くどいようだが、生物学的にそうであるかどうかは問題ではない）。女性は妊娠期間中からすでに自分が「母」であることを体感することができるが、男性はその同じ期間に「父」であることを体感することはできない。そこには、「父」であることの身体的実感が欠落している。また子どもができてからの接触体験のなかで初めて父親としての自覚が訪れるという、女性とのタイムラグが存在する。この二つの差異は、母性、父性を考えるにあたって決定的である。

　しかしそれでは、父性は母性に比べて、何か強度の点で弱いものだとか、作り物めいていて、本当はそんなものはないのだと決めつけられるかといえば、それもまた間違いである。逆に、人倫としての父性は、この体感の欠落と時間的な遅れを否定的な媒介としてこそ、その固有の特質を獲得するのである。

　手短に言えば、もともと人間の社会とは約束事の体系であって、この約束事の体系は、それぞれの人間がいつも同時に一つの心、一つの振る舞いをなすわけにはいかないという事実を繰り込んだところに初めて成立する。人倫の場合もそれは同じで、私たちは、互いの身体の不一致や生きる時間のずれをよく自覚しているからこそ、「こうした方がよい」とか「こうすべきだ」とか「こうしなくてはならない」といった観念を育てることができるのである。父性的人倫について言えば、母親よりもより遅れて、しかも体感できない形で父親となった彼は、まさにそのことを繰り込むことによって、「ならば俺はこういう仕方で責任を担おう」という自覚を育てるのである。

　その時、父性的人倫の特質は、先に述べた男性性の特質と重ね描きされて、次のような形をとるであろう。**彼は、人間どうしが対立するもの、容易には融和しえないものであるという理解を前提とし**

て社会意識を構成しているので、養育を通してその社会観を子どもに植え付けていくことになる。ルール感覚、人生の厳しさの認識、状況をよく読み取り、バラバラなものを総合する力、重要な課題に対する意志力などを養うのが父性の特質である。いわばエロス的関係の陥りがちな自閉性・自足性を、社会的関係に向って開いていく役割といえるだろう。

この特質もまた、場合によって、人情をわきまえない一種の教条主義的な態度や、不必要な厳格主義として、あまりほめられない形で現れることがある。家族は別に、単なる道徳共同体や一般社会構成の単位なのではなく、エロス的共同体（情緒を共有する運命共同体）の側面を持っているので、そこでは、一緒に戯れて遊ぶ空間、メンバーにとっての息つぎ、憩い、和らぎの場所といった生活要素が忘れられてはならない。

しかしまた、それに対立する部分だけを取り出して、「父性」概念そのものの意義を否定してしまうのも行き過ぎである。社会的な自立という課題は、すべての未熟な人間存在にとって不可欠なものだからである。

以上で母性的人倫と父性的人倫の違い、その違いのよって来る根拠について説明したが、家族倫理がまともな形で機能するためには、これら両性の人倫性がバランスよくかみ合うことが必要であるという点については、多言を要さないであろう。

## ◉親孝行という道徳の成り立ちにくさ

次に、子どもの立場から親に向っての人倫性という概念が成り立つとしたら、それはどんな特性をもつのかを論じよう。

このテーマは、現代家族のなかでは、一見あまり重要な問題を提起しないように思える。それは、**現代の先進文明社会では、子どもの生活が保護と教育というイデオロギーや社会制度にあまりに囲い込まれているために、子どもを責任ある存在として見なさない無意識の感覚に私たちが捉えられている**からである。子どもは未熟な存在であり、大人が最大限の力を注いで守り育ててやらなくてはならない存在である。よって彼はその保護と教育に助けられて自由に個性を伸ばしていくべきである——こういう子ども観が支配的となっている。

しかし、ほんの少し歴史をさかのぼってみれば、子どもは親に孝を尽くさなくてはならないというのは、子どもに第一に叩き込まれた道徳命題だったことが確認できる。かつては孝を尽くしたことを示す「美談」には事欠かなかったし、逆に「親の恩」を忘却した振る舞いが最高度の非難に値したというのが一般的だった。刑法では、数十年前まで尊属殺人が最も重い刑とみなされていた。

ここでは、もちろんそうした道徳の荒廃を嘆いたり、その復活を提唱したりしようというのではない。社会体制が大きく変化したことにはそれなりの必然があるので、そんなことにはほとんど意味がない。

考えるべきなのは、そのように親子の身分関係が明瞭だった伝統社会から、子どもであっても個人としてその自由をできるかぎり尊重する現代社会へというように時代が移っても、親子関係というモードのうちに、親に対する子どもの人倫性が共通普遍の精神として存在しているかどうかを確認することである。そしてもし存在しているとすれば、それはこの関係のモードのどのような特性によっているのかを説くことである。

ふつう、この問題は、育ててくれた親に対する恩返しという観念で語られがちである。しかしこの観念のうちには、いくつもの無理がはたらいている。

第一に、幼い子どもは自分が育てられている事実について、恩恵を被っているという自覚を持つことができない。両親は彼にとってけっして「恩」をもたらしてくれる存在ではなく、むしろ自分の存在条件そのものである。彼は自分で選んだわけではない家族環境を自然的な宿命として生きざるを得ない。したがってこの養育された経験を「恩」として対象化するためには、彼が親から自立して親の養育の苦労を自分自身の経験や想像力によって捉えなおすだけの時間が必要である――「子を持って知る親の恩」。要するに未熟な子どもであるままで、親に「恩」を感じろというのは、不条理な要求なのである。

また第二に、家族生活は裸の人格が交錯する世界であるから、たとえ親が自分の子どもを熱意と善意で養育したとしても、そのやり方次第で、当の子どもはそれを「ありがたいこと、うれしいこと」として受け取らない可能性がいくらでもある。まして子どもをぞんざいに扱う親、スポイルする親はたくさんいる。親子関係はまさに「恩讐」の世界なのであって、子どもは自分の親を多かれ少なかれ、そのようなアンビヴァレントな相の下に捉えざるを得ない。そういう複雑な感情を親に対していささかも持たない子どもというのはまず存在しないだろう。

さらに第三に、この世に生を受け、養育されることによって避けようもなく生の過程を歩んでしまうという事実が、それ自体として「感謝」に値するなどという論理はもともと成り立たない。なぜならば、生の反対は「未生」あるいは「死」であり、「未生」や「死」と生とを比較考量しようと思っても判断する基準がないからである。ある人やある環境に感謝するという時、それはどこまでも生きている実感の範囲内で、他のありえたかもしれない生との比較の上に成り立つ感情である。

もちろん、ある人が自分の生の枠内で幸福感や達成感を感じ、自分の今日あるは親のおかげというように、その原因を親の良き養育に帰することはありうる。しかしそれはあくまで個別的な事例に即して言えることであって、親であること一般が生まれてきた子どもの感謝に値するなどということは、論理として成り立たないのである。

「孝」を重要視する儒教倫理は、これらの点で、人生の実相を見ようとしない見当外れを犯していると言える。

するとどういうことになるだろうか。

**◉親を看取るという人倫性**

親に対する子どもの人倫感覚の内実を考えるにあたっては、大ざっぱに言って、子どもが未熟である（親を頼りにしている）段階にある場合と、大人になってから、育てられた過程を振り返って来し方を位置づけなおす場合とに分ける必要があるだろう。

前者について。

落語に「子別れ」という有名な演目がある。飲んだくれて遊郭通いに明け暮れ、仕事もしなくなった大工の熊公。これに愛想をつかして子連れで家を出たおかみさん。熊公はこれ幸いと花魁を女房にするがたちまち破綻し、それを機に心を入れ替えて酒を断ち、仕事に打ち込んで三年。立派に蘇生した熊は、別れた子どもに偶然出会う。その縁から翌日、うなぎ屋の二階でおかみさんとの復縁がたちまち成るという人情話だが、この復縁の実現になくてはならない「かすがい」の役割を果たすのが、九歳になった子どもである。貧しい母子家庭で苦労したために年よりもませていて大人の感情をよく見抜くほどに成長しているが、しかし、やっぱり未熟な可愛いところを残している。

この例は、所詮「噺」なので多分に誇張されている点は否めないが、しかしこのくらいの年齢の子どもがどういう気持ちで親を見ているかという視点が非常によく保存されている。先に私自身の例を出したように、この年頃の子どもは、親の不和を何とかなだめたいと小さな胸で真剣に悩んでいる。それはもちろん、自分の存在が危うくなることを直感しているからだが、その気持ちは、そのまま幼い子どもの人倫感覚に通ずるものである。**親が仲良く楽しくしていてくれること、そうあるべきこと、それが家族全体の幸福への道であること、それを子どもはよくわきまえているし、親に対して無言のうちにそれを要求している。**

次に後者、大人になってから来し方を位置づけなおす場合について。

この場合の人倫性がどのように成り立つのかを一言で言えば、たまたまこうでしかありえなかったという**「縁」の成り行きを、宿命的なものとして引き受ける「気概と胆力と意志」**が根拠となっているのである。繰り返すが、恩を感じるとか感謝するとか親を愛しているというような感情がその出発点なのではない。そういう感情の存在を自明視すると、成育史のなかでその種のものを感じることができなかった人々は、自分がおかしいのではないか、悪いのではないかと、不必要に悩むようになる。押しつけがましい親孝行道徳が侵入してくるのである。

前に述べたように、家族はそれぞれの命を看取りあう運命共同体である。しかし個体の生命はそれぞれ有限で世代差があるから、この「運命」が一つに合致している期間というのは限られている。そこで後続世代（子ども）は、先行世代（親）との生活の共同の経験によって得られた同族意識を梃子として、先行世代の命のゆくたてに対する特別の関心を持たざるを得なくなる。これは何も親の衰えに際して介護するというような場合に限らない。離れて暮らしていても、日常生活の意識の中に、親のことを「気にする」という心情がすでに組み込まれているのである。

たとえば、結婚に際して、「日本国憲法24条」に規定されているような「婚姻は両性の合意のみに基づいて成立する」などということは、駆け落ちでもするのでない限り現実的にはありえない。まず双方がそれぞれの親に婚約者を紹介し、そうして家族に列席してもらって結婚式を挙げるのがふつうである。成文法に書かれていないこのようなごく当たり前の習俗のなかに、親に対する子どもの人倫性が生きているのである。

またたとえば、新しい友人関係や異性関係が生じてかなり親しくなった場合、それぞれの出自や家族関係について情報を交換し合うようになる成り行きもごく自然のことである。相手をよく知るためにその背景である家族関係を気にするというのは、自分がふだんから自分の家族を気にしている証拠である。

認知症で徘徊した老人や行路で倒れた老人がお巡りさんのご厄介になれば、必ずその身元が探索されるし、それを引き受けるのが子どもである（べきな）のは、当然の社会倫理であろう。

こうして最終的には**親のいのちを引き受けて、その死の際には正しく葬ることが子どもの人倫性の最後の表現**となる。この事実は、ヘーゲルの『精神現象学』のなかで、ソフォクレスの『アンティゴネー』を媒介にしつつ鋭く指摘されている（もっともこの場合は、葬られるのは親ではなく兄だが）。親兄弟の死を正しく葬ることは、遺体が無縁仏となって自然の暴威にさらされることのないように、死者に人間としての尊厳を再び返してやる営みである。それがある親の元に生まれた子どもの「使命」なのであって、この使命は、現世のなかに居合わせている普通の親子のかかわりを通して、子どもの成人前も成人後も、無自覚的な形で不断に実践されているのである。

### ◉夫婦の性愛関係と親子の情愛関係との明確な分離

さて、家族の共同性と他の共同性における倫理との関係はどうなっているだろうか。

友情倫理との関係については先に述べた。

性愛倫理との関係については、あまりこれまで倫理思想として語られてこなかった問題がある。たとえば和辻倫理学の「人倫的組織」論では、「二人関係＝夫婦」から「三人関係＝両親と子ども」への新しい展開として記述されており、後者は前者と次元を異にするものとしてとらえられている。夫と妻は、父と母になることによって、相互に子どもを媒介とした新しい関係に入り込む。そればかりではなく、母と子の関係も父によって媒介され、父と子の関係も母によって媒介される。和辻はそう言う。

親子という三人関係のあり方を総体としてつかまえるかぎり、この指摘にまったく異存はない。しかしここには一つだけ抜け落ちている視点がある。それは、家族関係というものが、夫婦の性愛関係を捨て去ったのではなくむしろそれを包摂した構造の下に成り立っているという事実である。

この構造が安定したものとして維持されるためには、二つの条件が必要である。一つは、すでに述べたように、**親子関係のうちに性愛関係を侵入させないこと**（インセスト・タブー）、そしてもう一つは、それにもかかわらず、**家族全体の安定にとって、夫婦の性愛関係が良好に保たれなくてはならないということ**である。和辻の記述では、夫婦関係（二人関係）から両親と子どもの関係（三人関係）への展開がより高度な段階への「止揚」であるかのように読める。しかし家族的な人倫の実態としてはそうではない。夫婦の性愛関係と親子の情愛関係とが互いに混交する（あいまいに交錯する）ことなく、しかもその両方が縦横の軸として包摂される構造が成り立つところに、初めて家族の人倫が貫かれるのである。和辻の言う二人関係は、三人関係の成立によって解消されたり希薄化されたりするのではなく、三人関係が二人関係をより強化することもあり（子はかすがい）、逆に不倫などによる二人関係の破綻が三人関係をも壊す力を持つ。

家族の人倫性と、人倫精神を形づくるの残余の三つの原理（職業、個体生命、公共性）との関係については、それぞれの項で扱うことにする。

第十章

# 人間関係の基本モード（2）

## 職業・個体生命・公共性

### 1. 職業

◉職業倫理の支えは社会の共同態的なあり方

仕事に就くという営みは、誰にとってもその必要性が自明視されている。そうしてその意義が、衣食住の確保や年少者の養育や弱者の庇護という点に求められることも当然とされている。このことに疑いをさしはさむ余地はないが、これらの点だけで勤労の意義が満たされるかといえば、そうではない。

人が働くことの意義は、人間が社会的動物であることと深く関連している。

人と人とをその活動において結びつけるのは、広義のエロスと広義の労働である。繰り返しになるが、この場合、労働という概念のなかには、戦争や政治、それらについての合意形成の試みなども含まれる。

こうした結びつきの繰り返しの中から言語が複雑に発達してくる。言語の発達はさらに労働の共同を促進する。労働の共同は、共同体の中で有形無形の生産物を生み出すための協業の過程についての合意を必ず伴っている。この合意が成立している状態では、時間的な意識の射程と空間的な意識の広がりとが集団のメンバー同士の間でともに一致していなくてはならない。この一致が成立している限り、人々が分業のアイデアを持つようになることは必然的である。そこで職業は分化していく。

この分化が進んだ状態を、ひとりの主観的な立場からみなすと、特に自営業などの場合、一見、自分は他とは独立した個人として特定の職業に従事しているかのように感じられる。しかしそれは間違いである。彼はある職業人として労働するために、身体の維持、道具や資材の獲得、時間と空間の確保、能力の養成、他者との取引などを必要とする。これらはみな、自分の属する共同体とのかかわりを通して得られるものである。最も独立していると感じられるのは、自分の身体であろうが、それも一定の時間のなかで維持されるために、食料資源その他を他者の労働によって提供されなくてはならない。さらに、ロビンソン・クルーソーのように一人で自給自足する場合でも、食料獲得の知識や技術だけはあらかじめ他者から伝授されていなくてはならない。

また、職業は社会的分業のネットワークの上に成り立つのであるから、職業人の条件として不可欠なのは、自分の活動が「他者にとってのもの」として機能することである。自分の活動によってもたらされた財やサービスがただ「自分にとってのもの」として消費される場合、彼は職業を持っていないのである。まったく自給自足状態にある孤立した個人（ルソーが想定したような「自然人」）を仮定するとしても、そういう人を職業人とは呼ばない。

すなわち、ある人がある職業についているということは、社会のなかでのある役割を分担することにおいて、彼が社会全体と関係を持っていることを意味する。彼がある職業人でありうるのは、ちょうど婚姻が日本国憲法の謳うような「両性の合意のみに基いて」成立するのではなく、周囲からの承認によって初めて成り立つのと同じように、社会からその事実を承認されることによってである。この関係は、彼の人格のあり方を深く規定すると同時に、彼の人生に具体的なイメージを与える。

なお社会からのこの承認の証は、彼の労働に対する報酬（対価）のかたちで表現されるが、資本主義社会（市場社会）では、この大部分が金銭によってなされることは言うまでもない。しかし他の社会では言うに及ばず、資本主義の精神がとことん貫かれている社会でも、報酬がすべて金銭などの計量可能な物的対価によって表現されるのかといえば、必ずしもそうではない。感謝激励、地位の保証や新しい地位の提供、やりがいのある仕事の委託、財やサービスの享受者の数の多少、賞罰などが、彼の職業意識に大きな影響を与えるからである。

ここに職業倫理というものを考えるための重要なヒントが隠されている。ちなみに財やサービスの享受者の数が多いからといって、それが金銭的な利益に直接結びつくとは限らない。たとえば偉大な科学技術の発明は、その恩恵に浴する人間の数が計り知れないが、発明者はそのぶんだけ利益を得られるわけではない。また公務員は、多くの人にサービスを提供しているが、給料は一定額に抑えられている。

以上を要するに、職業倫理を支えているものは、**それぞれの職業人の人格的な価値を相互に承認する社会の共同態的なあり方**である。また逆に、職業人が社会に投げ込む労働の表現や関心や熱意の総体が、その社会のあり方を動力学的に規定する。そもそも「職業」という概念自体が、自分の労働が自分のためにのみ営まれるものではなく、同時に一般的な他者「にとって」のものでもあるという理解のもとに成立するのである。この理解はまた、人間を共同存在として把握する基本的な理解にまっすぐ通じている。

**◉職業倫理の具体的なあり方**

こうして、職業が要請する人倫性は、次のような特性を持つだろう。

①役割にふさわしい技量を持つこと。それを持っていると評価されること

②その技量を一定時間、熱心に集中的に行使して、他者の要求や報酬に見合うだけの財、サービスなどを提供できること

③自分の職業に直接かかわる協業者との関係を円滑に運ぶこと。たとえば会社員であれば、同僚、上司、部下などとのかかわりに配慮すること

④職分に応じた責任の自覚、責任を果たしえなかった時の身の処し方の自覚を持つこと

⑤同業者とライバル意識を持つと同時に、それが単なる敵対関係ではなく、共感の培養の役割をも果たすこと。これは昔からどこの国にもある職業組合、同業団体などに典型的に表現されており、むき出しの競争だけでは内部崩壊してしまうことが自覚されている（もちろんこれらの団体は、外部との関係では、閉鎖性、排他主義、公共精神の欠如など、弊害をさらすこともある）。

⑥享受者（顧客）の満足を誠実に追求すること。だれが享受するのかわからないような複雑な構造を持つ近代社会でも、この精神が要求される。

以上列挙したことは、職業倫理として当たり前であると思われるかもしれない。事実当たり前なのだが、実態はこれらがいつも満たされているとはとても言えない。たとえば政治家やマスコミ人のなかにはその職分に応じた責任を果たさない人が多いし（④）、私の同業者である言論人のなかには、その役割の重さを自覚せず、バカなことを吹きまわって高額の報酬を得、しかもその地位を決して脅かされないような例が多い（①、②）。

このおかしな（不当な）現象は、おそらく「言葉で商売する」という職業の特性に起因するのであろう。大工さんが床の傾いた家を作ったり、板前さんがまずくて食えない料理を作ったら、職業人としてたちまち失格の烙印を押されるのに、政治家やマスコミ人や言論人はそういう厳格さが相対的に少なくて済んでいる。ソクラテスはこの事実を、弁論術のいい加減さとして鋭く突いたのだった（もっともソクラテス自身がとびきりのソフィストであったことはすでに述べたが）。

上記のような職業倫理をきちんと果たしている人は、どちらかというと華々しい有名人よりも、名もない市井の地道な職業人、たとえば鉄道員、郵便配達人、バスの運転手、大工や板前などの職人、看護師、自衛官、消防士、等々に多い。いろいろ理由はあるだろうが、誰に対して何をどうするのかが具体的に限定されていて、役割のはっきりした職能であるという事実が、そうした好ましい社会的人格を生むのだと思われる。

おそらくこの事実は、古今東西変わりがないだろう。そうして、この事実は、一般社会的な意味での「人倫」とか「善」とかはいったい何であるかという問題に対する一つの回答を提供している。すなわちその回答とは、繰り返し述べてきたように、**平和で秩序の保たれた共同体のなかで歴史的に育まれてきた、よき生活慣習の体系こそが、社会的な人倫や善の精神の生みの親**なのである。

**◉職業倫理の哲学的原理は功利主義である**

ではここで作用している人倫精神の究極的な（哲学的な）原理は何か。それこそは功利主義原理（万人にとっての快や幸福を目的とする原理）である。

たとえばここに、お店を持っているひとりのまじめな板前さんがいるとする。彼が職人として誇りを持てる最大の条件は、「いい店だ」という評判によっていつもお客が来てくれることだろう。この誇りを実現するために彼はどんなことに気をめぐらすだろうか。

・よい新鮮な食材を常に確保する
・自分の腕を常に磨く

・よい道具を選び、日ごろからそれを大切にする
・毎日を規則正しく勤勉に過ごす
・客の喜びそうなメニューを考える
・店の雰囲気づくりを心がける
・適切な従業員を雇う
・若手との息の合った協力関係と、彼らに対する適切な指導を忘れない
・客層の特徴をつかむ
・馴染みも新顔も大切にする
・時代の変化に敏感であろうとする
・適正な価格について考える
・他店をリサーチし研究する
・有効な広告を打つ
・周辺地域との良好な関係を維持する

まだまだあるかもしれないが、要するにこれら一連の配慮において、彼は自分の店を可能な限り「よい」店にしようとしているわけである。ところで見やすい道理だが、この「よい」とは、単に繁盛して儲かるという自己利益の意味だけに限定されるのではなく、客にとって「よい」と感じてもらうという意味を不可欠のものとして含んでいる。前者と後者とは、どちらを優先させるべきかといっ

た二者択一的な問題ではなく、この店の「よい」が成り立つための一体不可分の条件である。こうした数々の配慮も結局は自分が儲けたいためだといったエゴイズム原理も、逆に、身を犠牲にしても客に奉仕すべきだといった道徳原理も、この「よい」を説明することができない。

じっさい、あそこの店はうまいぞという評判が立って客が増えれば、彼はそのことに発奮してさらに右のような条件を満たそうと努力するだろうし、その努力が実れば、客はますます喜び、結果として店は繁盛するだろう。私たちは、このような発展の好循環そのもののうちに、彼の職業倫理がうまく実現しているのを見るわけである。

職種によって、どういう部分に力を入れるかという点では様々な差異があるとしても、ここにはたらいている功利主義的な原理はあらゆる職業に共通であって、普遍的に成り立つ。「徳は得なり」――自己利益追求と職業倫理とは、本来矛盾しないのであり、矛盾する現象があまりに多いのは、自己利益追求者が人倫とのこの統一を忘れてしまうからである。

しかも重要なことは、その統一の忘却が、単に彼の視野の狭さや幼さや道徳的欠陥といった個人的理由に起因しているというだけではなく（もちろんそうとしか言えない場合もあるが）、そのような忘却を促す社会構造的な原因、つまり共同体全体の政治経済的なあり方が大きく作用しているという事実である。よい職業倫理が生きるためには、ただ精神論をぶつだけではダメで、政治経済的なシステムのどういう特性（たとえば悪政や貧困）が人倫を荒廃させているのかという理性的な分析がぜひとも必要である。

さてそれでは、こうした職業倫理は、他の原理との間にどんな関係を持つだろうか。それらは互いに矛盾することはないのだろうか。

これを考えるには、職業共同体と家族共同体との関係、職業共同体と国家共同体との関係の二つに焦点を合わせることが求められるが、ここでは、前者のみについて考察し、後者については、「6.公共性」の項で述べることにする。

先に、人間社会においては性愛（エロス）に基づく共同性と、労働に基づく共同性とが互いに相容れず、それぞれの共同性の活動領域（時間と空間）を明確に分けるところに社会秩序が初めて成り立つということを述べた。この性愛に基づく共同性が社会的承認を得て（婚姻）、それが次世代を生みだすだけの時間を孕んで展開したときに家族共同体が成立する。これは一般に「私的領域」としてとらえられ、それ以外の公共的な世界との対比で論じられるのがふつうである。

## ◉「オイコス」への軽蔑の歴史

たとえば古代ギリシアでは、「家」あるいは単独の集落は「オイコス」と呼ばれ、村々の結合体である「ポリス」とは明確に区別された。そうして前者は夫婦、子ども、奴隷によって構成される領域であり、そこでは一単位ごとの生計が営まれる。オイコスとはエコノミー（経済）の語源でもあり、それぞれの「家政」は、ポリスにおける公共的な政治とはまったく次元を異にするものとして考えられていた。いわば「女子ども」の世界である。この概念区分が「私」と「公」の線引きに重なるものである。

ちなみにこのわかりやすい二分法には、もともと伝統社会特有の差別感覚が随伴している。すなわち「私」は「公」よりも価値の劣る領域として軽蔑されるのである。たとえば、すでに触れたように、プラトンの『ゴルギアス』では、カリクレスが靴屋や肉屋を例に出すソクラテスに業を煮やして、「自分はそんなくだらないことを言っているのではなくて公共的な問題にかかわる話をしているのだ」と述べる場面が出てくる。

この差別感覚は、現代で社会について考える人たちの間にも根強く残っていて、「私」＝ネガティヴな意味でのエゴイズム、「公」＝エゴイズムを超えたより気高い精神の世界というバイアスで論じられることが多い。このバイアスは、しばしば思想から経済問題への関心を奪う作用を果たしてきた。ために、多くの言論人は、経済問題（経済学ではない）を軽視したり、経済がわからないのに経済について誤った一家言を弄したりする弱点をさらす。その結果、おかしな経済学の流れが我が物顔にのさばって、政治によくない影響を及ぼすといった傾向が助長されてきたのである。困ったことである。

ところが近代社会になると、実際には、公的・私的というこの単純な二分法を用いて人間社会を考察していたのでは不十分だという感覚が一般的になる。古典的な言葉による切り分けが、有効ではなくなってきたのである。

事実、すでに紹介したように、和辻哲郎は、『倫理学』のなかで幾重にも同心円的に広がる「人倫的組織」を措定しているが、そこで彼は、それらのより隠されたものとより公開的なものとの質の違いに注目するとともに、ある組織が私的であるか公的であるかは比較相対的であるということを示した。たとえば「家族」は「夫婦」に対しては公的であるが、「親族」や「地域」に対しては私的であるというように。

また彼は、「二人関係」を解説したところで述べたように、公的＝より崇高、私的＝より下劣、といった価値審級を採用してはいない。私もこの点に関しては和辻に賛同するが、これについては倫理思想として非常に重要な問題を含むので、後にまとめることにしよう。

## ◉オイコスの分裂による職業倫理と家族倫理の衝突

さて、近代社会はたいへん複雑多様な構成を持つに至ったが、大ざっぱな点で誰もが認めざるを得ないのは、都市と産業社会の発展によって、一部の農業や自営業者を除けば、「オイコス」としての私的領域それ自体が「家」の領域と「職」の領域とに分裂して、後者がしだいに土着性を喪失したという点であろう。大多数の労働する人間は、家から工場や会社まで「通勤」するようになるのである。だから、たとえば経済学でも、経済活動をする組織を三分して、家計、企業、政府とするような理解の仕方が一般的に受け入れられている。和辻のひそみに倣って言えば、ある職業組織は、家族共同体に対してはより公的であり、しかし経済社会一般や国家に対してはより私的であるということになる。

この歴史的観点を踏まえて、職業倫理と家族倫理との関係について考えてみると、両者がなかなか重なり合わず、往々にして対立矛盾するさまがよく見えてくる。同一の人間が二つの質の異なる共同性をまたいで生活するのだから、そのモードの違いに基づく倫理性もまた、時には克服不可能なほどに相対立するのが当然と言えるだろう。

わかりやすい例を挙げると、男性の企業戦士が仕事に熱中して、妻をないがしろにしたり、家庭や子育ての問題を妻に任せきりにしたり、というケースがある。「仕事、仕事って、私と仕事とどっちが大切なのよ」というのは、昔からよく聞かれる女性のセリフである。

企業戦士は、もちろん職業倫理に忠実に生きているのである。有能な者ほど重用されて、そのことのために責任も重くなり持ち場を離れることが許されないという事態も生じる。こうして職務に忠実であればあるほど、プライベートな時間は奪われるから、夫婦、家族共同体の人倫を全うすることが難しくなる。出稼ぎ労働、単身赴任、海外勤務、命のかかった仕事、などともなればこの問題の深刻さはいっそう際立つだろう。「離れていても心は一つ」などというのは、涙ぐましい言い聞かせというべきで、現実はそう簡単ではない。妻に対する裏切りや家庭放置の機会も増えようというものである。

また、先に述べたように、ことに近年では、育児期の女性も社会に出て働く傾向が顕著となり、保育所の整備や育児休業制度の浸透が課題として提起されている。だが、ここにはあるイデオロギーが、疑われることのない前提として幅を利かせているために、人々の関心が、誤った問題解決の方向に導かれがちである。

そのイデオロギーとは、女性が社会に出て男性並みに働くことが無条件に良いことなのだという考え方である。フェミニズムと産業界は結託してこのイデオロギーを支えている。しかしこのイデオロギーは、結局のところ育児期の女性に無理を強いる結果となっているのである。フェミニズムは、女性が男並みに職業人として働くことが男女平等を実現する唯一の理想形態であると勘違いしているし、産業界は、人件費をより安くして株主への配当を多くするために（株主資本主義）、女性の賃金が男性のそれに比べて安いのを利用するのである。

この種の矛盾、つまり**二つの人倫精神の分裂の問題は、近代社会の根本的な構造に根差しているの**で、私人への頑張りを強いるような精神論によってはけっして解決できない。また保育所の整備といった対処療法的な政策にも限界がある。なぜなら、こうした精神論や政策は、「働け」イデオロギー（この言葉は、ユング心理学者の林道義氏によるもの）の支配から脱却できていないからである。

そこにこそ経済問題への真剣なまなざしとエネルギーが注がれるべきなのである。つまり、大多数の人がそこそこ裕福に暮らすことができて、毎日ゆとりをもって家庭生活と仕事とを両立させ得るようになるには、どんな経済思想や経済システムが必要とされるのか、それを実現するための政治体制はどうあるべきかといった重要問題が議論されなくてはならないのである。この議論を真摯に追究することは、まさに公共性としての人倫精神にかなうものである。

## 2. 個体生命

## ◉個体生命倫理はどのように実現されているか

一九七七年に起きたダッカ日航機ハイジャック事件では、当時の総理大臣・福田赳夫が「一人の生命は地球より重い」という名言（迷言）を吐いて、犯人の要求をすべて呑んだことで有名になった。個体生命にかかわる倫理は、「いのちの大切さ」などと呼ばれて、他の何よりも優先されるという観念が一般的である。個体生命倫理は、この世に身体を持つ誰にも適用される抽象的性格を持っているので、この正当性自体に疑いが持たれることはあまりなく、この倫理に反する意志や言動、たとえば大量殺戮などは、ただちに非難されるのがふつうである。

しかし、この論考で繰り返し言及しているように、人間生活の現実は、しばしばある倫理が他の倫理と解決困難な形で矛盾しあう局面を示すことがある。また、実際に個体生命の喪失にかかわる事態ではなくても、自己や他者の生命を衰弱させたり心身に危害を加えたりする人間の意志や言動はいくらでもあり得る。しかもそれらは、必ずしも明確な悪意に基づいているわけではない。

したがって、個体生命尊重の倫理は、それだけとして無傷で成り立たせることが容易ではない。そうした解決困難な問題について考察するために、この個体生命の尊重という倫理が、私たちの生活のなかでどのように具体化しているかを、身近なところから追いかけてみよう。

まず、意外に思われるかもしれないが、私たちは日常的な人間づきあいを通して、「よい性格」とか「いやな性格」とかいった区別の感覚を施しつつ生きている。じつはこの区別の感覚のなかに、個体生命倫理がすでに織り込まれているのである。

ある人を「よい性格」と評価する場合に筆頭に挙げられるのは、「やさしい」ということであろう。恋愛や結婚の相手を選ぶ場合に、どういう条件を重んじるかというアンケート調査では、いつの時代にも、この「性格がやさしい」がトップを占める。

「やさしい」とは何か。人の気持ちをよく理解し、思いやりが深く、自分をゴリ押しせず、柔和で寛容であり、必要な時にその人のために力になってあげるということであろう。これは、せんじ詰めれば、他者一般の心や身体や人格、そして生命を大切にしているというところに行き着く。つまり「よい性格」という時の「よい」とは、個体生命倫理を身につけているということなのである。反対に「悪い性格」としてトップを占めるのは、冷たい奴、残酷な奴、自分勝手で人を人とも思わない奴、などであろう。

次に、私たちは、親しい人々、知人友人の安否や健康を気遣うことが多い。この気遣いは、「気をつけて」「お元気で」「大丈夫？」「お体大切に」「どうぞご自愛ください」「ご多幸をお祈りしています」など、挨拶や儀礼のかたちで習慣化しており、それほど本気で気遣っていない場合でも、表現として頻繁に用いられる。

これはつまり、それぞれの生命を尊重するという人倫精神が、人間生活のなかに根付いている一つの証拠である。たとえただの形式であってもその力は生きている。いやむしろ、そのような形式こそが人間関係を円滑に運ぶ有力な手立てであることを私たちがわきまえているという事実が大切なのである。

実際に困っている人に親切にしてあげたりする場合には、なおさらである。自分を犠牲にしても人を救った時には、美談として大いに語り継がれる。

また、命や健康にかかわる職業、医師、看護師、介護士、消防士などが、その社会的待遇に関してはさまざまであるにしても、一般的に言って尊敬に値する職業とみなされていることは疑いないだろう。逆に言えば、医療従事者に対しては、それだけ社会の倫理的なまなざしが厳しいわけで、少しの失敗も許されないという了解が成り立っている。医療過誤は発覚すれば大きなニュースとして取り上げられる。

また私たちは、死者に対して哀悼、哀惜、鎮魂の念を抱くのがふつうである。憎んでいた人が死んだので心の中で「ざまあみろ」と思っていたり、あまりにも厄介をかけた人が死んだので「やっとすっきりした」と思ったとしても、それを、死の直後にあからさまに口に出す人はあまりいず、厳かな顔をして告別の儀に参加するものだ。極悪人が死刑に処せられたときにも、読経がなされ線香があげられ、み霊よ安らかに眠れと祈りがささげられる。

死者を弔うのは人間だけだが、この弔いをするという行為のうちには、人間である限りひとしなみにその個体生命が尊重されなくてはならないという人倫感覚が生きているのである。

さらに私たちは、自殺、殺害死、事故死、夭折、突然死などをその人にとっての特別の不幸とみなす習慣を身につけている。たとえ、もっと生きていてもよいことはなかったかもしれないという合理的な想定が成り立つような場合でも、そういう理屈は、まず感情が受け付けないだろう。その人が

「急にいなくなってしまった」ことに対する私たちの驚き、織り成されている共同性からの個体の脱落に直面した時の私たちの寂寥感、虚脱感は、ほとんど身体的なものである。それは、私たちのそばにだれかれが生きてあるという単純な事実そのものについての尊重の思いを、裏側から証明するものに他ならない。

またこういう例を挙げることもできる。私たちは、多く未来を持つ者、すなわち赤子や子どもや年少者、また未来の生を生み出す者、すなわち女性の生命の存続を優先させる習慣を持っている。

これは、必ずしも子どもや女性がか弱い存在だからではない。弱いか強いかという尺度をヒト種族のあれこれに単純に当てはめることはできない。「いざとなると女は強い」とは、よく聞かれるセリフである。また、死が近づいている弱り切った老人よりも、壮健な若者や元気いっぱいの子どものほうが優先的に生き残るべきだという判断が健全だと感じるのは私だけではあるまい。

だから、弱い存在ほどその命が尊重されるべきだというのは、理屈としては正しいように思えるが、必ずしも私たちの倫理感覚に適合しているわけではないのである。若者が特攻隊などで死んでいった事実にことさら悲哀の感情が集まるのも、可能であったはずの余命の長さが消滅してしまったこと、送られるべきであった豊かな人生が踏みにじられたことに対する悔しさが残存するからであろう。こういう場合には、強い弱いが命の尊重の基準となっているのではなく、前途の可能性が基準となっているのである。子どもの場合にも、単に「弱くいつくしむべき存在」という観念によってその命の尊重の度合いが根拠づけられるのではなく、そのほかに、明らかにこの「前途の可能性」の観念が優先順位を決めるのに与っている。

戦争時における、戦闘員と民間人との区別、つまり、敵兵を殺すことはやむを得ないがたとえ敵国人でも後者を殺すことはより罪が重いと考える私たちの習慣も、無辜《むこ》の生命に対する尊重の念の表れである。看護や救済が国境を超えて容認され、むしろ称えられさえするという事実や、捕虜殺害や捕虜虐待が戦争犯罪として弾劾されるという事実は、「人道的見地」なる感覚が普遍的に生きていることを示している。もちろん、こうした感覚が実際に守られるかどうかは、この際問題ではない。戦場ではどんな残虐もあり得るというのは、さんざん見せつけられてきた歴史的な事実である。

かくして「ヒューマニズム」の倫理は、完全に実現可能な理想や思想のかたちで存在するのではなく、むしろヒト属としての私たちの身体感覚、一種の共同性感覚ともいうべきものとして存在する。どんなシニシズム、スケプティシズムと言えども、この感覚としての存在を否定しきることはできない。

●単なる生命の尊さではなくいかに良く生きるか

しかしながら、個体生命尊重の倫理が、他の何をおいても無条件で受容できるかといえば、それにはさまざまな疑問符が付くだろう。福田赳夫が言ったように、本当に「一人の生命は地球よりも重い」と、どんな場合にも言い切れるだろうか。

まず第一に、この倫理には、**ただ生き永らえることが素晴らしいのではなく、いかに良く生きるか**

**こそが問題なのだという認識が媒介されていない。**これはソクラテス以来の最も重要な哲学問題だった。

だからたとえば現代では、医学によるいたずらな延命措置に対して批判的な人が多く、安楽死の是非をめぐって倫理的な議論が盛んである。先進国の主流は安楽死肯定のほうに傾きつつあるようだが、それでもリヴィングウィルを自ら書くという人はまだまだ少数派である。これはおそらく、自分はいま生きているという自覚のうちに、将来にわたる継続への無意識的な期待が本質的な条件として入り込んでいるからであろう。自殺しようと思い決めた人ですら、強盗にいきなりナイフを突きつけられたら本能的に殺されることを回避しようとするだろう。どうすれば「よく生きる（死ぬ）」ことができるかを考えるためにも、一定の期間は意識を持って生きていなくてはならない。

また、自分を超えた「何者か」のために命をささげることは、一般に崇高な生き方、すなわち「よく生きること」として称揚されることが多い。「祖国のため」「正義のため」「愛する者たちのため」エトセトラ……。エゴイズムや強欲や生への醜い執着に対する対抗命題として便利だからである。

しかしじつは私自身は、日頃からこういう抽象的な表現をそのままで受け入れるわけにはいかないと考えている。「何者か」に殉ずることがなぜ気高いことなのか、その合理的・普遍的・積極的な理由を見出し難く、それゆえに、この観念はしばしば**美学的な惑溺**を呼び起こすからである。犬死も時には美化される。

福沢諭吉は『学問のすゝめ』のなかで、有名な「楠公権助論」を展開した。ただ主君に忠実に討ち死にして命を捧げたというだけでは、手代の権助が主人の使いに行き、一両の金を落として旦那への申し訳なさに首を括ったのと変わらないというのである。問題はその死が何に貢献したか（役立ったか）であって、それを問わなくてはならないという福沢のこの考え方に私も賛成である。

福沢の挑発的な言を真に活かすためには、少なくともどんな具体的状況のもとに、どういう「何者か」に対して命をささげることが尊いと言えるのかが、はっきりと規定されなくてはならない。だがこの問題も倫理学にとってたいへん重要なので、公共性の倫理について論じるときに、再び取り上げることにしよう。

### ◉生命尊重の倫理と優生思想との相剋

さて個体生命尊重の倫理が無条件に受容できない第二の理由は、これに最も端的に対立する思想、すなわち**優生思想を完全に克服できるかどうかが疑わしい**という点にある。

優生思想と聞けば、ただちにナチス・ドイツの所業が連想され、口にするさえ忌まわしいタブーのように考えられている。だが、ある極端な歴史事象だけを取り上げて、それをただ忌まわしいタブーとして囲い込み、自分たちはそれとは無縁だと目を背けておけば済む問題だろうか。私たちは日々の生活において理性と感情との両方を駆使しつつ、じつは多かれ少なかれ「優生思想」を、それと自覚せずに実践しているのではないか。

たとえば、妊娠期間中に、胎児の障害の有無を調べることができる出生前診断は今日当たり前のように行われていて、障害の存在が確実視された場合、母親はほぼ例外なく中絶の道を選ぶが、これは一種の優生思想とみることはできないだろうか。

また、仕事や教育において、いくら平等思想を徹底させようと、現実には能力の劣った者は冷遇されたり排除されたりすることになりやすい。これは、劣弱なものはそれだけ社会で生きる資格が少ないと判断していることを意味するから、突き詰めればやはり優生思想であろう。

ある雑多な集団が共通の災難に遭った時などに、そのなかで「立派な人物」や「優れた人物」や「リーダー格の人物」の生命が周囲から優先視され、特別に救助の手が差し伸べられる行為が容認されるとすれば、それは一種の優生思想である。

プラトンの『クリトン』において、クリトンが獄中のソクラテスを密かに助け出すべく手はずを整えて、彼にしきりに脱出を勧めたのも、単なる友情から出た仕業ではあるまい。クリトンは「この偉大な人物を死なせてはならない」と固く決意したのであって、相手がただの囚人だったら平気で無視しただろう。

さらに、さまざまな社会的差別、いじめや集団リンチなどを根絶することはほとんど不可能である。それは、人性のなかにもともと自分の存在を何らかの集団にアイデンティファイせずにはいられない心理が構造的に含まれているからである。ある人が特定の集団に帰属することは、すなわちそれ以外の個人や集団を自分とは違う種族としてカテゴライズすることを意味する。そうして、両集団が生活のなかで接触しつつ、かつその間に強弱や好悪を根拠づけるに足る明確な表徴があれば、それだけで差別やいじめの必要条件はそろったと言えるのである。これも明らかに優生思想に結びつくだろう。

このように言ったからといって、私は、これらの「日々の実践」をすべてなくすべきだという理想を述べているのではない。これらのなかには、健全とすら言えるもの、仕方がないと承認するしかないもの、などが含まれている。要は程度問題なのである。じつは先に述べた、弱った老人よりも壮健な若者を、男よりも女子どもを、といった選別の意識も、考え方次第では一種の優生思想なのである。

## ◉人生を無意味と感じてしまったら…

第三に、個体生命尊重の倫理が無条件に受容できない第三の理由は、**この倫理には、「現実の生は辛さや苦しさや煩悩がつきものだ」という認識が媒介されていない**という点である。

誰しも人生の途上で、いったい自分は何のために生きているのだろうという問いに遭遇する。これは、思春期、青春期などに、さしたる現実的な苦痛も伴わずに純粋に哲学的な問いとして訪れてくることもあるが、より多くの場合には、いまの生活そのものの空虚感、周囲に受け入れられないことからくる絶望感、不幸な事態の連続、強制や過労、終わってしまった過去を振り返った時の悔恨、自分の能力に対する自信喪失などの、情緒的な負荷を伴っている。

こういう情緒的な負荷を大きく背負いながら生の意味や目的を問うている人にとって、個体生命尊重の倫理は、ほとんど無力であろう。

### ◉身近な人の命ほど大切

さらに最後の理由として――これが最も重要なのだが――、**一般に人は、個体としての時間的・空間的な限界から逃れられないので、誰しも自分に近しい人の命のほうが、遠い人のそれよりも大切に感じるという傾向を明確に示す。**人類愛とか博愛などと理想を述べ立てても、そういう題目は、現実の生のなかでは容易に実現されない。

もちろん、理想に向かって努力することは可能だし、現にその名に値するような業績を示した偉人も数多くいた。しかし同時に、人は性愛関係や仲間や同志を作り、これらに属さない人々をよそ者として位置づける。そうして条件次第では、自分の仲間以外の者たちに対して敵意をむき出しにし、互いに殺し合いの闘争にまで発展させることがある。多くの場合、闘争するに足る確固たる理由があるのではなく、まさに仲間と非仲間とを区別するからこそ闘争するのである。

しかもこれもまた、人性として自然なことと考えなくてはならない。そのような人間の現実を見ないで、個体生命尊重の倫理だけで事足りると思いなすことは空疎である。

空想的な理想を嫌った穏健な懐疑主義者のヒュームは、『人性論』のなかで、次のように述べている。

《まったくの純粋な人類愛、つまり各個人の地位、職務、自分自身との関係といったものとかかわりのない人類愛のような情念は人間の心にはない、ということである。たしかに、どんな人間でも、また実際、どんな感受力のある存在でも、その幸、不幸がわれわれの身近に置かれて、生き生きとした色合いで示されるときには、ある程度われわれの心を動かすのは事実である。しかしながら、こうしたことはただ共感からのみ起こるのであり、人類へのそういう普遍的な愛情の証拠にはならないのである。》

ヒュームもまた、「共感」の存在を認めていた。しかしそれは、「幸、不幸がわれわれの身近に置かれる」ことを条件としていた。ある種の共同体感覚ともいうべきものを私たち人類は確かに身体的にそなえてはいるが、それが現実化するのは、常に具体的な、限定された条件下においてである。

以上のようにして、個体生命尊重の倫理には、本質的な限界があるということが明らかとなった。

### ◉他の倫理との矛盾

さらに次のようなことが言える。

個体生命尊重の倫理は、ただそれ自身のうちに本質的な限界があるのみではなく、**他の人倫関係、他の倫理との間に齟齬をきたすことが多い**のである。それは、この倫理がまさに「個体生命」というだれにとっても共通な人間把握概念を核として打ち立てられているために最も抽象度が高いからである。それゆえ、個々の具体的な生（実存）が呼び起こす課題に克服の答えを提供することができない。

このことは、これまで述べてきた人倫精神の四種の基本モード（性愛、友情、家族、職業）との関係をいろいろと思い浮かべてみれば、すぐに納得がいくだろう。

たとえば、幸いなことに先進国では最近あまりこういうことは言われなくなったが、妻が難産で苦しみ、死産の可能性があり、母体も危険であると指摘されたとする。医師は、死産を覚悟すべきであり、逆に健康な赤ちゃんを得ようとすれば母体を犠牲にする確率が高いと言う。夫はどういう選択をすべきだろうか。

どのような選択をしようが、それは当事者の心情にゆだねるほかはないので、そのこと自体は倫理学的にはさして問題ではない（私自身は妻の生命を第一にすべきだと思うが）。だがこういう場合に、個体生命尊重の倫理が無力さを露呈せざるを得ない（選択を指示できない）のは明瞭である。

またたとえば、森鷗外の『高瀬舟』について考えてみよう。

流刑に処された罪人を大阪へ送る高瀬舟に、ある時、弟殺しの罪を着た喜助という男が乗せられた。他の罪人と異なり、晴れやかな顔をしているので、付き添いの同心が訳を尋ねる。親を失った兄弟は仲よく助け合って暮らしていた。弟が病で働けなくなり、兄の喜助のためを思って自害をはかるが、死にきれずに苦しんでいる。喜助は医者を呼ぼうとするが、弟が死なせてくれと頼むので、思わず刺さった刀を抜いてやると、そこに婆さんがあらわれて殺害現場として目撃されてしまう。

この話は現在、安楽死の是非問題として扱われているようだが、そういう社会倫理的な捉え方はこの話の文学性、言い換えれば、登場人物たちの特殊な「情」の展開に込められたものが読めていない。現代の安楽死は、医師の医療行為としての倫理性が問われるが、医師が安楽死を決行した場合には、たとえ法的な罪に問われなくとも、晴れやかな顔をするはずがないのである。

この作品には、互いを心から思いやる兄弟愛（一種の友情）が深く絡んでいる。喜助が晴れやかな顔をしているのは、罪の意識がないからではない。一種の近親殺行為であることは十分自覚されているのである。だから彼は、余計な申し開きをせずに縄にかかったにちがいない。喜助にとっては、弟が自分のことを思って自害をはかったことが明瞭なので、その心意に対する謝恩の気持ちのようなものが彼の心を浄化して、素直に刑に従わせているのである。罪の自覚はあるが、後悔の念はすでに洗い流されている。犠牲となった弟は、彼にとっていまは仏さまに似た位置にいる。弟の行為そのものを通して、彼は仏さまに出会ったのである。

さてこういう場合に、個体生命尊重の倫理を押し出すことに何か意味があるだろうか。喜助のいる場所は一種の宗教的な境地であって、弟を救おうとすれば救えたはずだなどと言い立てることは、余計なお世話なのである。

個体生命倫理の限界について以上のように考えてきて、改めて他の倫理との根本的な矛盾を指摘しておく必要を感じる。

性愛倫理や友情倫理や家族倫理が、その対象を厳しく選択し、部外者を排除するものであることは、論を俟たないだろう。

なるほどこれらが自らのなかに個体生命倫理を含んでいることは確かである。それは、すでに述べたように、もともと個体生命倫理というものがだれにでも当てはまる最も抽象性の高いレベルにあるからである。たとえて言えば、イワシもアジもサバもサンマも「魚」というより抽象的な概念に包まれ、それぞれの種は「魚」という共通の特性を併せ持つようなものである。

しかし、イワシは魚であることをやめることはないが、人事社会にかかわるものごとはそう簡単ではない。性愛や友情において、その特定の相手の生命を大切に思うことは、同時に自分にとってどうでもよい他人の生命を軽んじることにつながりうるし、むしろその心情倫理の実現を通して、特定の他人の人格や生命を傷つけることさえある。家族の一員を守るために、誰かを殺さなくてはならない場合もある。

それればかりではない。職業倫理も、この個体生命倫理と矛盾することがある。職種によっては他者の生命を犠牲にすることを使命とするからである。もっとも典型的な例は、命令に従順で有能な兵士。さらに、忠実に法に従って死刑を宣告する裁判官、死刑執行人、やや間接的だが、武器や兵器の熱心な研究者・製造者・販売人など。

犯罪加害者の生命（人権）に過度な配慮をすることは、被害者の生命及び被害者遺族の思いを軽視することにつながりかねない。

また個体生命倫理は、公共性の倫理とも矛盾することが多い。もし公共体としての国家が、外敵から己れを守るために個人の命を捨てることを要求する場合には、進んでそれに従わなければならない。たとえば、共和国の思想を練り上げたジャン・ジャック・ルソーの祖国スイスの憲法には、はっきりとそういう意味のことが書かれている。

そうして、こういう事態はどの国でも戦争時には起こりうることであって、しかも祖国のために命を犠牲にした者は、称えられたり祀られたりするものである。共同体全体によるこの称賛や鎮魂の営みには、残された生者によってはけっして矛盾が解決できないことへの遺恨の念と、死者に申し訳なかったという思いとが忍び込んでいるだろう。

### ◉個体生命倫理を受容できる条件と制約

こうした根本的な矛盾に、何とか倫理学的な言葉を与えようとすれば、次のように考えるほかはない。

すなわち、**個体生命倫理には、それを受容できる条件あるいは制約というものがおのずからあって、この条件あるいは制約から独立に、それ自体として存立させることはできない。**またそうすべきではない。その条件あるいは制約とは——

①この倫理が必ず何よりも優先するというのではなく、いつも特定の具体的状況との絡みでその優先性が問われなくてはならない。「ひとりの命は地球よりも重い」はしょせん言葉であって、犠牲やむなしとして決断と行動に踏み切らなくてはならないこともある。

刑法で違法性を阻却される正当防衛や緊急避難による殺人はこの最もわかりやすい例である。また国家の行動としての戦争は、それが正しいか間違っているか、賢い判断であるか愚かな判断であるかにかかわりなく、犠牲者を生む。世界平和は人類の願いだが、願いの実現を待つわけにもいかないのが世の習いであれば、私たちはこの犠牲の発生を覚悟しておかなくてはならない。

②この倫理は、常に当事者（命を奪われるかもしれない者）にとってのありうべき未来との関係にお

いて考えられなくてはならない。この関係では、当事者が今後生きていても、他者を害さないかどうか、また当人が充実した生を送りうる可能性がいかほどのものかという判断が必ず関与してくる。

たとえば矯正の見込みがないと考えられ、死刑が確定した者への死刑執行、脳死状態の患者からの臓器摘出、末期患者の延命措置中止などは、この判断がネガティヴにはたらいた例である。これらの殺人行為は、たとえ本人の事前の同意があった場合でも、他者からの強制性が大なり小なり作用することを避けられない。また、子どもや若者、女性の生命を優先させる例などは、同じ判断がポジティヴにはたらいた例である。

③それぞれの個人が互いに他者の生命を尊重しうる範囲と限界がおのずから存在する。どんな有力者も、「他者」一般の生命をおしなべて尊重することはできないという事実を認識しなくてはならない。

「他者」という概念は、自己とか個人とかいった概念の対立項として便利に用いられるが、実際の生においては、その中にいくつかの次元の違いがあるということを常に見つめながら用いる必要がある。この次元の違いは大ざっぱに言って三つある。すなわち一つは、夫婦親子兄弟、親戚、恋人、友人、頻繁に出会う知人、隣人などの「身近な他者」であり、もう一つは、行路で出会って別れてしまう「見知らぬ他者」であり、最後に法的な人格というレベルで取り上げられる「一般的な他者」である。

人は日常的人倫において、はっきりとは語られないこの次元の違いを理解し、その理解に応じてそこに軽重の差別を施しつつ道徳的な行動をとっているのである。先に引いたヒュームの言葉も、この避けがたい事実を指摘したものと考えられる。

④人はそれぞれの生を歩み、いずれははかなく別離してゆく存在であるという人間の深い自覚が、この倫理に影響を与えている。個体生命倫理そのものはなるべく貫かれるべきであるし、個々の個体生命の限界を超えて維持されるべきであるが、しかし絶対的ではない。いずれ誰もが死ぬということは、すべての人がよく知っているので、だからこそ、①～③で述べたように、この倫理をただ何よりも優先されるべきものとして前面に押し出せば済むのではなく、ケースによっては死んでも仕方がないという諦念をいつも傍らに引き寄せておく必要がある。そのことによって、この倫理にそのつど具体的で適切な位置を与えることができるのである。

## 3. 公共性——倫理学と文学のはざまで

### ◉「公共性」という概念のあいまいさ

私たちは、公共性とか公共精神という概念をどのように理解しているだろうか。それは、ふつう、私的利害を超えて広く社会全体に共通する利害にかかわる物事や、その物事を第一に尊重する態度ということになるだろう。

しかしこの概念は、本来いくつかのあいまいさを内に含んでいる。第一に、どこまでの広がりを「社会全体」と考えるかについて確定的な線引きが難しく、人によってその範囲に対する了解が食い違う。また第二に、ある具体的な物事が複数あってそれらが互いに両立しがたい場合、どれがより公共的かという議論が沸き起こり、容易に決着をつけられないことが非常に多い。そして第三に、「何々が公共的である」という点について、仮にある社会のメンバー全員の一致が見られたとしても、その物事を貫くために特定の生命や生活を犠牲にしなくてはならなかったり、膨大な時間やコストが見込まれるために実現が不可能だったり、その公共性の看板を隠れ蓑にして私的利益をむさぼる集団が出てきたりすることがいくらでもある。

第一の論点については、たとえば次のような例が考えられる。幕藩体制の時代には、「くに」とは藩のことを意味していたので、藩主への忠誠が最も公共的とみなされていたが、近代以後は、国民国家の枠組みが最も公共的と考えられるようになった。この場合公共精神とは、「国家」という観念に奉仕する態度を意味することになる。さらに時代が進んで、現代では、国境を超えたヒト、モノ、カネ、情報の行き来が盛んにおこなわれているので、国家そのものを特殊な利害の体系とみて、地球規模の公共性を主張する人も多い（私自身は、この考え方が空想的であり、そのために無責任な言論態度を醸成しやすいので反対だが）。

第二の論点については、次のような例が考えられる。たとえある国家の成員全員にとって、その国家こそが最高の公共体であるという点では一致が見られるとしても、その公共体をよりよく動かしていこうとする体制や政策や手段や優先順位に関して、意見・主張が入り乱れて一致が見られず、いつまでも小田原評定を繰り返すか、より強い勢力がより弱い勢力を、武力や多数決原理によって押し切るほかないといった事態である。

このように歴史や地域や価値観によって、公共性の概念理解が異なるために、ある状況下でどういう行動をとれば公共精神にかなうのかという問題についての一般解を得ることはほとんど不可能である。こうして異なる大義名分の衝突が内乱や戦争などの激しい殺し合いに発展することもある。

第三の例としては、たとえば、「環境にやさしい、地球にやさしい」という看板それ自体は、誰も否定しえないスローガンであるが、その抽象性をいいことに、まったく不確実な愚かな判断がなされたり、見通しも定かでない莫大な資金がつぎ込まれたりする。そうして国民の税金をかすめ取る環境ビジネスが平然と跋扈《ばっこ》する、等々。

このような事態は人類史上、じつに枚挙にいとまがない。

しかしそれにもかかわらず、公共性という概念そのものは厳として存在する。それは、もともと私的であることと一対の関係にある概念だから、抽象的であることを免れないのである。つまり、この種の関係概念は、ある事態（たとえば家族生活）が他方の事態（たとえば国家活動）に比べてより私的かより公的かという相対的な位置関係で把握するほかない概念である。言い換えると、私的・公的という対概念は、互いに他方の「否定態」としてしか成立しない。

和辻哲郎もこのことをよく理解していた。繰り返すが、和辻倫理学は、次元の異なる人倫的組織のそれぞれに固有の倫理性が存在することを指摘した。しかし、それらのどれかが他のどれかに対して、より「私的」であるかより「公的」であるかという尺度にこだわってそこに価値審級による優劣を認めたわけではなかった。たとえば、家族の人倫性よりも国家の人倫性のほうが価値として高い水準にあると明示的に言及することを彼は周到に避けている。

だがそれにもかかわらず彼は、無意識のうちに、より公的な共同性ほど、より私的な共同性の時間的・空間的な限界を克服した、より大きな、より広い境位にあるという、弁証法的な見解にとらわれていた。というよりも、あれほど私的世界（男女の性愛世界）における固有な人倫性の高い意義を強調した独創的な和辻すら、この西欧由来の弁証法の罠から免れることが至難の業だったというべきだろう。

プラトンに代表されるように、ポリスの活動を最高のものと考えてオイコス（家族生活、経済活動）を軽蔑した古代ギリシアの価値観は言うに及ばず、カント、ヘーゲルなど、西洋の哲学、倫理学はこの「弁証法の罠」にいつもからめとられてきた。これはじつを言えば、身近なところから論じはじめて、しだいにより広い世界へ視線を伸ばしていくという私たちの言語意識の自然な法則に則っているにすぎないのである。だが、そうであるからといって、後のもののほうが前のものを包摂して、倫理的な意味でより高い水準に達しているなどとはけっして言えない。

### ◉儒教倫理が見落としていること

ところで東洋に目を転じて、儒教はどうかといえば、こちらはより広い範囲を包括する共同性のもつ人倫の原理がより狭い共同性のそれに比べて価値的にもより高いというような「弁証法的思考」にとらわれてはいない。前に述べたように、孔子は、公的な義務としての法に従って父を突き出すよりも、父をかくまう方が子どもとして「直（すなお）」なのだと言ってのけた。これはカントのような「義務のパリサイ人」に対しては、きわめて有力な逆説たりえている。そうしてそこには、生活庶民の自然な感情（人情）がきちんと掬い取られている。

しかし他方では、儒教の倫理学的原理は、「五倫五常」の教えに象徴されているように、関係のモードにしたがって守るべき徳目を並列させているだけであって、そこには、人間生活でそれぞれの徳を守り抜こうとしても、互いに矛盾してしまって両立できないことがあるという問題意識が欠落している。平重盛が呟いたといわれる「忠ならんと欲すれば孝ならず、孝ならんと欲すれば忠ならず。重盛の進退ここに窮まれり」という言葉は、この事情を示して余りある。

じっさいに重盛がそう呟いたのかどうかは別として、こういう言葉が長く生き残るには、それなりの理由がある。それは平凡な私たちの生活のなかに、どちらを選んでよいかわからなくて困ってしまうこうした局面が繰り返し現れてくるからである。儒教はこの種の問題を根本から解決しようとした形跡がなく、そこには明らかな思想的不徹底が見られる。それは「忠と孝」の二律背反のみならず、「忠」と「（朋友の）信」、「義」と「仁」などの関係についても言えることである。

すでに引いた論語の一節をここでもう一度思い出してみよう。

《葉公《しょうこう》孔子に語《つ》げて曰く、吾が党に直躬《ちょっきゅう》なる者有り。其の父、羊を盗みて、子之を証せり、と。孔子曰く、吾が党の直なる者は、是に異なり。父は子の為に隠し、子は父の為に隠す。直は其の中に在り、と。》（「子路」18）

カントのウソ論文のリゴリズムに比べれば、葉公に対する孔子の反論は、具体的な「仁」の精神にあふれていると言えよう。とはいえ、これは抽象化された二元的な問いに対する孔子自身の決断と選択である。父の犯した犯罪の程度にもよるし、父子関係の状況にも、生活状態にもよるではないかともし言われたら、それを押しても孔子は同じように言い切るだろうか。そうだとしたら、カントのウソ論文の単なる裏返しにすぎないのではないか。

つまり、公共性倫理と家族倫理の矛盾という問題が、この答えによって現実に解決しているわけではないのである。それはこのくだりを読んだ各人が、自分の人生経験をていねいに呼び起して、それとこの断言とを照らし合わせてみればすぐにわかるはずだ。

私が儒教倫理を批判するのは、それが古い封建社会の制度的な基盤をなしていたからというような理由からではない。じっさい、質の異なる人倫関係を統合させないままに、「人の道」とか「諸徳」といったかたちで分散させておき、そのうえで各身分（たとえば君主、家臣、武士、年少者、婦女子、下人など）にとって何を最も優先させるべきかを暗黙の裡に理解させておくことは、前近代的な統治にとって都合がよかっただろう。しかしここではそのことは問題ではない。

**問題は、この倫理思想が、「諸徳」をただ並列させておきながら、それぞれの関係を問わないあり**

**方をしている点**なのである。このあり方は、どう見ても人生の複雑な現実と整合しない。こうして儒教倫理は、平重盛が陥ったような事態をどう考えるかにけっして言及しないのである。これは、現実の矛盾を見てみぬふりして放置する怠惰な姿勢をあらわしており、その点が倫理学として不十分なのだ。

このような怠惰さは、単に儒教倫理のみではなく、公共性の倫理を最優先させる態度一般においても現れている。

## ◉「自分を超越したもの」とは何を指すのか

さて一般に、義に殉ずるといった態度は、褒め称えられることが多い。「何かしら自分を超越したものに価値を見出し、そのためには自己犠牲もいとわない」という心掛けや行動は、人々の尊敬を勝ち得て美徳とされる。それは、この種の心がけや行動が、自己利益を捨てて他者のためを考えている、つまり共同性への奉仕の精神を表現しているからである。

けれどもよく考えてみよう。人の背負う共同性も複雑である。この「何かしら」とは具体的に何を指すのか。それを言うのでなければ、先に述べた矛盾はそのまま持ちこされてしまう。

たとえば、自分の子どもの命を救うために身をもってかばうことは、非常に賞賛される。しかしでは、人道的な使命感から、病に苦しむ辺境の子どもを救うために現地に赴いた医師が、自分の子どもが本国で事故に遭い死に瀕していることを知ったとしよう。彼はどういう行動をとるのが賞賛に値することになるのだろうか。

また、その「何かしら自分を超越したもの」が、そのときは崇高なイメージを与えていたが、時間の変化とともに、「過《あやま》てるもの、それほど価値のないもの」としか感じられなくなったとしたら、はじめの思いはどのように救われるのか。

たとえば国家のある強制が正当なものであるかどうかという判断を抜きにして、無条件に国家の命令に従って死ぬことが「崇高な」ことであるとしてしまったら、その国策が間違ったものであると認識されたとき、自分は無駄死にしたことになり、妻子も無意味な犠牲に供されたことになる。そういうことがあり得るという冷厳な事実を、「超越的なものに殉ずる心」を賛美する精神は隠蔽するのである。

「自分を超越したもの」というとき、この言葉のなかには、神、人類、国家、社会、企業、家族、幼子、友人、恋人などの観念がみな含まれるだろう。さらには、「正義」とか、「美」(ex. 芥川龍之介の『地獄変』)とか、「真実」(ex. カントの「ウソ論文」)とか、「善」(ex. 身を犠牲にして線路に落ちた人を救う)などのように、抽象観念もこの「超越的なもの」に属している。要するにそこには、自分を形成しているアイデンティティのあらゆる要素が含まれているのだ。だから、どういう状況下でどういう観念要素に殉ずることを意味しているのかが語られないかぎり、それはいつも現実性を欠いた抽象的な意志表現で終わってしまう。ある特定の観念要素に殉ずる態度だけを抽出して、その「崇高さ」や「美しさ」を称えていると、その態度を貫くことによって他の実在や観念を犠牲にせざるを得ない事実が忘れられるのである。

### ◉PKO活動の犠牲者は救われたか

たとえばずいぶん昔の話になるが、ある青年が、停戦間もないカンボジアの平和維持活動に国際連合ボランティアとして参加し、ゲリラ兵（村民の単独犯という説もあり）に撃たれて死亡したことがあった。戦闘がくすぶっている地域での平和の確立という目的のために命を失ったのである。この時彼の父親が現地に赴き、息子の遺体を祖国に持ち帰らずに荼毘に付したのだが、父親は、その煙が立ち昇っていくのを見るうち、「息子はどこか浄化された崇高なところに昇っていったのだ」という深い感慨を漏らした。

この感慨そのものは、子を失った親のやり切れない思いを、自ら鎮魂しようとする心情としてよく理解できる。そういう心境に達したことにウソ偽りはあるまい。しかし、事件の国際的な意味の大きさも手伝ってか、全国紙の多くが、これを「父親の美談」として盛んに書きたてた。折から戦後的父親の父性の欠如などが一部で嘆かれていた時期である。そのためこのお父さんは、父性の模範として一挙に有名人になってしまった。大多数の人々が、この父子の生き様を絶賛した。

私は当時、この事件について依頼原稿を書いたのでよく覚えているのだが、はじめからマスコミのこの扱い方にはどこか胡散臭いものを感じていた。そのときの気持ちをここに再現する。

第一に、こういう美談が表通りをまかり通ると、愛する息子を返してほしいという親の切なる自然の感情が抑圧される。何かそういうことを言ってはいけないような雰囲気が醸成されるのである。当時、このことをはっきり指摘したのは、私の知る限り、評論家の中野翠氏だけだった。

第二に、この息子さんは丸腰で危険地域に踏み込んでいた。州都で開かれる会議に出席するために車で外出したのである。彼は本来遭遇すべきでない理不尽な災難に遭ったのであって、特定の平和行動の直接の結果として死んだわけではない。もし直接的な平和行動の結果として死んだのなら、世界平和のために身を犠牲にしたという大義名分は、より成立しやすいだろう。したがってその場合には、父親の深い感慨を「美談」として称える周囲の態度は、それなりに正当な根拠を持つことになろう。

だが事実はそうではなかった。彼が命を落とした地域がかなりの危険地域であることはわかりきっていた。日本政府も百も承知であったはずである。するとここには、単に息子さんの行動目的が崇高であるから父親がその死を昇華したものとして受け入れ、周囲がその父子関係のあり方に感動して賞賛するという物語によってはけっして完結しえない、もっと重要な問題がそっくりそのまま残されることになる。

その問題とは、国家共同体がなぜそのメンバーの命を守ることができなかったのかという問題である。言い換えると、公共的な人倫のいかんを問う問題意識がこの一連の流れには抜け落ちているではないかということである。この人倫のあるべき姿は、単に心情論理によって完結しうるものではなく、現実的な法制度やその実効性ある運用を必然的に要求する。つまり、共同体がそのメンバーを守れないのは、国家としての制度が不備であるからなのである。公共性にかかわる倫理学は、こうして法や社会制度に直接接触し、しかもそれらの精神を包含できるのでなければならない。

より具体的に言おう。

国民の生命を守るのは、国家の最大の役割である。国防の意義はそこにこそあるのに、当時の自衛隊はPKO活動に縛りをかけられていて、危険地域で平和維持活動をする民間人を十分護衛することができなかった（いまでも十分にできない）。それは単に機械的な制度の不備を意味するのではなく、国家の人倫精神が欠落していることを意味する。私はこの不当な事態に対して、だれもがまず怒るべきではないかと思った。ちなみに言えば、この欠落は、何も戦後平和主義のイデオロギーにその究極の根拠を求めれば片づくわけではなく、戦前・戦中においても、日本人の国民性がはらむ問題点として指摘されるべきなのである。ところが、当時、戦後イデオロギーを批判し続けてきたはずの保守系の新聞でさえ（むしろ保守系が率先して）、自ら巻き起こした美談の大風に煽られて、まったくこの点を指摘しようとしなかった。

この一件は、要するに、「男らしさ」とか「凛とした父性」といった美意識の弥漫《びまん》によって、現実の死の不当性が合理的に検証されずに隠蔽されてしまった例である。少し角度を広げれば、これは、特攻隊精神なるものを過度に美化することによってあの戦争の失敗を糊塗《こと》しようとする心情にも通ずる。

誤解を避けるために断わっておくが、私は、実際に死を目前にした個々の特攻隊員たちが、若くして死ななければならない事態を受け入れるために苦しみ悩んだ末に、澄みきった心情にたどり着いた経緯や、その遺族が味わった深い悲しみを斟酌《しんしゃく》しなくてもよいと言っているのでは全くない。それは畢竟《ひっきょう》、実存の問題、もっと言えば文学の問題であり、そういう問題としていくらでも追究し、どこまでも掘り下げる意味がある。

**だが、もしそれが単に澄みきった心情や深い悲しみへの共感にのみ終わり、若者や遺族をそのような実存の状態に追い込んだものは何かという問いを忘れたり軽視したりするならば、それは国家という公共体が備えるべき人倫への問いを忘れることと同じなのである。**

**◉国家とは何か**

ここで、公共性と国家の関係について考えてみよう。

そもそも国家とは何だろうか。

よく知られているように、ベネディクト・アンダーソンはこれを「想像の共同体（Imagined Communities)」と呼んだ。わが国でも吉本隆明が、もっと早い時期に「共同幻想」という概念を作り、国家もその一つであると規定した。さらにさかのぼると、若きマルクスがほぼ似たような表現で国家とは何かについて言及している（『ドイツ・イデオロギー』）。

これらは国家という共同性のある本質的特徴を言い当てていることは確かである。しかし「想像」とか「幻想」とかいう用語が意識的に採用されていることによって、そこにはあらかじめ国家を、「個人が自らのアイデンティティを託するには値しないもの」「土着的・生活的根拠の薄弱なもの」とみなす思想的バイアスがかけられていることが推察できる。

もっともどの思想家もそんなに単純な把握で済ましているわけではないのだが、読者としてはどうしてもそのように受け取らざるを得ないところがある。ことに「幻想」という言葉は、本当は存在しないもの（つまり、目覚めさえすれば無くしてしまえるもの）というイメージを強く与える。

国家が「幻想（まぼろし）」の共同体であるなら、その否定としての「現実」の共同性、「現実」の社会関係、「現実」の人間態とは何なのであろうか。経済交流が行われる市民社会だろうか、村落のような小さな地域共同体だろうか。権力を独占している統治組織だろうか、それとも家族共同体だろうか、あるいはいっそ個人と個人との身体関係だろうか。

しかし少し考えてみればわかるように、その程度はさまざまであれ、およそ人間が作る共同性は、すべてある意味で「想像」によって成り立ち、「幻想」を媒介としたものであることを免れない。想像や幻想に対立するものとしての現実的な共同性などどこにも見当たらないことに気づくだろう。

たとえば、もっとも単純な共同関係として、見知らぬ相手どうしの一回的な経済行為（売り買い）によって、売り手と買い手との「共同性」が成立した場合を考えてみよう。ここには、互いに相手を知っていることから生まれる前もっての情緒的な後景は一切排除されている。するとその場合、共同性を成り立たせている「信頼と合意」は何によって媒介されているだろうか。

その答えはこうである。買い手が売り手に渡した貨幣がそれ自体は売り手にとって生活的価値（マルクスの言葉では使用価値）をもたないにもかかわらず、他の不特定多数の売り手をひきつけうるという共通了解が、売り手と買い手との間に存在していることである。したがってここには、ある貨幣という象徴的な存在に対する同一の「信」が宿っており、その「信」が共同性を形づくっている。だからこの経済行為も、一種の「幻想」がなければ成立しないのである。

つまりある共同体の想像性、幻想性を指摘しただけでは、その根拠薄弱さを解き明かしたことにはならない。どの共同性もそれぞれに固有の「幻想」がリアルな幻想として承認されるだけの根拠を有するのであって、国家においてもそれは同様である。国家もまた、他の共同性と同じように、しかしそれらとは違った仕方で、実存のありかたを深く規定する力を持つのである。

それでは、国家という「想像の共同体」は、何を根拠にしてその共同性を成り立たせているだろうか。

古くは、言語、宗教、人種、民族、生活意識、共通の慣習、居住地域、地勢などの自生的な同一性がこれを保証すると考えられていた。しかしすでに古代中国、古代メソポタミア諸国家、古代ローマの昔から、その統合された版図の域内には、さまざまな言語や宗教や人種、民族が入り乱れて存在していたことが知られている。さらにグローバル化の進んだ今日では、中小国家の内部でさえ、多数の言語、宗教、民族、人種が混在していることは、誰の目にも明らかである。

したがってこれらの要素を二つか三つ持ち出して、それをもって国家共同体の統一性の根拠とみなすことは到底できない。言語や人種や生活意識の同一性がもともと比較的高い日本などはむしろ例外なのである。

そこで、近代国民国家の統一性を、上に挙げたような諸要素によって説明することは諦めて、次のように考えるべきである。

**近代国民国家とは、人々がさまざまな形で共有する土着的・伝統的な同一性、同質性を基礎にしながら、それらを一つの統治構造によってまとめ上げていこうとする虚構であり、運動なのである。**

言語、宗教……などのさまざまな同一性、同質性は、この虚構と運動にとって、有力な素材あるいは道具となりうるが、何か一つの土着的・伝統的な同一性だけをもってしては、近代国家としての統一性を実現させることは極めて困難であるか、不可能である。

そもそも「国民国家（ネイション・ステート）」という言葉（概念）自体がそのすわりの悪さをあらわしている。国民（ネイション）という用語は、自然（ネイチュア）、土着（ネイティヴ）、民族などの用語との間に類縁関係をもつから、ただ国家と言わずに「国民」と付け足しておけば、そこになにがしかの自生的な歴史や伝統との連関がニュアンスとして呼び覚まされることになる。しかしこの言葉（「国民」）もまた、近代的な虚構性を含むことは疑いがない。

言い換えると、「国民国家」とは、具体的な歴史や伝統の共有を背負う人々が、その事実を根拠として、「他者たち」との差異関係を自覚することによって、暗黙の同意のもとに創出した「共同観念」なのである。そうしてこの共同観念が生きるのは、まさに「我々は同じ何国人である」という「心情」を保持することができる人々が現に一定の範囲で存在する限りにおいてであって、そのもっ**と奥底に何か決定的・論理的な根拠があるわけではない。**

しかし繰り返すが、だからといって、この観念がただの「幻想」とか「想像」の産物だ（したがってなくすことができる、なくすほうがよい）というように軽く見てはならない。よかれあしかれそういう共通の心情が存在すること自体が、一人一人の実存にとって重い意味をもつのである。**現に私たちの一人一人は、同国人としての歴史を共通確認しつつ、生き生きと生活を続けることにおいて、この虚構の運動に不断に参加している**からである。

国家のこの非明示的な側面を仮に「**心情としての国家**」と呼ぶことにすれば、「心情としての国家」こそが、具体的な国家機能としての法や政府や軍隊やその他さまざまな政治システム、社会システムの存在意義を支えているのである。これらの政治システム、社会システムを心情としての国家に対して「**機構としての国家**」と呼ぶことができるだろう。

西欧の契約国家観との関連で言えば、「社会契約」という虚構は、この「機構としての国家」の側面をうまく説明している。「契約」という概念はもともと神と人との永遠の約束というユダヤ＝キリスト教文化に淵源をもっているが、社会が近代化してゆく過程で、それが市民相互の契約による世俗的な権力の相互承認という水平的な観念に置き換えられたのである。

社会契約という概念は、はじめから超越的な世俗権力としての近代政治システムの正当性を担保するために作られた概念だから、それはそもそも歴史的な由来を説明するものではない。したがって、原始契約なるものなど人類史の起源に存在しなかったと言ってこの国家観を非難するのは的を外している。この場合も私たちは、政治的言動・活動・かかわりを通して現にいま、「社会契約」という虚構を不断に実現しているのである。

しかし社会契約という虚構が成り立ち、「機構としての国家」が文字どおり機構としてその役を果たすためには、「われわれは同じ何国人である」という心情的な同意がなければならない。即ち論理的には**「心情としての国家」**が**「機構としての国家」に先立つ**のでなければならない。この心情の同意が容易には成り立たない事実は、現在の国際社会でもしばしば経験されるところであって、そのときには国家権力は崩壊するのである。なお以上のように、心情と機構との二重性として国家をとらえる私の国家観は、佐伯啓思氏の『国家についての考察』(飛鳥新社)に多くを負っている。

## ◉国家は価値ではなく機能である

さてそれでは、公共体としての国家の人倫性とは何か、それは他の人倫との間でいかなる困難な関係に置かれるかという問いに踏み込むことにしよう。

いま述べたように、国家は、固有の歴史や伝統を基盤としながら、心情をぎりぎりのところまで共有しうる人々の参加による、虚構(幻想、ではなく)された共同性である。したがって、日常生活における親和感覚や実感や肌合いの共有に比べてその広がりの可能性は極めて大きく、その統合の水準は他の共同性に別して超越的であることを免れない。

しかしそれがたいへん超越的である(人々を束ねる範囲が広く大きく、時間的にも個体生命の限界をゆうに超えている)からといって、そのこと自体が、他の関係における人倫性と比べて優位に立つことを意味するわけではない。言い換えれば、多くの人々が考えるように、国家は他の人倫精神に対して何よりも優先させるべき「最高の人倫精神の実現」なのではない。

この共同性の本質は、歴史的に積み重ねられてきた言語や利益や宗教などの共有を根拠としつつ、しかしそれらの多様性を内部に含みながら、私的関係の分裂・対立を克服し、そのメンバーを束ねて意思統一を実現するところにある。したがって、**規模としてはいかに他を超越していても、価値や正しさの点で、必ずしも他の人倫性よりも優っているわけではない**のである。

ただ、その意思統一のための決断や行為は、すべてのメンバーの生命や福利に影響を及ぼす。私たちのそれぞれの実存は、ある国家のなかに生まれ育ったことによってあらかじめその存在性格を大きく規定されている。しかしその規定は、それぞれの実存にとって、あくまで**機能的な意味で重大な（重視すべき）意味を持つにすぎない。**

この機能的な意味で、というところに注意しておいてほしい。第一に、国家は個々の政府機関のような実体なのではなくある統合性をもつ力の作用（はたらき）である。したがって第二に、その作用（はたらき）が有効に機能するために、統合を維持するに足る象徴性を必要とする（たとえば皇室や憲法や国旗や国籍のような）。そうして第三に、メンバー全員の間に、その象徴性に対して、たとえ無意識的にではあれ、同意と承認を与える心のシステムが成立しているのでなくてはならない。

これらの性格は、それ自体が順を追って分析できる「過程」を示しているのだから、国家的共同性というものがもともと個々の生活者の生の充足にとって、「機能」としての意味を持つことをあらわしている。それは、何か無条件に身をゆだねるべき「至高の価値」として存在しているわけではない。国民のだれかれが、その祖国に命を捧げるほどの熱い感情を抱くことは自由であるが、同時にまた、国家が自分たちの生存を脅かすような作用を及ぼしてくるとき、その機能をそのまま受け入れなくても済むような対策を考えることも自由なのである。

私たちは自分の祖国をア・プリオリに愛するから国家の共同性を支えるのではない。ある国家のうちに生まれ育ったという宿命を背負い、またその地域で生活し続けるという現実を抱えているからこそ、その国家を支えたいという感情が育まれるのである。ただしそれには条件が必要である。**その国家が私たちの生を充足しうるだけの人倫性を示す限りにおいて、私たちはその人倫性に対するおのずからな同化感情を抱く**のである。

## ◉「愛国」は近代国家になじまない

ここで「**愛国心**」という、議論の多い用語について考察を加えておこう。

この用語ほど評価の別れる概念も珍しい。いっぽうの人々はこの概念のたしかな保持こそが国の結束をもたらし、それが私たち国民すべての安寧を保証すると説く。彼らにとっては愛国心の欠如は極端な場合にはそのまま道徳心の欠落、人間性の歪みをすら意味する。

他方の人々は、この概念のうちに、悲惨な戦争をもたらす危険な心理的原因を見出す。彼らによれば、これあるがために国家と国家とは不必要な摩擦と争い合いを引き起こし、その結果として多くの国民を「無意味な犠牲」へと駆り立てるのである。自国を愛することはそのまま他国に対して排他的な態度をとることである。愛国心を超克して、自国も他国も平等な価値をもつとみなすこと、それこそが平和への道を約束する。

このような対立的解釈は、おそらく二つの大戦を経験したどの先進国にも存在するだろうが、ことにわが国の戦後社会において著しい。この概念に対してそういう分裂した感情的な評価を抱くには、それなりの理由がある。

日本はかつてアジアで唯一欧米並みの近代国家を成立させた。日本は欧米列強の覇権競争をいち早く学んだ優等生だった。その学習過程があまりにも急速であったために、また人種的・文化的相違も絡んでいたために、内に国民感情の性急な昂揚を生み、外に欧米近代国家の警戒心を刺激することとなった。これがしたたかな国際社会に伍していくための外交力の未成熟（準備不足）を生み、結果的に国際的な孤立を招いてしまった。そのため欧米列強、ことに当時すでに世界の覇権を獲得しつつあったアメリカから完膚なきまでに叩かれた。

さてこれだけひどい敗北を味わって国家的アイデンティティをほとんど否定されると、一般国民の心理は、ぜひとも愛国心を再建しなくてはならないという切迫した感情と、そもそも愛国心を抱くこと自体が間違いの元なのだという自虐的な感情とに分裂してしまう。このコンプレックス（複合感情、両価感情）が戦後日本国民の大方の深層心理だった。そうしてその分裂を政治的な知識人言論やジャーナリズムのレベルでわかりやすく顕在化させたのが、いわゆる左右対立である。

　だが私の考えを端的に言うと、**個人が「愛国心」を抱くことの是非をめぐって議論するという言葉の構造、その問題の立て方そのものが、国家（この場合は近代国家）という共同性に向き合う態度として的を外しているのである。**国家（この場合は近代国家）というものは、もともと「愛する」という感情の対象として似つかわしくない。「愛された」近代国家は、その成り立ちを自ら顧みて、懸想された自分をかぎりなく照れ臭く思うに違いない。

　逆に個人が愛の反転としての「憎」を近代国家に差し向けて、それを滅ぼすことが理想に近づくことなのだと感じる場合もある。しかしそういう心情本位の思想は、一定の法的な完成度を具えた近代国家にとってあらかじめ織り込み済みの思想なのであり、いわば「釈迦の掌に乗った悟空」なのである。法治国家は、国内の社会秩序を乱す行動には断固として対峙するが、反国家思想を抱く自由を保障しているからである。

　こうして近代国家は、愛憎というような私たちの生活心情（エロス的心情）をはるかに超越した地平に打ち立てられた虚構なのであって、**それに対する愛憎は、それだけとしては意味をもたない一種の擬似感情にすぎない**のである。

　素朴な祖国愛とか、愛郷心といったものはもちろんあり得る。しかしその場合に言われている「祖国」とか「郷」というのは、生まれ育った地域の自然と地続きになった風土であり環境である。それはこうした心情を個人に抱かせるに足るだけの具体的なイメージをはじめから具えている。そうしてそのイメージが個人の身体のなかに記憶として鮮やかに生きているのである。パトリオットとか、社《しゃ》稷《しょく》といった概念が、この愛の対象としてふさわしいだろう。

たとえば戦場で命をかける場面において、多くの兵士たちがふるさとの山や川をわれから思い出し、それによって死に直面している自分の心境を彩ることがある。そのとき彼の内面は、自分のこれからの行動の意味を感性的な次元での共同観念によって満たそうとするのである。

だが残念ながら、これらの愛の対象としての共同観念は、近代国家の思想的骨格をなしているナショナリズムには、順接ではつながらない。それどころか、法的合理主義と政治的機能主義を統治のための看板に掲げる近代ナショナリズムは、民衆のパトリオット的心情やその象徴的な表現行動を裏切ることがあるし、事実、日本の近代史においてもしばしば裏切ってきた。神風連の乱、西南戦争、大本教弾圧、二・二六事件など。

またもちろん日本はとても生活しやすいから好きだとか、私は日本の伝統・文化・慣習を愛するといった言い方は大いに成り立つ。私自身もそういう感覚を持っている。しかしこの場合も、近代国家としての日本に対する「愛国心」という概念にそのまま接続するわけではない。というのも、「日本国」という虚構された運動の全体は、私たちの生活感覚からは格段に抽象度の高いレベルに置かれており、それは日ごろ国家のことなどまるで意識していない膨大な人々をもそのうちに包摂しているからである。

ある人が日本国民であることの要件は、本人がそのことを何らかの形で自覚しており、日本の法に服することを承認しており、かつ日本国籍を有するということだけであって、彼は日本人でありながら、日本の生活を忌避することもできるし、日本の伝統・文化・慣習を愛さないこともできる。つまり、いわゆる「愛国心」を持っていなくても彼はじゅうぶんに日本人なのである。逆に外国籍を持つ人であっても、日本の生活が好きであったり、日本の伝統・文化・慣習を愛する人はいくらでもいる。

私がここで何を言いたいのかというと、**自分の内面に聞いてみて、家族や恋人や友人やペットを愛するのと同じように、これほど複雑な政体と社会構成をもつ「国家（近代国家）」なる抽象態を本当に愛していると断言できる人などいないのではないか**ということである。

もちろん、普通の人に「あなたは愛国心を持っていますか」と聞けば、多くの人が「持っている」「まあ持っている」と答えるだろう。しかしそう答えるのは、問いの形式に拘束されている部分が大きい。問いの存在しないところでは、「この日本国」を愛するという感情を日常的・かつ自覚的に抱いている人は、残念ながらそう多くないはずだ。自分たちの明日の生活をどうするかや、いかに幸せな人生を送るかが大半の人たちの共通した関心事であり、経済がそこそこ豊かで安定している限り、国家そのものを意識する人がそもそも少ないからである。そこにさらに、戦後七〇年にわたる反日・反国家イデオロギーの注入が加わる。国外からの脅威が現実的なものとなり、しかもそれが一般国民の生活空間にじかな実感として伝わってこない限り、潜在的な「愛国心」は行動につながるものとしては顕在化しないだろう。

かつて国家への「恋闕《れんけつ》」の情に己れを託して行動した思想家や文学者がいたが、それは多分に主観的な自己充足の回路に終わる観念であった。またそれは、近代国家が自身を直接的な「愛（エロス）」

の対象として容易には受け入れがたい複雑で冷ややかな構造を持つからこそ、成就不可能な観念の恋として意味を持つという逆説の上に成立していたのである。近代国家はそうした情をまともに受け止めて吸収するだけの「心の用意」を具えていない。

## ◉「愛国」に代わって国家を強くするものは何か

しかしだからといって、国の成り行きを大切に思う精神とか、国のために力の限りを尽くす精神といったものが存在しないわけではない。それらが国家にとって、またその国家に実存を深く規定されている私たち一人一人にとって重要な意義をもたないと言っているのでもない。それらはぜひ必要なものである。ただ私は、**こうした精神を「愛国心」という粗雑で曖昧な感情用語で言い括らないほうがいい**と主張しているのである。これらの精神は、ただ感情のみによって基礎づけられるのではなく、**あくまで理性的な意志の参加を俟《ま》って初めてその国家的人倫としての要件が満たされる**べきものなのである。

先に、国家は心情を共有しうる人々の存在を基礎として、機能的かつ合理的な統合性によって成り立つと述べた。誤解を招かないために一言しておくと、この場合の「心情」という言葉は、いわゆる「愛国心」のことではない。いま述べたように、「愛国心」のようなものを、多くの人々は日常生活のなかでいつも意識的に保持しているわけではない（国際スポーツ大会のような衛生無害な場合を除く）。それは、国家が危機に直面した時、すなわちこのままではその国の住民自身の平時の生活が脅かされるという自覚が高まった時に初めて目覚めさせられ発動する。

　これに対して国家の仕組み（国体そのもの）を不断に支えるものとしての共通心情とは、私たちは同じ何国人であるから他国人よりもずっと深くわかり合えるという単なる「**了解の感覚**」である。これは格別の昂揚感情として示されるのではなく、日々の活動、交流、言語行為、経済行為、他国人との交渉などにおいて不断に、ごく普通に作用することによって、冷静なナショナリズムの基盤をなしているのである。

　国家の危機をより強く意識する人々の多く（わが国では保守派と呼ばれる）は、愛国心を持つことの大切さを強調し、教育によるその涵養《かんよう》の意義を訴える。極端な場合には、強制的な注入の必要を説く。この傾向には、大きく言って二つの要因が考えられる。

　一つは先にも述べたように、わが国の場合、手ひどい敗戦の結果として国家否定的な左翼イデオロギーが言論界、ジャーナリズム界を席巻したため、それへの対抗として国家意識の再建が強く叫ばれたこと。もう一つは、戦後、経済が繁栄し平和が維持されたために、国民の間に国家意識が薄れて私生活中心主義が支配するようになったこと。この二つの要因が、保守派をしてしきりに、愛国心の必要を説かしめているのである。

　だがじつは、愛国心を強要したり、その必要を法に謳おうとしたり、道徳教育をもって愛国心を注入しようとすることは、**近代国家をきちんと成り立たせることにとってほとんど無効であり、国家（近代国家）という共同性における人倫精神のはき違えなのである**。というのは、近代国家の精神は、個人個人の愛国感情によって支えられるよりも、はるかに大きく、そこに属する住民の福祉と安寧をいかに確保するかという機能的・合理的な目的意識によって支えられているからである。

このことは軍事・外交・安全保障にかかわる施策や行動においても例外ではない。もちろん実際の戦闘時の士気を維持することにとって参加メンバーの愛国心は大いに寄与しているように見える。しかし、それはよく個々のメンバーの行動心理に照らしてみれば、個人の愛国の情の力の集積というよりも、大きな目的を合理的に理解した上での、**各部署における職業倫理と責任意識**であり、同じ目的を追求していることから生じる**同朋感情であり仲間意識**なのである。**これらがうまく機能するとき、「強い・負けない」国家はおのずと現れる。**

## ◉生活の安寧を保証する理性的な工夫こそ必要

先に「職業」の項で、職業倫理をきちんと果たしている人は、政治家、マスコミ人、知識人、華々しい有名人などよりも、名もない市井の地道な職業人、たとえば鉄道員、郵便配達人、バスの運転手、大工や板前などの職人、看護師、自衛官、消防士、等々に多く、それは誰に対して何をどうするのかが具体的に限定されていて、役割のはっきりした職能であるからであろうという意味のことを書いた。

この事実は、いわゆる「愛国心」と称せられる感情や意志が強く現実の行動として現れているように思われるのが、多くの場合、高級官僚や統帥本部などよりも、前線で戦う兵士のような現場においてであるという現象に応用することができる。彼らは命令に従って死を賭して任務に従うが、それを

「愛国心」とか「報国心」とか名付けるのは、本人たちであるよりも、背後から観察し、感銘を受ける他者なのである。

兵士の内面はもっと複雑であり、そこでは、「生きたい」「愛する人の元に帰りたい」という思いと、目下の任務にあくまでも忠実たろうとする職業倫理との葛藤がすでに経験されている。しかし自分の置かれた現実状況をよく認識して職業倫理を貫かざるを得ないと観念した時、死を賭する覚悟が粛然と訪れてくるのである。それを単純に「愛国心」と呼ぶことはできない。

一般に国民生活における欲望や関心は極めて複雑多様である。その錯綜した状態をまとめ上げ、必要に応じて一つの結束をもたらすために必要なのは、ひとりひとりの心に愛国心を植え付けることであるよりも、**ある政治的な意志や行動が、自分たちの生活の安寧を保障することにとっていかに有意義かということをよく理解させること**である。それがよい統治なのである。

「愛国心」の必要を訴える感情的保守派は、しばしば身近な者たちや郷里への愛からそのまま地続きで、国家のようなより超越的なレベルの共同性への愛につながっていくことが可能であるかのような論理を用いる。しかし残念ながらこれは欺瞞的なお題目というほかない。というのも、じっさいにそうしたつながりを保障する具体的なステップがそろっているわけではないからである。小から大に至る経路が明らかにされていないかぎり、そうした主張は、単なる党派的な幻想による感情の強要に終わるほかないのである。

国家は心情を共有しうる人々の存在を基礎として、機能的かつ合理的な統合性によって成り立つ。

この機能的かつ合理的な統合性は、「愛国心」のような感情的なものに依存することによって保証されるのではない（それはしばしば実存や個体生命と矛盾するために道を誤らせることがある）。**身近な者たちへの愛が損なわれることのないような社会のかたちをいかに練り上げるかという理性的な「工夫」によって保証される**のである。その工夫のあり方のうちにこそ、国家の人倫性があらわれる。いささかレトリカルに言えば、国民が国家を愛することが要求されるのではなく、国民を愛しうる国家を存立させることが要求されるのである。

### ◉義に殉ずる美学は男性特有

以上、「愛国心」なる概念を前面に押し立てて、その是非を論じることとそのものの無効性について説いてきた。その連続線上で、次のような重要な問題を考えてみなくてはならない。

国家なるものが公共性をその人倫精神の根幹として持つ共同性であることには疑いを入れないが、そもそも、公共的な人倫精神は無条件で正しいと言えるのかどうか。先に予告したように、他の人倫性との間で解決不能な軋みを生じさせることはないのかどうか。

ある公共性（たとえばある方向に進みつつある国家のあり方）に「義」が具わっているかどうかという問題は、歴史の審判を待たなくてはならないので、結論を出すことがたいへん難しい。歴史の審判と呼ばれるものすら、何をもってその正当性を主張できるのかについて明確な基準があるわけではない。それはしばしば後世の力関係やイデオロギーによっていくらでも歪曲されるからである（例：東京裁判)。日本は「義」のない戦争をしたと左派によってしばしば指摘されてきたが、物事はそう簡単ではない。

ここでは、こうした歴史問題に踏み込むことはせずに、より一般的に「公的な義に殉ずることの是非」について論じたい。

結論から先に言うと、いわゆる武士道に代表されるような「義に殉ずる」精神は、美学的・文学的なテーマにはなりえても、それだけとしてはじゅうぶんな倫理学とはなり得ない。なぜならば、これはある厳しい条件下における個人の内面や特定の同志たちの間に湧き起こる精神の昂揚状態と、その昂揚状態の中で取るべき態度とを表わしているだけであって、日常の人倫を支える原理ではないからである。

この精神は、ふつう崇高なものとして称えられるが、先にカンボジアのPKOに参加した青年とその父の例で示唆しておいたように、それははじめから死や滅びや敗北を覚悟し、あらかじめその運命を受容したところに成り立つ美学である。それはもともと「何かに向かって命を捧げること」そのものを高潔な振る舞いとして称える態度なので、その「何か」がどんな質のものであるのか、命を捧げるに値するものであるのかどうかが不問に付され、隠されてしまう。「死を賭すほどの厳しさ」という条件が前提とされているから、その厳しい条件なるものが何であり、それをいかに克服することが適切な闘い方なのかという合理的な問いがしばしば封印されてしまうのである。

加えて、この抽象的な美学は、主として男性特有の美学であるという点に注意しよう。こうした態度は、「命も顧みずに困難に立ち向かう」「男らしい」「勇敢な」態度として無条件で賞賛されることが多い。しかし、先にニーチェが称揚する貴族道徳（男性道徳）について、和辻哲郎を援用しながら批判したように（第六章）、「死も辞さないほど勇敢であること」一般がそれ自体で徳としての価値を有するのではない。**その勇敢さが彼の属する共同性からの確実な信頼と承認を得ているという背景があって初めて徳としての価値を獲得するのである。**そうでなければ、勇敢さは、ただの蛮勇にも無謀にも若気の至りにもなりうる。

私はこれを書きながら、児島襄の『太平洋戦争』描くところの、旧日本帝国軍隊上層部の一部に見られた無謀・無思慮な作戦の継続とその無残な失敗（特にガダルカナル作戦やインパール作戦やサイパン島玉砕）を思い浮かべている。ここには、「あくまでもしぶとく生き残って敵を倒す」「無辜の一般国民を犠牲にしない」という目的合理的な見通しがまったく欠落している。そうしてこの合理的な見通しの欠落は、「潔く死ぬ」悲壮な美学と表裏一体なのである。これでは敗北が初めから約束されているようなものである。

平時には、この種の無残さはその露骨な姿を現すことは少ない。私たちは幸いにも、身近な者たちへの愛や自分の生命と、国家への忠誠などの公共精神とを、うまく使い分けていられるのである。そもそも一般の人々にとって、自分の身や身内を犠牲にしても公共精神を貫くべきであるというような鋭い局面に立たされることはそうそうあるものではない。それはそれで悪いことではない。しかし、使い分けていられることは、その根本的な矛盾が解決されていることをなんら意味しない。戦争のような切迫した事態になれば、この根本的な矛盾は、たちまちその裸形をさらすのである。

根本的な矛盾とは何か。ひとことで整理すれば、エロス的な絆と国家的な公共性との矛盾であり、吉本隆明の言葉を使えば、対幻想と共同幻想との逆立である。もっと下世話に、高倉健歌うところの「義理と人情を秤にかけりゃ」の問題であると言ってもいい。

### ◉女性を見誤る哲学者と正しく見抜いた本居宣長

私は、「公的な義に殉ずる」美学が男性特有だと書いた。この不動の意志と操は、一見男性の強さをあらわしているように思える。緊迫した闘いの局面においては確かにそのとおりである。しかし日常的な生においては、この強さは意外に脆く、女性のしなやかな勁《つよ》さにかなわないことが多いのである。よく例に出される嵐に対する大木と竹のようなものだ。

エロス的な絆と国家的な公共性との矛盾の問題を、女性の生き方と男性の生き方とになぞらえて表現したので、ここで、これまでの哲学や倫理学では正当な地位を与えられてこなかった女性の生き方に光を当ててみよう。

一般に女性は、身近な関係をいかに大切にするかに最大の価値を置いている。象徴的に言えば、彼女は、自分の身体を中心として半径数十メートルくらいのところに関心を集中させている。このことが人倫にとって持つ重要な意味を軽視してはならない。

良き慣習としての日常的な人倫を支えるものの中には、こうした常識的な女性の実存感覚が重要な要因として含まれるのである。たしかに女性の感覚の中には、「自分や自分の子どもや自分の好きな人だけが可愛い」という価値意識が大きな部分を占めているが、これを単に倫理と関係のない、あるいは倫理と対立する「エゴイズム」として切り捨てることはできない。なぜならば、この価値意識があればこそ、私たちの通常の健全な社会感覚もまたそれぞれに力を与えられるからである。

しかし多くの哲学者や思想家たちは、男性とは違った女性のこのメンタリティの独得の重要さを見抜くことができず（あるいはわかってはいても言語化することができず）、それを考察の埒外に置くか、そうでなければショーペンハウアーやニーチェのように、女性を知能の劣った近視眼の生物としてあからさまに軽蔑することになる。

けれども滑稽なことに、彼らは自分の人生のなかでは、何度か特定の女性に夢中になり、彼女たちの愛の手向けを受けたかと思えば、時には手痛い目に遭っている。そうした惑溺や傷心の経験は、じつは彼らの哲学の生成にとって深い意味をもっていたはずである。しかしそれらの意味をどう総括すれば、彼らが下したような、「女性」なる存在一般への客観的な（哲学的な）低評価と結びつくのか、私にはよくわからない。女性は男性にとって手を焼く怖い存在でもあり、同時に限りなく可愛い存在でもあるので、自然物や人工物のように突き放した評価の画定を許さないところがあるからだ。

そもそも哲学的な思考様式というものが男性特有の観念的なあり方を象徴しているので、例外はあるものの、女哲学者というのはほとんどいない。この観念的なあり方をそのまま日常生活に持ち込めば通用しないのは明らかであって、食卓でカントを話題にしても女房に嫌がられるだけだし、プラトンを使って女を口説こうとしてもふられるだけだろう。男性の観念的なあり方は、ほとんどいつも女性に足をすくわれるのである。

それは哲学的な思考様式が、抽象的な概念の駆使によって、ある事柄の不動の「真理」（真実ではない）を究めようとするからである。この思考様式を持続させるためには、ふだん漬かっている日常世界からいったん離れて、身を神の立場、公共性の立場に仮想的に置かなくてはならない。そのことによって問題とされる事柄（この場合は女性なるもの）は、客観的な「対象」として固定化される。だがその代わりに、自分自身が巻き込まれていたところの異性関係という独特なモードそれ自体、あるいは女性に向き合う男性の関係意識それ自体は、視野からこぼれ落ちるのである。哲学男性は惚れている女性への自分の気持ちを、「客観的に対象化」できないのだ。そこに哲学者が女性をとらえようとする試みの原理的な限界があらわれている。

わが国では、不動の真理を探究する壮大な哲学体系は生まれなかった。しかしその代わりに、伝統的に、私生活や恋愛の定めなき流れを叙する女性文学が栄えた。また本居宣長が説いたように、不動心などというものはあり得ず、時に感じてうれし哀しと揺れ動くさまこそが心の真のあり方であるといった「こころ」観が、普通に親しいものとして受け継がれてきた。一口に言えば、たおやめぶり、優男ぶりであるが、これらは「哲学」という形を取らないものの、人間の生の、特に日常性における本質的な一面を活写しえていることは確かである。そうしてこの一面は、明らかに女性のメンタリティに重なり合う。日本文化はもともと女性的であると言えるだろう。

宣長は、その秀逸な文学論（歌論）『排蘆小舟《あしわけおぶね》』のなかで、歌は哀れ深き情の切ないさまをありのままに表したもので、善悪正邪の道を教えるものではないと繰り返し説いた後に、次のようなことを述べている。

人情というものは女子どもの専売特許のように見えるけれども、女子どもは心を制する意志がつたないので、その本心が出てしまうだけであって、別に男に人情が欠けているわけではない。ただ男は外聞をおもんばかって心を制し、形を繕おうとするために本当の心を隠さざるを得ないのだ……。

少し原文を引こう。

《国のため君のために、いさぎよく死するは、男らしくきつとして、誰もみなねがひうらやむこと也。又親を思ひ妻子をかなしみ、哀をもよほすは、つたなくひけふにて、女児のわざなれど、又これを一向なにとも思はぬものは、木石禽獣《きんじゅう》にはをとるべし。死する今はのときにたれかかなしからざらん。あくまで心にあはれはいだけども、これを色にあらはさず、死後の名を思ひ、君のため家のために、大切なる命をばすて侍る也。

（中略）

（引用者注――慈しんでいた子どもが死んだ時に）母は本情を制しあへず、ありのまゝにあらはし侍る也。父はさすがに人目をはばかり、みれんにや人の思ふらんと、心を制しおさへて、一滴の泪をおとさず、むねにあまるかなしさも、面にあらはさずして、いさぎよく思ひあきらめたるてい也。これをみるに、母のありさまは、とりみだしげにもしどけなく、あられぬさま也。されどもこれが情のありのまゝなる所也。父のさまは誠に男らしくきつとして、さすがにとりみださぬところはいみじけれど、本情にはあらざる也。

（中略）

されば人の情のありていは、すべてはかなくしどけなくをろかなるもの也としるべし。》

宣長の筆は、明らかに「これを一向なにとも思はぬものは、木石禽獣《きんじゅう》にはをとるべし」や「されどもこれが情のありのまゝなる所也」を強調する所に軸足を置いている。

こうして宣長は、歌はその心の奥深くにある人情をこそ表すものだというかたちで、徹底的な文学肯定論を張るのだが、これをそのまま受け取る限りでは、文学の道と倫理道徳の道とはもともとまったく本質を異にするものだという論理が導かれるかもしれない。だが私はここで、宣長の本意を少し変奏して、女性性が「はかなくしどけなくをろか」に表す人情のさまそのもののうちから、男性的な倫理とは異なる倫理的な意義を掬い取ってみたいと思う。

## ◉女性のバランス保持と男性のバランス喪失

父性と母性について述べたことを蒸し返すが、平均的な女性性が持つ倫理的な意義を掬い取るために、次のように端的に女性性と男性性とを比較しておこう。

すなわち、平均的な女性は一般に、日常性に対する細やかな配慮を持つが、反対に公共性に関心がない。彼女は具体的なエロスの対象（恋人、夫、子どもなど）とのかかわりに心を注ぐが、反対に、それ以外の一般的・社会的関係の動きにはあまり興味を示さない。したがってたとえば著名人の私生活的な動静には耳をそばだてるが、それらの人々が公的にどんな言動をしていてそれが社会のなかでどんな評価に値するのかについては、さほど研究熱心ではない。

彼女たちの多くは、チェーホフの『可愛い女』に描かれたように、恋しく思う相手であればその人の仕事のすべてを肯定的にとらえる傾向を持つが、その裏返しとして、相手のことをいけ好かないといったん思ったら、その人がどんなに優れた仕事をしていようが、公平な評価などまったくしない。しかしでは、惚れた男性の仕事ぶりや人格の核心部分について誤解した判断をするのかといえば、けっしてそうではなく、彼女たちは直感によってそれを鋭くつかむのである。

これは、彼女たちが、人間社会を扱うのに最も抽象度の高いターミノロジーを武器とする「哲学」や、多様な人々の欲望や意志をいかによくまとめるあげるかを目的とする「政治」に強い関心を持たない事実と通底している。

ところで男性の場合はこの逆である。彼は一般社会の動きや政治に強い関心を示すが、反対に、観念談義に傾倒するあまり、日常性やエロス的な関係への配慮を忘れがちである。あなたは、男女がまじりあって宴を張っている折に、男が酔っ払って床屋政談にうつつを抜かしている一方で、女がその話題には入らずに、新しい化粧品の話や知人のうわさ話や子どもの教育の話に興じている光景にしばしば接しないだろうか。そうして帰りの時間や明日の予定を気にして元をきちっと締めるのはたいてい女性ではないだろうか。

これらの一見他愛もない差異は、公共性の倫理、すなわち「義」を問題にするとき、明瞭な、そしてきわめて重要な価値観の違いとして現れてくる。

男性は一般に女性を公共精神や公共的理性が不足した存在としてとらえ、その点だけを拡大解釈して人格的により劣った存在とみなしがちである。最近見られる過度なほどの女性尊重の風潮や女性の力の活用の動きなどは、一見すると、この男性の女性観が時代に応じて変化した結果であるかのようにみえるが、じつはこれは同じことの裏返しなのである。自分にとって重要な存在ではあるが、そのうまく理解できない部分に対しては棚上げするにしくはなしという心理の表れなのだ。男性の女性を見る目が根底から覆ったわけではない。

多くの男性の本音あるいは潜在的な意識としては、公共的理性、義を尊重する精神において女性は男性よりも劣っている、あるいはあまり関心がないと感じている。このこと（公共的理性や義を尊重する精神において女性が男性よりも劣っている、あるいはあまりそれらに関心がないこと）自体は、かなり普遍妥当的な事実である。

しかしこの事実は、単に人生のどの領分に価値を置くかという点での両性の違いをあらわしているだけであって、別に全人格において女性が男性よりも劣っているわけではない。男性はとかく公共精神や義に殉ずる精神、武士道、大和魂などを最高の人倫性とみなす傾向が強いが、ここに自分をアイデンティファイしすぎてしまうと、他の人倫性もまた負けず劣らず意味を持っているということが見えなくなる。

そこで多くの男性は、ただ私情を捨てて国家社会のために尽くすことを最優先に立て、そこに伴う犠牲をやむを得ないこととして受け入れる。しかし当然それは取り返しのつかない哀しみをともなうので、その感情の収拾のつかなさを、美学によって鎮撫せざるを得なくなるのである。いったん美学的な構造が心理的な破れを補綴《ほてい》するものとして成立すると、今度はそれをそれ自体として肯定する傾向が根付いてゆく。

わが国の一部に特攻隊精神を称揚する向きなどがあるが、すでに述べたとおり、これははじめから死や滅びや散華などの非合理的な美学を織り込んだところに成り立つ人倫精神であって、したがってそれ自体としては、「勝つ」ことにとって役立たないし、女子どもを守ることにも役立たない。**誰か、女性で特攻隊精神を心から応援している人を見たことがあるだろうか。「どうか私のために立派に死んできてちょうだい」などと本心から言う女性がいるだろうか。**

もちろん、女子どもや同志を守るために男は命をかけて闘わなくてはならないことがあるし、戦闘の現場からけっして逃げない態度はぜひ必要である。これらの共有こそが士気を盛り上げるのだし、戦いの勝利にも貢献する。また、死へと運命づけられた者の最後の言葉が文学として人々の心を強く打つことも事実である。歴史の中にこれらの言葉が残っていくことの意味を私はけっして否定しない。

しかし「国家」という超越的・抽象的な観念に過度に自分を憑依させてしまうと、何のための闘いであったかが忘れられがちになり、いったん敗北局面に迷い込んだときに、合理的な戦略思考を欠いた無謀な作戦に頼らざるを得なくなる。加えて過度の憑依の感情がそれに肯定的な意味づけをさせることを強いる。そのために死の美学、滅びの美学が駆り出される。特攻隊作戦は、作戦としては、こうした本末転倒の典型である。そうしてこの過度の憑依の感情は、男性特有のバランス喪失（一種のホモセクシャルな酔い）に根差している。

### ◉女の義――『伽羅先代萩《めいぼくせんだいはぎ》』

「義に殉ずる精神」をテーマにした作品で、女性が主人公のものがないわけではない。

たとえば伊達騒動に材を取った歌舞伎『伽羅先代萩』の「御殿の場」では、若殿・鶴千代の乳母・政岡が、その子・千松にかねてより鶴千代の毒見役を果たすように教え込んでおく。千松は政敵より送られた毒入り菓子を、鶴千代が手を付ける前に手づかみで食べる。苦しむ千松を見て陰謀の発覚を恐れた政敵一味の八汐が千松を殺害するのを政岡はじっと耐えながら静観する。一味が去ったのちに、政岡は、千松の遺骸を抱きしめて激しく嗚咽しながら、「でかしゃった、でかしゃった」と、息子の「義」をほめたたえるのである。この作品の最大の見せ場とされている。

しかし、この場面で観客はどこにどのように共感しているのだろうか。政岡母子が立派に君主への「義」を貫いたことそのものに対して拍手を送っているのだろうか。そうではあるまい。愛するわが子を「義」のために犠牲として差し出さざるを得なかった、その母親の引き裂かれた悲痛な思いそのものに感動しているのである。殺されるわが子の姿を目の前にしながらその場では懸命に平静を装い、乳母としての職務をまっとうできたと知るや一転して母の真情を直接に表出する――観客は、政岡のこの際立った感情表現の落差のうちに、この世の習い（武家社会の掟）が強いてくる理不尽を一身に背負わざるを得なかったひとりの女の悲劇を見出して泣くのである。**けっして「義」そのものが肯定されているわけではない。**

つまりここに提出されているのは、公共性と肉親の情愛という二つの人倫性の根本的な矛盾をひとつの身体が背負った時、その身体はどうすればよいのかという問題なのである。特にこの場合には幼子を思う母心という女性性が中核の主題とされているだけに、問題の思想的な意味は鮮明にあぶりだされている。こういう問題の提出のされ方は、はじめからエロスが排除された男性集団である軍隊などの内部で「義」のあるなしを探究している限り、けっして浮かび上がることがない。そこでは公共精神を貫く（お国のために命を捧げる）ということだけが最高の人倫性とされてしまうからである。

**◉女の本音1——「君死にたまふことなかれ」**

日露戦争に出陣してゆく弟の生還を願って謳われた与謝野晶子の、有名な「君死にたまふことなかれ」も、やはり同じ問題をストレートかつ大胆に提出している。ここにその全章を引用しよう。

君死にたまふことなかれ
　旅順口包圍軍の中に在る弟を歎きて

あゝをとうとよ、君を泣く、
君死にたまふことなかれ、
末に生れし君なれば
親のなさけはまさりしも、
親は刃《やいば》をにぎらせて
人を殺せとをしへしや、
人を殺して死ねよとて
二十四までをそだてしや。

堺《さかひ》の街のあきびとの
舊《きう》家《か》をほこるあるじにて
親の名を繼ぐ君なれば、
君死にたまふことなかれ、
旅順の城はほろぶとも、
ほろびずとても、何事ぞ、
君は知らじな、あきびとの
家のおきてに無かりけり。

君死にたまふことなかれ、
すめらみことは、戰ひに
おほみづからは出でまさね、
かたみに人の血を流し、
獸《けもの》の道に死ねよとは、
死ぬるを人のほまれとは、
大みこゝろの深ければ
もとよりいかで思《おぼ》されむ。

あゝをとうとよ、戰ひに
君死にたまふことなかれ、
すぎにし秋を父ぎみに
おくれたまへる母ぎみは、
なげきの中に、いたましく
わが子を召され、家を守《も》り、
安《やす》しと聞ける大御代も

母のしら髪はまさりぬる。
暖簾《のれん》のかげに伏して泣く
あえかにわかき新妻《にひづま》を、
君わするるや、思へるや、
十月《とつき》も添はでわかれたる
少女ごころを思ひみよ、
この世ひとりの君ならで
あゝまた誰をたのむべき、
君死にたまふことなかれ。

さてこの詩は、戦後、左翼イデオロギーの枠に取り込まれて、反戦思想詩という「名誉ある」地位を獲得することになり、教科書にも必ず取り入れられて今日に至っている。そういう扱いに対して、男性保守派の多くは、その左翼的な読みそのものにからめとられて反発し、あるいは文字通り公共精神を欠いた「女々しい泣き言、恨み言」として軽蔑しようとする。

しかしこの詩は素直に読めば、別に反戦思想や平和思想を一般的に歌い上げているものではないことは一目瞭然である。また国運の行き先に最も威力を示す「すめらみこと」に対して「女々しい」泣き落としをかけようとしているのでもない。

この詩を読み解くポイントはいくつかある。

まず、可愛い末っ子に対する両親の切ない親心を代弁していること。

次に、夫を失った老母の心細い心境に触れていること。

次に、「とつき」も添えずに別離してしまった新妻の心境の辛さを思いやっていること。以上は、普通の人の人生にとって、身近で親しいエロス的な関係がいかに重い意味を持っているかを切実な調子で解き明かしたものである。これは公的な大義名分が人の実存や運命を変えようとするときに、どんな人々の間にも沸き起こってくる、しかしあからさまには口に出せない抵抗の感情である。特に子を産み育てる性である女性にとっては、当然の感情であると言ってよいだろう。

さらに重要なのは、商家に生まれ、その跡継ぎを担わなくてはいけない長子にとって、人を殺すような行為は、その「あきびと」として生きてゆくのに必要な規範からは無縁であると指摘している点である。これは、公共的な人倫の命令するところが、特定の職能や職業倫理とは合致しないことを端的に語っている。

突き詰めていえばこれは、戦争処理は政治の専門家（政治家、外交家）や戦争の専門家（軍人、兵士）に任せておくべきではないかと言っているに等しい。たしかに「獣の道に死ねよとは」といった言葉遣いに、男たちの殺し合いに対する女性特有の忌避感覚は出ているが、しかし別に戦争そのものを頭から否定しているわけではない。だからいささか唐突な類推だが、これは、ホッブズがその理論的基礎を敷いた、市民相互の武装解除によって成り立つ契約国家観によくかなうものであるとも言える。いかにも自由商業都市・堺の菓子問屋の娘にふさわしい感性である。

晶子は、天皇陛下はよもやご自分が陣頭指揮もせずに他の人をむざむざ死地に追いやるようなことはしないでしょうねと、辛辣な調子で訴えているが、これは最高指揮官たる者のノブレス・オブリージュを喚起していて、古代の勇猛な天皇一族のことを考えれば、当然の指摘である。しかもこの詩が詠まれた当時の天皇（明治天皇）は、まさか前線にのこのこ出ていきはしないものの（そんなことをするのは指揮官として失格である）、勇猛果敢な英雄精神の持ち主だった。立憲君主としての拘束さえなければ、率先して剣を抜いて陣頭に立ったかもしれない。率直な抒情の表出を好む晶子がもしそれを見たら、「すめらみこと」の男らしさを褒め称える詩や短歌のひとつも書いたのではないかと思う。

最後に、「死ぬるを人のほまれとは、／大みこゝろの深ければ／もとよりいかで思（おぼ）されむ。」という部分に注意しよう。これこそは、死ぬこと、滅びることそれ自体を「ほまれ」として肯定するような特攻隊的美学精神の否定である。勝って帰らなくて何のための戦争だろうか。

じっさい、晶子がここで「すめらみこと」に託しているように、「大みこゝろ」は、伝統的に民の平安な生活を祈ることを本質としているので、ぎりぎりの必要悪としてしか犠牲死を認めない。昭和天皇は、二・二六の青年将校のような血気にはやった秩序攪乱の試みを非常に嫌ったし、先の大戦で国民が次々に死んでゆく事態に心を痛め続けた末に、ついにたまりかねて終戦の「ご聖断」を下したのだった。

こうして、「君死にたまふことなかれ」一篇は、**エロスの関係を最も大切と考える心の表現であり、女性が持つ人倫精神の典型なのである。**これを「公共心を理解しない女々しさ」などと軽蔑し去って平然としている男性がいるとしたら、その人は、人間が人倫精神の深刻な分裂をはじめから内在させた動物だという事実に対する想像力を欠落させているのである。

**◉女の本音2――『少年時代』**

もうひとつ例を挙げておこう。

山田太一脚本、篠田正浩監督の『少年時代』という映画がある。井上陽水の主題歌で有名になった。時は大東亜戦争末期、メインテーマは東京からの疎開児童と田舎の少年との交友関係だが、その主題とは別に、ある少年（ふとし）の姉と青年との恋愛のエピソードが出てくる。

男たちはみな戦争にとられてゆくが、その運命を自覚している二人はひそかに逢瀬を重ねている。そういうことはこの緊急時に許されないという空気が大人たちの間を支配している。やがて青年にも赤紙が来て、応召しなくてはならない。プラットホームで日の丸と軍歌で見送りする村人たち。汽車のデッキで、複雑な表情を浮かべて直立して敬礼する青年。そこに突然、「行っちゃいやだあ！」と叫びながら「ふとし」の姉が飛び出して、青年に縋《すが》ろうとする。青年は困惑するが、周りの人たちは姉娘を青年から引き離す。ヒステリー状態に陥った姉娘は、戸板に載せられて家まで送り返される。父親が激しく彼女を叱責して押さえこむが、彼女のヒステリー状態は治まらない。

姉娘の弟・ふとしはあまり頭はよくないが、父親がヒステリーを起こした姉娘を押さえこむ光景をじっと見ていて、そこに込められた、どうしようもなく引き裂かれた事態をよく理解している。ほどなくして終戦となり、姉娘が狂喜の声を上げながら弟に近寄り、「帰ってくるだよ、セイジさんが帰ってくるだよ！」と告げる。ふとし君は思わずにっこり笑って「姉ちゃん、よかったな！」と応ずる。その大写しされた笑顔がじつに可愛らしく美しい。

この「よかったな！」という気持ちは、じつは父親にしても同じなのである。戦時下という状況の中で、以前から父親は、この娘の恋愛に対して家長として禁圧的な態度をとっている。しかし、この父親がただ一方的に共同体の要請を履行しているだけなのかと言えば、必ずしもそうではない。宣長の言うとおり、「父のさまは誠に男らしくきつとして、さすがにとりみださぬところはいみじけれど、本情にはあらざる也」なのであって、父親には父親なりの葛藤があるのだと思う。戦争が終わったのちに、この姉娘と青年がめでたく結婚すれば、父親もまた心から祝福するに違いない。

### ◉男性的人倫と女性的人倫の葛藤

人々の実存に侵入し、そこに亀裂を入れる理不尽な物事に対して、私たちは、とりあえずはそれを受け入れるほかない。たとえそれが死ぬ運命に確実に導かれるのだとしても。しかし、その事態を、ただ受容して美談や美学という精神衛生学に昇華してすましてはならない。なぜなら、小林秀雄が『歴史と文学』その他で力説しているように、哀しみはずっと私たちの中に処理不能な感情として残り続け、この哀しみこそが、国家や社会や歴史へのまなざしの在り方を不可避的に培っていくからである。それが生活者の抵抗のあり方なのである。

近年日本のいわゆる「保守派」の一部は、永らく左翼リベラル派のイデオロギー風潮の「圧政」下にあったために、ややもすれば、国家の要求が、場合によってはいかに人々の実存と生活を引き裂くことがあり得るかという困難な問題を忘れがちで、観念的に考えられた公共的な倫理をひたすら至上のものとみなすことが多い。

しかし、これは左右イデオロギーのどちらが正しいかという水平的な思想選択の問題ではなく、もともと国家と実存、社会的共同性とエロス的共同性との根源的な矛盾の問題なのである。この矛盾は、単に特定の社会生活の現象面においてあらわれるのではなく、まともな理性と感情を具えたひとりの社会的人格のなかにすでに深く埋め込まれている。そうしてそれは多くの場合、**男性的人倫精神と女性的人倫精神との葛藤として象徴的に顕現する**のである。

「実存」とは、言い換えれば、身近な関係のみをよりどころとしつつ、普通に、平穏に暮らしている人々の生活実態のことである。では、そうした平穏さを引き裂き、戦争を引き起こす「国家」なるものこそ悪である、と左翼リベラリストのように言えばよいのか。残念ながら、ことはそう単純ではない。

なぜなら、平穏な秩序の下で暮らしている私たちはふだんあまり意識していないが、そのような平穏さを保証してくれるものもまた、「国家」だからである。**国家の存在イコール悪と考える思想は、**

私たちの日常生活を保証する秩序の維持が、国家という最高統治形態によってこそなされているのだという事実を忘れているのである。国家がまともに機能しなくなった時、私たちの生活がどれほど脅かされるか、それはそうなってみなくてはなかなか実感できないかもしれない。しかし実感はできなくても想像は出来る。たとえば、現在の中東や北アフリカの一部は、国家秩序が実質的に解体状態にあり、三つ巴、四つ巴の紛争が続いていたり人身売買が平然と行われているが、この地域で暮らす人々の実態を考えてみればよいだろう。

### ◉エロスを守る武士道──『切腹』

女性の生き方に「愛」のエゴイズムのみを見て、そこに人倫精神を認めようとしない男性には、想像力の欠落があると述べたが、この男性にありがちな欠点を克服し、身近な女子どもの生に命をかけて寄り添おうとした男を描いた作品ももちろんある。

たとえば、橋本忍脚本・小林正樹監督・仲代達也主演の映画『切腹』がそれである。

関ヶ原の合戦からほどなくして徳川家は口実を設けて外様大名のいくつかを取り潰す。「天下泰平」の世に武士は要らない。江戸には職を失って食い詰めた浪人たちがあふれ、なかには有力な家の門前や庭先を借りて切腹すると称して、仕官させてもらったり、金銭を当て込んだりする連中が頻出するようになる。

主人公・津雲半四郎（中代達也）も取り潰しにあった大名家の家臣の一人だが、清廉な浪人暮らしをしている。彼は主君の後を追って自害した同僚から息子・求女《もとめ》の行く末を託されている。時が経って一人娘・美保と求女は祝言を挙げ、一粒種の金吾が生まれる。しかし幸せな日々は長く続かず、美保は過労のため労咳（結核）で倒れ、金吾は高熱を出して瀕死の状態に陥る。医者に診せる金もない求女はついに思い余って井伊家上屋敷に切腹を申し出るが、かねて浪人のたかりを苦々しく思っていた家老・斎藤勘解由《かげゆ》（三国連太郎）は剣豪の家臣の進言を入れて、申し出どおり切腹の場をしつらえる。思惑が外れた求女は、一両日待ってくれれば逃げも隠れもせず必ず戻ってくると切に訴えるが、まったく聞き入れてもらえず、竹光で凄惨な最期を遂げる。

金吾も美保も失った半四郎は、数カ月後井伊家を訪れ、自分も切腹を申し出て介添え人を指定し、それを待つ間に事の仔細を静かに語りだす。その目的は、武士の体裁のみを重んじて民の生活の苦しさなど一顧だにしない武家社会の理不尽を暴くことにあった。

この映画は、決闘シーンと殺陣シーンとが見事ではあるが、それ以上に、半四郎と勘解由との丁々発止の議論対決が見どころであり、思想的にも重要な意味を持っている。

勘解由は武家の秩序を守る重職という立場上、浪人のたかりをみだりに許すわけにはいかない。求女に申し出どおり切腹をさせたのにはそれなりに筋が通っている。自ら申し出たのではないかというのが彼の最後の言い分だが、公義に照らす限り、彼のとった処置とその言い分は正しいのである。そこでは公共性の人倫は貫かれている。半四郎の言葉による鋭い攻撃に対する勘解由の迎撃を、単に弱者に対する権力者の弾圧と考えてはならない。最後に近い場面、半四郎と家臣たちとの殺陣が行われている最中に、その激しさとは対照的にひとり部屋にこもって黙然と悩み内省し続ける場面も描かれている。

これに対して半四郎は、あくまで生活者の人倫性、もっと言えばエロス関係の人倫性に固執する。求女が一両日待ってほしいと必死で訴えた時に、なぜせめてその理由を聞いてやろうとしなかったのかというのが、彼の最後の言い分である。権力の理不尽に対する彼の怒りは極限まで凝縮して、面子を優先させる武家社会の掟の全否定にまで達するが、彼はけっして武士道を捨てたわけではない。むしろ武士道の堕落を糾弾し、そうしてそのあるべき具体的な使い道を身をもって示すのである。その使い道とは、女子どもを命をかけて守るということである。いわゆる武士道が特攻隊的な散華の美学に酔いがちなのに対して、半四郎の武士道は、個別の男女や家族によって生み出される日常生活の幸せのためという人生肯定的で明確な理念に貫かれている。

山本定朝の『葉隠』の「武士道といふは死ぬことと見付けたり」という言葉はあまりにも有名だが、この言葉は多分に独り歩きしているきらいがある。定朝は一方で、日常生活における関係への配慮をこと細かく説いてもいるのだ。その配慮の積み重ねの果てに「死」がある。半四郎の武士道は、それにかなうものだと言えよう。

こうして、ここにも**公共性とエロス関係との、原理を異にする二つの人倫性のせめぎあい**が描き出されているのである。

## ◉『永遠の0』の宮部久蔵というキャラ

さてここまでくれば、近年の大ヒット作、百田尚樹作『永遠のゼロ』（講談社文庫　二〇〇六年）および山崎貴監督の、同名の映画作品（二〇一三年）に触れないわけにはいかないだろう。

周知のように、両作品は、大東亜戦争期と二〇〇〇年代初期との六十年以上を隔てた二つの時期を往復する枠組みのもとに作られている。司法試験に何度も落ちて働く気もなく浪人している弟が、ライターの姉から依頼を受けて、特攻隊で死んだ実の祖父（義理の祖父は別にいる）のことを二人で調べ始める。いまや八十代前後になった生き残り兵士たちを苦労して探し当てて話を聞くうち、実の祖父の意外な側面がしだいに明らかになってゆく。ゼロ戦搭乗員の祖父・宮部久蔵は、必ず生きて妻子のもとに帰ることを信条としていたにもかかわらず、なぜ特攻隊に志願したのか。この謎を中心にドラマは進行し、最後近くになって劇的な展開を見せる。その劇的な展開の部分を略述すると次のようになる。

義理の祖父・大石はじつは教官時代の宮部の生徒であり、宮部を深く尊敬している。ふだんは極度に用心深い宮部が、訓練指導中に珍しく油断して米軍戦闘機の攻撃にさらされた時、大石は機銃の装備もないままに体当たりで宮部を救う。この深い縁で結ばれた二人は、もはや敗戦間近の時期、偶然にも同じ日に鹿屋《かのや》基地から特攻隊員として飛び立つことになる。出発間際に宮部は飛行機を代ってくれと大石に申し出る。宮部は、自分の機のエンジン不調に気づき、大石が万に一つも助かることを期待してこの申し出をしたのである。というのも、エンジンが順調ならその搭乗員は１００％死ぬが、不調で飛行不能となれば不時着することが可能となるからである。こうして大石は救われ、宮部はただ一機、激しい迎撃をくぐり抜けて敵空母に激突する。大石の機には、もし君が運良く生き残り、自分の家族が路頭に迷って苦しんでいるのを見つけたら助けてほしいという宮部のメモが残されていた。大石は四年後ようやくバラック住まいで困窮している宮部の妻子を見つける。その後、何年も彼らのもとに通って援助し続けるうち、やがて親愛の情が深まり、大石と妻・松乃とは結婚する。しかし、あれほど生き残ることを強く主張していた宮部が、なぜ特攻に志願したのか、すべてのいきさつを語ってきた当の大石さえその理由をうまく表現できない。

私はこの二作（原作と映画）を、エンターテインメントとしての面白さもさることながら、重い倫理的・思想的課題を強く喚起する画期的な作品だと思う。その画期性のうち最も重要なものは、戦後から戦前・戦中の歴史を見る時の視線を大きく変えたことである。この場合、戦後の視線というのは、単に戦前・戦中をひたすら軍国主義が支配した悪の時代と見る左翼的な平和主義イデオロギーを意味するだけではない。その左翼イデオロギーの偏向を批判するために、日本の行った戦争のうちにことさら肯定的な部分を探し当てたり、失敗を認めまいとしたりする一部保守派の傾向をも意味している。言い換えると、この両作品は、戦後における二つの対立する戦争史観の矛盾を克服しているのだ。なぜそう言えるのかは後述する。

ともあれ、その克服に成功しているという印象を与えるのに最も大きく寄与しているのが、主人公・宮部のキャラクター造型である。

原作では、宮部久蔵のキャラクターは概略次のように造型されている。
①海軍の一飛曹（下士官）。のちに少尉に昇進。これは飛行機乗りとして叩き上げられたことを意味する。
②すらりとした青年で、部下にも「ですます」調の丁寧な言葉を使い、優しく、面倒見がよい。少年時代、棋士をめざそうかと思ったほど囲碁が強い。
③パイロットとしての腕は抜群だが、仲間内では「臆病者」とうわさされている。その理由は、機体の整備点検状態に異常なほど過敏に神経を使うこと、飛行中絶えず後ろを気遣うこと、帰ってきた時に、機体にほとんど傷跡が見られないので、本当に闘ったのか疑問の余地があること、など。
④「絶対に生き残らなくてはだめだ」とふだんから平気で口にしており、戦陣訓の「生きて虜囚の辱めを受けず」とは正反対の思想の持ち主である。ガダルカナル戦の無謀な作戦が上官から指示された時には、こんな作戦は無理だと思わず異議を唱えたため、こっぴどく殴られる。
⑤奥さんと生れたばかりの子どもの写真をいつも携行しており、一部の「猛者」連中からは軟弱者として軽蔑と失笑を買っている。しかしいっぽう彼は、ラバウルの森に深夜ひとりで入り込み、重い銃火器を持ち上げたり枝から逆さにぶら下がったりして、超人的な肉体鍛錬に励んでいる。部下の井崎が歩み寄って鍛錬の辛さを問うと、彼に家族の写真を見せて、「辛い、もう辞めよう、そう思った時、これを見るのです。これを見ると、勇気が湧いてきます」と答える。

⑥撃墜した米機からパラシュートで降下するパイロットを追撃し、武士の情けをわきまえないふるまいとして周囲の顰蹙を買う。これに対して、自分たちは戦争をしているのであり、敵の有能なパイロットを殺すことこそが大事で、それをしなければ自分たちがやられると答える。真珠湾攻撃が成功した時にも、空母と油田を爆撃しなかったことを批判する。

⑦一度だけ宮部は部下を殴ったことがある。それは撃墜されて死んだ米パイロットの胸元から若い女性のヌード写真が出てきたときのこと。部下たちが興奮し、次々に手渡して弄んだ後、宮部がそれを米兵の胸元に戻すと、ひとりの兵が彼の制止も聞かずもう一度取り出そうとしたからである。その写真の裏には、「愛する夫へ」と書かれていた。「できたら、一緒に葬ってやりたい」と彼は言う。

⑧内地で特攻隊要員養成の教官を務めている時期、やたらと「不可」ばかりつける。戦局は敗色濃厚で、厳しい実践教育をくぐり抜けた生徒（学徒動員された士官たち）に合格点を与えれば与えるほど、優秀な人材を死地に送ることに加担せざるを得ないからである。こうして、彼の苦悩と葛藤は深まってゆく。

⑨急降下訓練中に失敗して機を炎上させ自らも命を落とした生徒を、上官が、「訓練で命を落とすような奴は軍人の風上にもおけない。貴重な飛行機をつぶすとは何事か！」と非難したのに対して、ひとり敢然と「彼は立派な男でした」と異議を唱え、上官に叩きのめされる。生徒の名誉を守ったこの発言によって、彼は生徒たちから深く尊敬されるようになる。

⑩大石は体当たりで宮部を助けた時、敵の銃弾を受けて重傷を負う。宮部は命拾いをしたことに感謝しつつも、いっぽうでは大石の無謀さをなじる。
⑪戦後にやくざとなる部下の荒武者・景浦から模擬戦を申し込まれるが、宮部はきっぱりと断る。執着と憤懣を晴らせない景浦は、強引に模擬戦に誘い込み、思わず背後から機銃を発射してしまうが、宮部は難なくすり抜け、逆に信じられないほどの技によって景浦の後ろに至近距離でピタリとつける。もちろん宮部は発射しない。
映画では、⑥のパラシュート追撃部分と⑦の部分がカットされているが、これは少々残念である。というのは、この両場面には、宮部が、戦場においてあくまでも冷徹な戦士であることが象徴されていると同時に、他方では、死者に等しく畏敬の念を持ち、人情を深く理解する人格の持ち主でもあることが表されているからである。

代わりに、原作では宮部を知る者の語りという作品の構成上、描くことができなかった私生活的な場面が二つ挿入されている。一つは、宮部が一泊だけの急な休暇で帰宅した時のシーン。わが子と初めて対面し入浴させて微笑ましい役を演じ、あくる日、妻との別れ際に、離れがたくて背面から顔を寄せる妻に対して、「私は必ず帰ってきます。手を失っても、足を失っても……死んでも帰ってきます。」ときっぱりと約束する。

もう一つは、はじめは大石の援助に拒否的だった松乃、その子・清子と大石との間に、やがて愛情が芽生えて育ち、家族のように睦まじくなっていくプロセスを描いたシーン。

いずれもとても細やかで情緒豊かな映像で表現されていて、観る者の涙を誘わずにはおかない。**この二つのシーンは、私の言葉ではエロス的な関係の描写であり、非常に重要な意味を持っている。**

### ◉特攻隊の実像三つ

ここで少し『永遠の０』を離れて、特攻隊なるものが実像としてどうであったかについて、三つの証言を書き留めておく。どれもどちらかといえばネガティブな像の提出になっているが、私がここにそれらを記すのは、ただ単純に大東亜戦争を否定しようと思ってのことではない。私自身も含めて、あの戦争の実態を知らない世代が、特攻隊員たちを、単に「お国のために」進んで命を捧げた美しい精神の持ち主だったと勘違いしないためである。時間が経つほど過去は美化されやすい。だからこそ、そういう傾向を少しでも相対化しておきたいのである。

梅崎春生の『桜島』は、敗戦の翌年にいち早く発表された戦後文学の傑作として名高い作品である。「死ぬならば美しく死にたい」という知的な青年（通信兵）の純な観念が、敗戦直前わずか一か月間の鹿児島県でのいくつかの体験によって徐々に相対化されてゆき、やがてこの観念をシニカルに否定する考え方をも乗り越えて、静かに死を受け入れようとする境地に落ち着く。そうした一種の弁証法的な心理の流れが、乾いたタッチで自己を見つめる文体を通して緻密に描かれている。

いまそのことはさておき、この作品の前半、まだ「私」の気持ちが整理できないうちに、たまたま水上特攻隊のグループに出会って一種の違和感を抱く場面が出てくる。そのくだりをここに引いてみよう。

《――先刻、夕焼けの小径を降りて来る時、静かな鹿児島湾の上空を、古ぼけた練習機が飛んでいた。風に逆らっているせいか、双翼をぶるぶるふるわせながら、極度にのろい速力で、丁度空を這っているように見えた。特攻隊にこの練習機を使用していることを、二三日前私は聞いた。それから目を閉じたいような気持で居りながら、目を外らせなかったのだ。その機に搭乗している若い飛行士のことを想像していた。

私は眼を開いた。坊津の基地にいた時、水上特攻隊員を見たことがある。基地隊を遠く離れた国民学校の校舎を借りて、彼らは生活していた。私は一度そこを通ったことがある。国民学校の前に茶店風の家があって、その前に縁台を置き、二三人の特攻隊員が腰かけ、酒をのんでいた。二十歳前後の若者である。白い絹のマフラーが、変に野暮ったく見えた。皆、皮膚のざらざらした、そして荒んだ表情をしていた。その中の一人は、何か猥雑な調子で流行歌を甲高い声で歌っていた。何か言っては笑い合うその声に、何とも言えないいやな響きがあった。

(これが特攻隊員か)

丁度、色気付いた田舎の青年の感じであった。わざと帽子を阿弥陀にかぶったり、白いマフラーを伊達者らしく纏えば纏うほど、泥臭く野暮に見えた。遠くから見ている私の方をむいて、

「何を見ているんだ、此の野郎」

目を険しくして叫んだ。私を設営隊の新兵とでも思ったのだろう。

私の胸に湧き上がって来たのは、悲しみとも憤りともつかぬ感情であった。此の気持だけは、どうにも整理がつきかねた。この感じだけは、今なお、いやな後味を引いて私の胸に残っている。欣然と死に赴くということが、必ずしも透明な心情や環境で行われることでないことは想像は出来たが、しかし眼のあたりに見たこの風景は、何か嫌悪すべき体臭に満ちていた。基地隊の方に向って、うなだれて私は帰りながら、美しく生きよう、死ぬ時は悔ない死に方をしよう、その事のみを思いつめていた。──》

このくだりを読んで、一部の人は、このようなことを書く梅崎春生自身に「知的な戦後文学者」特有の反戦平和思想（あるいは左翼思想）を見出して、逆に嫌悪感を抱くかもしれない。しかしことはそう言いくくれるほど簡単ではない。戦後文学といっても、この作品はまだそういう概括ができる以前の戦争直後に書かれている。もともと梅崎という人は、それほど知識人（文化人）的な作家ではないし、彼自身もおそらく見たまま感じたままをルポルタージュのように書いているのだと思われる。ところで私は、『桜島』を初めて読んだ若い時から、このシーンがずっと気にかかって仕方がなかった。

梅崎自身の実体験とそのときの実感を表現したと思えるこのシーンには、政治思想的な整理では片づけることのできない生々しいリアリティがある。英雄視されてマフラー付きの「雄々しい」イメージの制服を着せられてはいるものの、じつはその内側から、若い身空で「どうせ間もなく死ぬ」ことを決定づけられたことによるある種のすさんだ自暴自棄の気分がどうしようもなく露出する。「伊達者らしく纏えば纏うほど、泥臭く野暮」に見え、やくざっぽく食ってかかってくる隊員の態度に、それを受ける側は「何か嫌悪すべき体臭」を感じてしまう。そういう心理表出過程が特攻隊員たちの一部に確実に存在しただろうことを私は疑わない。

特攻隊員を志願兵と考えて、その散華していく姿を美談として語る言説は数多くあるが、こういうシーンを作品に定着させた例はあまり見当たらない。その意味で、**死の直前の特攻隊員たちの一コマをスナップ・ショットのように切り取って見せた文学者・梅崎のカメラ・アイはたいへん貴重なものである。**美しく悲しい「遺書」だけが特攻隊員たちの「遺品」ではないのである。「国に殉ずる」という事態の中には、こういう側面もあったのだという「証言」の重みをきちんと受け止めることは大切なことだと思う。

特攻隊員が志願兵だったということを信じている若い人たちがいるかもしれない。これがとても志願兵などと言える代物ではなかったという事実は、『永遠のゼロ』原作にも詳しく書かれている。一応志願という形を取りつつ、状況の切迫と上層部の圧力と同志からの脱落を潔しとしない仲間意識とが、若者をして「志願」にマルをつけさせざるを得ないような力としてはたらいたのである。それは強制か自由意志かという二元論では片づかない問題である。これに関連して二つ目に、私自身の体験を書き留めておこうと思う。

一九九九年に、林道義氏との対談集を出した（『間違えるな日本人！』徳間書店）。このなかに、漫画家・小林よしのり氏の『戦争論』（一九九八年・幻冬舎）をかなり長く批評した部分がある。当然特攻隊の問題にも言及したので、その箇所における林氏の発言を一部引用しておこう。

《もう一つは、(引用者注――小林氏の『戦争論』の中に)特攻隊を美化する表現がありますが、特攻隊の人たちは、国のためを思って自発的に参加したわけではない。志願したというけれども、自発的な志願ではありません。ここの部隊では何人の特攻隊員を出せというようにノルマとして上から来ている。そして説得があって、最終的には志願という形になりますが、本当の純粋な志願などではない。

私の親戚に特攻隊員が何人かいましたが、一九四五年の正月に妻のいとこが特攻に出撃する前に、暗黙のうちに家族に別れを告げに帰ってきた。そのときの話を聞いてみると、それはかわいそうです。自分は本当は行きたくない。けれども、国のために行かなければいけないという感じで、無口で暗い沈んだ感じだったそうです。かっこいい白いマフラーを巻いてさっそうとした姿ではあったが、何か淋しげだったそうです。

妻の兄が軍国少年で、特攻隊に志願したいというのに対して、そんなことはやめろと言う。「親を泣かせてはいけない」「戦争に行ってはいけない」と言ったそうです。そして、妻に凧を買ってくれて、二人で丘の上へ行って凧を揚げていると、飛行機が飛んでいくのが見えた。「お兄さんもああいうふうにして飛んで行くのね」というと、何にも言わず、ただ空を見ていたそうです。そしてしばらくして戦死してしまった。本当に優秀で男らしくて立派な若者だったそうです。もっと早く戦争を終わらせていれば死ななくてすんだという家族の思いは、『戦争論』の中には出てきませんね。
ですから美学などというものではありません。志願もしていないし、公のために死のうとか、そんなことは全然ない。なかには本当に信じ込んでいた人もないとは言いませんが、多くの人は半ば強制されていた。公共のために死ぬんだなんて、それ自体が美しいかどうかは別として、実態はそういうものではないんですね。》

林氏は、もちろん左翼ではなく、はっきりと保守派を自称している論客である。その人が特攻隊を美化するような小林氏の『戦争論』に対して、当時の体験的事実に即しつつ、小林氏は戦争を知らないのだと、静かな憤りをあらわに示しているのである。

このくだりは、こうして対談後に整理された冷静な文章でさえ、読んでいて涙が滲んでくるが、この部分を取り上げたのは、ここでの林氏の話そのものが私を感動させたからというだけではないのである。

私はまさに対談者として林氏の眼前にいた。このくだりを語るとき、彼は、思わずこみあげてくる嗚咽をこらえるのに懸命だった。**「私は、親類で特攻隊で死んだ人を知っていますが……志願なんて……そんな、そんなものじゃないんです」と喉を詰まらせながら。**そのつらそうな何とも言えない表情を、私はけっして忘れることができない。

さて三つ目に、島尾敏雄と吉田満の対談『特攻体験と戦後』（二〇一四年・中公文庫）から、二人の発言の一部を引いておきたい。

島尾は、特攻隊長として南島に赴任し出撃直前に終戦を迎えて肩すかしを食った頃の内的な体験を、緻密な文体で『出孤島記』『出発は遂に訪れず』などの作品に結晶させた。また吉田は周知のように、『戦艦大和ノ最期』の著者である。この対談が行われたのは一九七七年という古い時期であり、本は一九八一年に中公文庫から出版されているが、二〇一四年版は、いくつかの文献が増補されて「新編」として再出版されたものである。

《島尾 ……特攻というのも、そのような戦争の中での一つのやり方だとは思うけれども、やはりぼくは、ちょっとルールがどこかはずれているような気がするね、人間世界では戦争は仮に致しかたないにしても、せいぜいスポーツみたいなところにとどめておくべきですね。特攻は、もうとにかく、最後のところまで、なんというかね……そうじゃなくもっと気楽に……戦争を気楽にするというのもおかしなもんだけども……。最後のものまで否定してしまわないで……。

吉田 死ぬ確率と生きる確率とのあいだには適正配分がありまして、戦争が人生の一場面としてあるとすれば、その適正配分の範囲内であるし、……特攻というのは、そういう原則を破るものですね。だから、みんなやむを得ず、無理をしてその中をくぐりぬけるわけでしょう。だから、あとにいろんな問題が残るわけでしょうけれども。

島尾 あれをくぐると歪んじゃうんですね。

吉田 歪まないとくぐれないようなところがありますね。

島尾 それはやっぱり歪んでいるという気がしますね。

（中略）

吉田　その通りだと思いますね。ただ、ぼくらの学徒出陣の時代は、たとえ歪んでいても、敗戦直前に戦場にかり出されて、なにかそういうものを自分たちに課せられたものとして受け入れて、その中からなにかを引き出すほかはないというような、そういう追い詰められた、受け身の感じがどうもあったと思うんです。そう感じた仲間が多かった。これは事実を言っているので、この事実をどう受け止めるか、われわれ自身がどう乗りこえるかは、別の問題で……。

島尾　その中からやはり水中花みたいな、非常にきれいな人間像が出てきたりなんかするんですね。冷たい美しさを持って死の断崖に剛毅にふん張った人たちなんか。しかし、それに惑わされないで……。だから、そういう一見美しく見えるものをつくるために、やはり歪みをくぐりぬけることが必要ということになると、ぼくはやはりどこか間違っているんじゃないか、という気がしますね。ほんとうはその中にいやなものが出てくるんだけれど、ああいう極限にはときには実にきれいなものも出てくるんですね。そこがちょっと怖いような気がしますね。》

整理すれば、次の四つのことが言われている。

①特攻隊作戦のようなものは、通常の戦争なら必ず暗黙の了解としてあるような、人間の生についての基本的な規範感覚を逸脱している。

②その逸脱は、普通の人間の意識を歪んだものにする。

③しかし自分たちには、その逸脱と歪みから抜け出す道は許されていず、それを運命として引き受

けたうえで、それぞれに自分を納得させるほかはなかった。

④その納得の仕方のうちには、美しい人間像が出てくることもあったが、歪みを肯定しなければその美しさを引き出すことができないと考えるとすれば、それはやはり間違っている。

この対談では、こういう作戦を立てて実行に移した軍上層部への批判とか恨みのようなものは一切語られていない。事後的な客観認識にもとづいて当時を振り返る試みは、この二人のたくまざる文学的な誠実さによって、無意識のうちに避けられているのだ。しかしそうであればあるほど一層、実存体験としての特攻体験がどのようなものであったかという実相が過不足なく描き出されていると言えよう。

ことに、訥弁の島尾の最後の発言は、「いやなもの」と「美しいもの」との両面性を指摘していて、限りない重みが感じられる。私は、ここで言われている「いやなもの」という生理的な表現に、梅崎春生が目撃して感じた水上特攻隊員の「いやな」感触を重ね合わせる誘惑からの逃れ難さを感じる。傲慢に聞こえることを承知の上でつけ加えれば、特攻隊員たちの遺書などに限りなく「美しいもの」がみられるのは、むしろ当然と言ってもよい事態なのである。若い身空で死にゆく運命を意識的に引き受けた上での瀬戸際の言葉なのだから。

私自身もそれらに触れて涙を誘われることを告白するにやぶさかではない。しかしそれらの言葉の美しさは、すぐれた文学作品とちょうど同じように、それ自体で完結してしまう。それは、そのような運命に多くの若者たちを追いやった大きな力の正体がなんであったかという疑問を抑制し、そうして疑問がある程度答えを得た時に生じてくるその正体への憤りを育まない結果に終わりがちである。だが、疑問や憤りは、それがどの方向に向けられるかは措くとして、また明確な表現を獲得するかどうかは別として、生活者の心の奥深くにずっと現存し続けるのである。

以上三つの例によって、特攻隊精神なる純粋で美しいもの（だけ）がすべての特攻隊員の心を貫いていたという思い込みが少しは相対化されただろうか。何度も繰り返すが、そういう思い込みに耽ることの一番まずい点は、この自暴自棄的な作戦を考え出した軍上層部の非合理性と人命軽視という最大の問題が不問に付されてしまうところである。フィリピン戦における大西中将がこれを発案したとかしないとか諸説があるが、それはどちらでも構わない。それがだれだったにせよ、特攻隊などという「十死零生」の作戦を考えて死の美学に国民の運命をゆだね、どこまでもこの作戦に固執しようとした時点で日本の敗北は明らかだったのである。後から来た私たち、英霊たちの遺族でもない私たちにとっては、あの戦争にかかわるなにかを言論思想として語ろうとすれば、そのように語るほかにすべがない。

### ◉宮部は魂を友情とエロスに捧げた

さて『永遠の０』に話を戻そう。

すでに述べたように、この作品が提供している最も重要な思想的意味は、宮部久蔵という主人公の造型のうちに、大東亜戦争時における「お国のため」イデオロギーと、戦後における「平和主義」イデオロギーとの矛盾を克服しているところにある。

　とかく、特攻隊などをテーマとした作品・言論は、前途ある若者たちが「お国のために」死を引き受けていくその悲運に対する哀切な共感を核にしたものか、そうでなければ、ただ「間違った戦争」という戦後イデオロギーによる言いくくりで、ここにある大切な思想的問題に頬かむりを決め込んだものが大半である。両者は共にセンチメントを根拠にしているので、永遠に交わることがない。

　この稿を起こしている間に、私は原作・映画両作品に関するいくつかの感想、批評に触れたが、右翼的だ、左翼的だなどの政治的批判は問題外としても、残念ながら、この作品が戦中イデオロギーと戦後イデオロギーとの不幸な対立を克服するメッセージを発しているのだという最も重要な指摘に出会うことがなかった。

　宮部久蔵は戦争という状況の中にいるかぎりは勝たなければ意味がないという信念の持ち主である。だから不合理な作戦には上官に逆らってでも異を唱える。何のために？「お国のために」というスローガンは、それだけでは、崇高に見えるぶんだけ超越度が高すぎる。しかし、「身近な愛する者たちのために」ならば時代を超えて、だれでもそのロジックに納得するだろう。そうしてこの場合重要なのは、何々のために「死ぬ」ではなく、何々のために「勝って生還する」という構えである。「お国のために」は、背後にこうした精神の裏付けがあってこそ意味をもつのだ。

　先に引いた与謝野晶子の『君死にたまふことなかれ』は、身近な愛する者に向かって、生きて還ってきてくれることを切に願う歌であり、それが「大みこゝろ」に必ずかなうはずだと訴えている「女歌」だった。宮部の言動は、男の側からそれに一心に応えようとした「男歌」だったのである。

宮部が、部下に家族の写真を見せて、辛い戦いにくじけそうになった時にこれを見ると勇気が湧いてくると答えたのも、彼がエロス的な絆を最も重んじている証拠である。束の間の休暇からの隊への帰還に当たって、背後からつと寄り添う妻に「私は必ず帰ってきます。手をなくしても足をなくしても……死んでも帰ってきます。」と彼は答える。このシーンがかぎりなく涙を誘うのも、守るべき価値がなんであるかについての彼の明晰な意識が読者・観客の胸に素直に伝わればこそである。この瞬間、その精神は、超越的・抽象的な「お国」の理念を突き抜けているのだ。

しかしひとりのうつしみは、現実には国家的共同性（公）とエロス的共同性（私）の両方を背負わざるを得ない。それればかりではない。敗色濃厚な戦局のさなかにあって、宮部は、学徒特攻要員の育成という、前途ある有能な人材を次々に死地に追いやる職業的役割を果たさなければならなかった。ここで彼の苦悩はいよいよ深まる。教官としての職業倫理と、身近な者たちを救わなければならぬという個体生命倫理とが葛藤する。

さらに教えた者たちのなかには、自分の命を捨て身で救ってくれた生徒（大石）もいる。その間に介在するのは、単に抽象的な個体生命倫理ではなく、かけがえのない友情というもう一つの具体的な人倫性であった。この人倫性もまた、職業倫理との間に葛藤を生み出さざるを得ず、こうしてこの段階で、宮部久蔵という一つの身体は、公共性と個体生命と友情という三重の人倫性を一気に背負うのである。それらのどれか一つを「選択」して貫くということが到底かなわない状況の下で。

やがて宮部と大石を含む特攻隊要員はいのちの離陸地点である鹿屋基地に配属される。当座、宮部は特攻機の目的を遂げさせるために、飛行中に特攻機を敵機の攻撃から守る直掩機に搭乗する。しかし特攻機は、装備を格段に向上させた敵艦の迎撃に遭って、目的を達する前に次々に海中に墜落してゆく。宮部は自分の無力を日々痛感して、その形相は別人のように変わり果てている。ぎらついた目と無精ひげとひとりで部屋の片隅に頑なにうずくまる姿。この鬼気迫る形相は、映画作品ではじつによく描かれている。

こうして、迫りくる戦況の切迫状態と、すぐ目の前で日々命を落としてゆく若き「戦友たち」に何ら援助の手を差し伸べられない激しい無力感とによって、妻子の下に必ず生還するという彼の最大の価値感情は、無残にも押しつぶされてゆくのである。死んでゆく戦友たちをさしおいて自分の日ごろの信念を貫くことはもはや不可能だ——作品に直接描かれてはいないが、おそらくこの絶望が、彼をして特攻隊員への志願をぎりぎりのところで決断させたのである。しかし彼は信念を曲げたのではない。恩人であり戦友である大石隊員の命を救う試みと、妻子を助けてほしいというメモ書きによる大石への委託。これこそは、その信念を生かす道を最後まで捨てなかった証拠である。

こう考えてくると、絶望的な思いを抱えながら遂に特攻隊志願の道を選んだ時点における宮部の身体は、単に国家的共同性（「お国のため」）とエロス的共同性（愛しい妻子のため）とのねじれに引き裂かれていただけではないことがわかる。彼は、若き同志たちを目の前で次々に失ってゆく残酷な光景、それでも（それだからこそ）自分の磨きぬいた技量を使い尽くして敵を倒さねばならぬという職業的使命、これらにもまた引き裂かれているのだ。言い換えると、**公共性、個体生命、友情、職業、エロスと、それぞれ一筋に貫くことのかなわない五つの領域における人倫の命令が互いにもつれ合いながら、宮部の身体にいっせいに襲いかかっている**のだ。

それにもかかわらず、宮部はこの四分五裂した自らの身体から、命の瀬戸際で自らの信念（魂）を救い出す方法をかろうじて見つけ出した。身は公共性と職業が要求する人倫性のほうへ、そして魂は、友情とエロスが要求する人倫性のほうへ分割して奉納したのである。だから、彼の魂は、戦友・大石と妻・松乃の下へと帰ってきた。そうしておそらくは孫たちの下へも。

「身を殺して魂を殺し得ぬ者どもを懼るな。身と魂とをゲヘナにて殺し得る者を懼れよ」（マタイ伝10章28節）という厳粛な言葉を思い浮かべるのは私だけだろうか。**魂は殺されなかったのであり、それは、近代国家という公共体の下にではなく、友情とエロスという実存のふるさとのほうに帰還したのである。**

**◉宮部は戦前と戦後、男と女が示す人倫の融合態**

ここで、映画作品での一連の印象的な展開について触れておきたい。宮部の命を救った大石が入院しているとき、宮部が見舞いに訪れ、妻が念入りに修理してくれた外套を大石にプレゼントする。大石は戦後もずっとその外套を着ている。新しい品を買う余裕がなかったのも理由かもしれないが、これはあの宮部さんの形見であるという気持ちが強かったのだろう。彼がようやく松乃の家を探し当てて戸口に立った時、松乃は男の影が差すのを見て警戒し、思わず箒に手を伸ばす。じつはこの箒に手を伸ばす場面は、宮部が不意の休暇で帰宅した時にも出てくる。両者は意識的にダブらせてあるのだ。そうして次の瞬間、戸が開くと、松乃はそこに宮部の姿を見る。だって自分が精魂込めて修理したあの外套を着ているではないか。すぐカットが変わり、立っているのは見知らぬ男・大石である。外套を小道具に使ったこの展開は見事であり、まさに宮部の魂が帰ってきたことが暗示されているのである（なお同じ展開は、作品構成上の制約はあるものの、原作でも伏線として記されている）。

さて私は、この作品について先に次のように書いた。

《私はこの二作（原作と映画）を、エンターテインメントとしての面白さもさることながら、重い倫理的・思想的課題を強く喚起する画期的な作品だと思う。その画期性のうち最も重要なものは、戦後から戦前・戦中の歴史を見る時の視線を大きく変えたことである。この場合、戦後の視線というのは、単に戦前・戦中をひたすら軍国主義が支配した悪の時代と見る左翼的な平和主義イデオロギーを意味するだけではない。その左翼イデオロギーの偏向を批判するために、日本の行った戦争のうちにことさら肯定的な部分を探し当てたり、失敗を認めまいとしたりする一部保守派の傾向をも意味している。言い換えると、この両作品は、戦後における二つの対立する戦争史観の矛盾を克服しているのだ。》

前者の史観における中心的な思想は、「いのちの大切さ」ということになるだろう。また後者の史観では「いのちを捨ててもお国のために闘うべきだ」ということになる。そうしていまやこの二つの史観が、ほぼ、女性的な倫理観と男性的な倫理観とにそれぞれ対応することも納得してもらえるだろう。さらに言えば、宮部久蔵というキャラクターが、両者を兼ね備えつつ、しかもその根本的な矛盾に対して、最終的には身を後者のほうへ捧げ、魂を前者のほうへ捧げるという、一つの回答ならぬ回答を提出してみせたのだということも。

作者・百田氏は、日本にとってあの戦争のどこがまずかったのかという根本的な問題をよくよく考えたうえで、こういうスーパーヒーローを創造している。もちろんこんなスーパーマンがいるわけはないが、宮部の人となり、ふるまいを見ていると、こういうキャラが少しでも許容されるような軍であったなら、つまりそういう余裕のある雰囲気が重んじられていたなら、日本のあの戦争（和平・停戦への努力も含めて）はもっとましな結果になっていたに違いないという、戦中日本への批判が強く込められていることを感じる。

実際、この作の中で百田氏は、ひとりの語り手をして、机上で地図とコンパスだけを用いて作戦を立て、ゴロゴロ死んでいく兵隊たちを将棋盤上の歩兵のようにしか考えていない参謀本部（軍事官僚）のハートのなさを強く批判させている。そういう側面では、この作品は、たしかに「いのちの大切さ」を第一義に立てる戦後的価値観を代弁していると言えよう。

しかし一方、宮部久蔵は、パラシュート降下する敵兵を容赦なく殺すし、空母と油田を爆撃しなかった真珠湾攻撃作戦の不徹底さを批判してもいる。撃墜されないように過剰なほど用心するが、それは自分だけこすからく生き残ろうと状況から逃避しているのではない。現実には隊長として部下の命をあずかりつつ、いかにして眼下の敵を撃墜して勝利するかという合理的な算段に心血を注いでいるのである。彼は少しも反戦思想の持ち主ではないし、ここぞと思うときには誰よりも的確にその優れた戦闘技術を発揮する。こうした側面では、この作品は、戦争をただ感情的に忌避して空想的平和主義に安住する戦後の空気への痛烈な批判とも読めるのである。

「いのちの大切さ」といった戦後的な価値の抽象性をそのままでよしとすることはできない。この価値は、抽象的なぶんだけ、人間には命をかけて闘わなければならない時がある、というもう一つの価値を忘れさせる。じっさい、この戦後的価値が現実に作動するときには、超大国頼み、金頼み、無策を続けて状況まかせ、憤るべきときに憤らない優柔不断、何にも主張できない弱腰外交、周辺諸国になめられっぱなしといういくつもの情けない事態を招いてきた。それが、私たちがさんざん見せつけられてきた戦後政治史、外交史の現実である。「いのちの大切さ」と言っただけでは、何も言ったことにならない。

しかし逆に、「命をかけて闘わなければならない時がある」という言い方も、それだけでは抽象的であり不十分である。問題は、どういう状況の下で、どういう具体的な対象に対してなら「命をかけるに値する」と言えるかなのだ。敗北必至であることが、少なくとも潜在的には感知されている状況の中で、いたずらに「命をかける」という価値を強調すれば、結果的に多くの「犬死」を生むことにしかならない。美学や一時の昂揚感情が、軍事上最も必要とされる戦略的合理性を駆逐して、多くの前途ある若者を犠牲に供し、あとにはやるせない遺族の思いが残るだけである。これでは、国家的人倫性が果たされたとは言えないのである。

宮部がよりどころとしているのは、抽象的な「公」でもなければ、抽象的な「いのち」でもない。彼がよりどころとしているのは、結婚して日の浅い妻と、いまだ会うことのかなわない子どもという具体的な存在である。抽象的な「公」も抽象的な「いのち」も、一種のイデオロギーであり、実体の不確かな超越的な観念にほかならない。どちらにも誘惑の力はあり、それに引き寄せられていく心情は理解できる。しかし、抽象的な「公」理念にひたすら奉仕すれば、具体的な「いのち」を犠牲にしなければならず、抽象的な「いのち」理念をただ信奉すれば、公共精神を喪失しただらしない無策や無責任が露呈するだけである。

こうして、宮部久蔵が体現している思想は、戦後のイデオロギーでもなく戦前・戦中のイデオロギーでもない。それは、**生活を共有する身近な者たちがよりよい関係を築きながら強く生きるという理念を核心に置き、その理念が実現する限りにおいてのみ、国家への奉仕も承認するという考え方**である。そこに私は、戦前を懐旧する保守派思想にも、国家権力をただ悪とする戦後進歩思想にも見られなかった新しい思想を見る。それは**男女双方が持つ人倫性の融合態**だと呼んでもよい。

**◉公共性の倫理とエロスの倫理はいかにすれば和解できるか**

国家とは、共有できる心情を最大の幅のもとに束ね、そうしてその成員たちすべてに秩序と福利と安寧を保証することを理想とする共同性である。この共同性（共同観念）の現在における存在理由は、いくら視野や情報や経済が地球規模に広がったとしても、それぞれの地域が背負ってきた具体的な歴史や文化の重みを超え出ることは不可能だというところにある。国家は、その内部の住民の実存を深く規定しているのである。

国家はそのメンバーの心情的な信任と期待を基盤として成り立つが、その統治機構づくりと運営とは、生活共同体としての国民一人一人の好ましい関係を守るために、あくまで機能的かつ合理的になされなくてはならない。ことに戦争のような国民の命にかかわる一大事業に取り組まなければならない時には、この機能性・合理性のいかんが一番問われる。

大量の殺し合いが国家双方にとって良くないことは当たり前なので、戦争は最後の最後の手段であり、まずいかにしてそれを避けるかにこの合理的な努力を最大限注がなくてはならない。外交のみならず、軍事力の必要も経済力の必要も実はここにある。これらの潜在的な力の表現を背景に持たない外交は無力である。両者はパッケージとして初めて意味をもつのだ。

しかしもしどうしても避けられずに戦争に突入してしまったら、いかにうまく勝つかということ、犠牲者をできるだけ少なくするために、いかに早く決着をつけるかということ、時には狡猾に立ち回っていかにうまく負けるかということに向けて、合理的精神を存分に発揮しなくてはならない。緻密な戦力分析、状況分析によって負けることがほぼ確実となった場合には、戦いは一刻も早くやめること、投了によるしばしの屈辱に耐える勇気を持つこと。現実を見ない精神主義や美意識で「どうにかなる」などと考えて蛮勇をふるうのは最悪である。そういう方向に国民を強制しないことが、統治者や軍事リーダーの責任なのだ。

この合理的精神の存立を俟って、初めて国家共同体の人倫性はまっとうされる。そうしてその精神が目指す最終地点は、あくまでも幸福なエロス的関係の達成でなくてはならない。与謝野晶子も津雲半四郎も宮部久蔵も、そのことをこそ願っていたのである。だからこの願いが本当に果たされさえすれば、公共性の倫理とエロス的な倫理との二項対立的な矛盾関係は止揚されるだろう。**公共性の倫理は、エロス的な倫理の確乎たる存立を目指して、それにふさわしい形で「機能」するのでなければならない。**

では公共性の倫理とエロス的な倫理、言い換えると、義に殉ずる心と、身近な者たちどうしの幸福の実現とが対立しないようなあり方とは何か。この問いは、「義」とか「自分を超えた存在に殉じる」という抽象的な用語に執着している限りはけっして答えが出ない。この問いに答えるために最も有効なのは、端的に言えば、**身近な者たちどうしの幸福の実現が損なわれることのないような社会あるいは国家のかたちを、いかに工夫して練り上げるかという課題に実践的に取り組むこと**である。そうしてその取り組みこそが、最高の人倫精神の表れなのである。だがこの課題の具体的な追究はすでに個別学としての倫理学の範疇を越えているだろう。

# 結語

本書は、良心と呼ばれる作用がどのようにして発生するのかという問いから出発した。私は、個体発達と人類史のそれぞれの黎明期に視線をめぐらせることによって、その問いに応えようとした。良心は、愛や共同性の喪失に対する不安に根源を置いているというのがここでの回答である。この回答は、人間を孤立した個人としてではなく、徹底的に関係存在としてとらえる立場に基づいている。

次に、「善」という概念は、哲学者がこれまで考えてきたように、何か形而上学的な原理によって規定されるのではなく、日常生活における秩序と平和が保たれている状態を指すのだという認識が示された。宗教的・哲学的な「善」の規定は、この状態が観念化されたものであって、天上から降ってきたり、ア・プリオリなかたちで経験世界から自立して存在したりするものではない。

この先験主義は、プラトンのイデア思想やカントの道徳形而上学に典型的に見られるが、それは、西洋の倫理学的思考が長い間陥ってきた巨大な倒錯である。そうしてこの倒錯は、**論理的な言語というものの特質に必然的に付きまとう倒錯**なのである。ニーチェやミルなど、近代の思想家たちは、これと闘って善戦したが、彼らを取り巻く文化環境の制約の中で完全に相対化し克服するまでには至らなかった。そこにはカントと共通の、個体主義的な人間把握が残存している。

和辻哲郎は、おそらくヘーゲル批判から出発したマルクスの社会哲学の影響を強く受けて、人間存在を「実践的行為的連関」というキーワードのもとに関係論的に把握し、卓抜な倫理学を築き上げた。日ごろの挨拶、礼節、語り合い、愛情交換、経済交渉など、さまざまな人間交通の現場に、彼は人倫が顕現する生《なま》の姿を見た。その功績は世界に誇るべきものである。しかし彼の倫理学には、より小さな人倫組織とより大きな人倫組織との間に介在する矛盾への視点が欠落しており、そのため各組織はそれぞれ固有の自立した倫理的原理を持つようにも、また逆に、すべてが予定調和的な弁証法で連続しているかのようにも印象される。これは人間観察として甘いのではないか。また時間によく堪え得ないのではないか。

この難点を克服するには、**各組織（共同体）という実体的な概念に過剰に人倫性を背負わせないようにすればよい**と私は考えた。時空を超えたより普遍的な人間関係のあり方そのものに注目し、それぞれがはらむ倫理性の特質を記述し、かつ互いの相克のありさまからけっして目を背けないこと。第九章以下の論述は、この方法を具体的に展開した試みである。

最終部分「公共性」の項で、文化作品のいくつかに関心を集中させざるを得なかったが、これは、公共的な人倫を身に備えつつ私的な生を紡いでゆく人間の根本的な矛盾に着目することで、そこから、何が最も優先させるべき人倫性であるかということをくっきりと描き出したかったからである。いまさら言うも野暮な話だが、「**自分にとって大切な身近な人々のために精神を傾注する**」というのが、私なりの答えである。

すでに何か所かで触れてきたが、人間が倫理的存在としてこの世を生きなくてはならない根拠は、彼が共同存在としての本質を持ちつつ、しかし、個体としてはたがいに別離せざるを得ない宿命の下に置かれているというところに求められる。

あなたという人間の存在のふるさとは、関係性であり共同性である。和辻が説いたように、人は生の活動において、常にこのふるさとに還帰しようとする。しかし人はまた、自らの身体が、この存在のふるさとのうちに永遠に抱擁されるのではないことを知っている。人間は自らが死すべき存在であることを意識してやまない唯一の動物だからである。

死は日常生活のいたるところに入り込んでいる。それは部分化され、小片化され、希薄化され、拡散している。たとえば、母親がなかなか帰宅しないために幼い子どもが不安を募らせるとき、彼は母親の不在、即ち母親の「小さな死」に出会っているのである。

こうして人生のさまざまな局面で、親しい者の不在に出会うとき、私たちは本体としての死の影に触れることになる。だからどんなに絆を誓い合った存在でも、やがていつかは別離していくという事実をだれもが身に沁みてわきまえているのだ。

この事実は、人間の孤独や哀しみの感情を基礎づけるが、しかし単にそうした「感情」を基礎づけるだけなのではない。じつに**別離という事実の自覚こそが、「人倫」を基礎づける究極の条件でもあるのだ**。なぜなら、人は人と共に生き、愛や憎しみを知り、ある時は不幸に打ちひしがれ、ある時は幸福に浸るが、これらの経験を通じて、完全に一体とはなりえなかったという心の負債を必ず抱えるからである。

この心の負債、言い換えると「**相手への心残り、気がかり**」は、それぞれの身体の有限性からして、もともと弁済不可能である。その取り返しのつかなさをだれもが暗黙の裡に知っている。この暗黙の知に支えられてこそ、基本的な人倫精神が涵養されるのである。その基本精神とは、せめて生きている間だけはお互いの日々のかかわり方をかくかくのごとく仕立て上げるべきだという構えのことである。そしてこれが、本書の初めに出した問い——道徳を根拠づける人間存在の原理は何か——に対する最終的な答えである。プラトンが考えたように、「魂の不死」が倫理や道徳を基礎づけるのではけっしてない。

別離の事実こそが倫理や道徳を根底的に基礎づけるというこの考えは、愛や共同性の喪失に対する不安が良心の発生を説明するという初めに述べた考えと精確に呼応するのである。いっぽうは人間的な生へ向かう入り口の部分で出会う心的な事象であり、他方は人間的な死へ向かう出口の部分を暗示する心的な事象であるという「持ち場」の違いはあるのだが。

人倫とは、別離を克服すべく、共同的な生を成り立たせるための「よそおいの姿」である。そうして、このよそおいの姿は、どこか天上のうちに絶対的な理想として聳えているのではなく、私たちの日常生活感覚のさなかにいつも降りてきており、さりげなく実践されているのである。

小浜逸郎
（こはまいつお）
1947年、横浜市生まれ。批評家、国士舘大学客員教授。『日本の七大思想家』（幻冬舎）『13人の誤解された思想家』（PHP研究所）、『時の黙示』（學藝書林）、『大人への条件』（ちくま新書）、『日本語は哲学する言語である』（徳間書店）など著書多数。自身のブログ「ことばの闘い」においても、思想、哲学など幅広く批評活動を展開している。（https://blog.goo.ne.jp/kohamaitsuo）

書名……倫理の起源

著者……小浜逸郎

編集……松村小悠夏

ブックデザイン……山田信也

発行……2019年4月20日［第一版第一刷］

希望小売価格……3,400円＋税

発行所……ポット出版プラス

150-0001 東京都渋谷区神宮前2-33-18 #303

電話 03-3478-1774 ファックス 03-3402-5558 ウェブサイト http://www.pot.co.jp

電子メールアドレス books@pot.co.jp

印刷・製本……シナノ印刷株式会社

ISBN978-4-86642-009-7 C0010



The origin of Ethics

by KOHAMA Itsuo

First published in Tokyo Japan, 20. 4, 2019 by Pot Publishing Plus

#303 2-33-18 Jingumae Shibuya-ku Tokyo,150-0001 JAPAN

E-Mail: books@pot.co.jp http://www.pot.co.jp

ISBN978-4-86642-009-7 C0010

本文●ラフクリーム琥珀N・四六判・71.5kg（0.13μm）／スミ

表紙●ビオトープGA-FS・コットンホワイト・四六判・Y・210kg／スリーエイトブラック

カバー●ビオトープGA-FS・ナチュラルホワイト・四六判・Y・90kg／スリーエイトブラック／マットPP

帯●ペルーラ・スノーホワイト・四六判・Y・90kg／スリーエイトブラック／グロスニス

組版アプリケーション●InDesign CC 2018

使用書体●筑紫明朝・筑紫ゴシック・筑紫Aオールド明朝・Adobe Caslon

2019-0101-1.0

ポット出版●小浜逸郎の本

## 大人問題
目標喪失した社会を正しく生きるために

現代に生きる「大人」たちの多くが感じている不安の実態を、小浜逸郎が等身大の視点で再検証する。
定価1900円＋税、2010年2月刊行
四六判、200ページ、上製

## 子供問題
学校、家族、メディアに見る子供をめぐる矛盾

2001年から約十年にわたり小浜逸郎が発表してきた文章から、子ども、教育に関わるものを一挙収録。
定価1900円＋税、2009年12月刊行
四六判、192ページ、上製

## （共著）自由は人間を幸福にするか

われわれはいま「幸福」か。小浜逸郎、佐伯啓思、竹田青嗣、長谷川三千子が「自由」を語り合う。
定価1800円＋税、2007年5月刊行
四六判、176ページ、並製

## 男はどこにいるのか

男にとって、女とは、セックスとは、エロスとは…。「男」が出会う矛盾や困惑の意味を掘り下げた「男」の存在論。
定価2500円＋税、2007年4月刊行
四六判、312ページ、上製

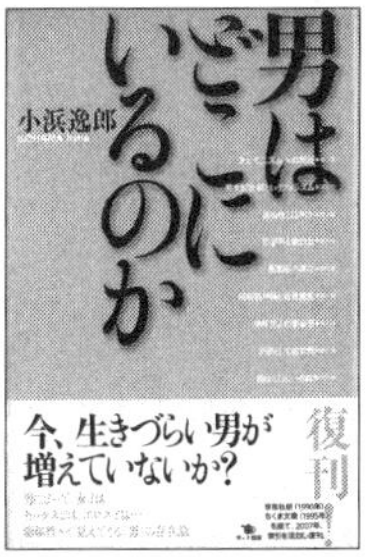


## 方法としての子ども

「大人」の条件やイメージが崩れているなか、子どものありようを考えることで「大人とは何者か」の問いに答える、本質的子ども論。
定価2500円＋税、2006年2月刊行
四六判、304ページ、上製

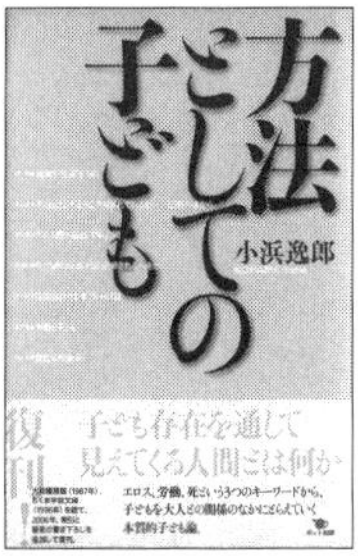


## 可能性としての家族

結婚・夫婦関係・親子関係に悩む人に、家族という共同体の本質とは何か、それはどんな条件によって成り立つのかを解いた名著。
定価2500円＋税、2003年7月刊行
四六判、320ページ、上製

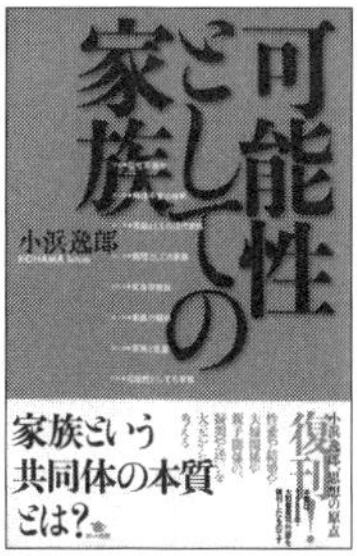


●紙版は、全国の書店、オンライン書店、ポット出版のサイトから購入・注文できます。
●『大人問題』『子供問題』は電子版も販売しています。オンライン書店で購入・注文できます。